Anja Schultze-Krumbholz · Pavle Zagorscak ·
Anne Roosen-Runge · Herbert Scheithauer

Medienhelden

Unterrichtsmanual zur Förderung von
Medienkompetenz und Prävention von
Cybermobbing

Mit zahlreichen Online-Vorlagen und -Arbeitsblättern
2. Auflage

Ernst Reinhardt Verlag München

Die vorliegende Publikation wurde verfasst von Dr. Dipl.-Psych. *Anja Schultze-Krumbholz, Pavle Zagorscak* M. Sc., Dipl.-Psych. *Anne Roosen-Runge* (geb. Siebenbrock) und Univ.-Prof. Dr. *Herbert Scheithauer* am Arbeitsbereich Entwicklungswissenschaft und Angewandte Entwicklungspsychologie an der Freien Universität Berlin.

Die dem Projekt zugrundeliegenden Entwicklungs- und Forschungsarbeiten entstanden im Rahmen einer Studie, die finanziell gefördert wurde vom DAPHNE III Programm (der Europäischen Kommission) zur Bekämpfung der Gewalt gegen Kinder, Jugendliche und Frauen (Action Number: JLS/2008/DAP3/AG/1211-30-CE-0311025/00-69; Cyberbullying in Adolescence: Investigation and Intervention in Six European Countries).

Hinweis
Die Wiedergabe von Gebrauchsnamen, Handelsnamen, Warenbezeichnungen usw. in diesem Werk berechtigt auch ohne besondere Kennzeichnungen nicht zu der Annahme, dass solche Namen im Sinne der Warenzeichen- und Markenschutz-Gesetzgebung als frei zu betrachten wären und daher von jedermann benutzt werden dürften.

Bibliografische Information der Deutschen Nationalbibliothek

Die Deutsche Nationalbibliothek verzeichnet diese Publikation in der Deutschen Nationalbibliografie; detaillierte bibliografische Daten sind im Internet über <http://dnb.d-nb.de> abrufbar.
ISBN 978-3-497-02837-5 (Print)
ISBN 978-3-497-61072-3 (E-Book)
2. Auflage

© 2018 by Ernst Reinhardt, GmbH & Co KG, Verlag, München

Dieses Werk, einschließlich aller seiner Teile, ist urheberrechtlich geschützt. Jede Verwertung außerhalb der engen Grenzen des Urheberrechtsgesetzes ist ohne schriftliche Zustimmung der Ernst Reinhardt GmbH & Co KG, München, unzulässig und strafbar. Das gilt insbesondere für Vervielfältigungen, Übersetzungen in andere Sprachen, Mikroverfilmungen und für die Einspeicherung und Verarbeitung in elektronischen Systemen.

Printed in EU
Medienhelden-Figuren Cover und Innenteil: © Thorsten Schöntaube, Lemon8 Media GmbH, Bremen
Coverfoto: © Aleksandar Radovanov, Fotolia.com
Satz: ew print & medien service GmbH, Würzburg

Ernst Reinhardt Verlag, Kemnatenstr. 46, D-80639 München
Net: www.reinhardt-verlag.de   E-Mail: info@reinhardt-verlag.de

Inhalt

Geleitwort des WEISSEN RINGS e. V.   6

Vorwort des Autorenteams   7

TEIL I: Grundlagen   9

1 Theoretische Hintergründe   10
- 1.1 Die Ausgangslage   10
- 1.2 Cybermobbing unter Jugendlichen   11
  - 1.2.1 Was ist Cybermobbing?   12
  - 1.2.2 Wie oft tritt Cybermobbing auf?   14
  - 1.2.3 Welche Rollenverteilung gibt es beim Cybermobbing?   14
  - 1.2.4 Geschlechter- und Altersunterschiede   15
  - 1.2.5 Merkmale von Tätern und Betroffenen   16
  - 1.2.6 Die Folgen von Cybermobbing   17
  - 1.2.7 Was bedeutet Cybermobbing für die Entwicklung von Kindern und Jugendlichen?   18
- 1.3 Exkurs: Was sind die „neuen Medien" und was ist das „Web 2.0"?   20

2 Das Medienhelden-Programm   21
- 2.1 Ziele des Programms   21
- 2.2 Theoretische Grundlagen: Das Präventionsmodell / Die Präventionstheorie   26
- 2.3 Aufbau und Umsetzung der Programmversionen   28
- 2.4 Methoden   31
- 2.5 Organisatorische Hinweise, Struktur der Schritte und Themenblöcke und Nutzung der Online-Materialien   35
- 2.6 LehrerInnen- und SchulsozialarbeiterInnenfortbildung / Multiplikatorenkonzept   37

3 Evaluation des Medienhelden-Programms   39
- 3.1 Design der Evaluationsstudie   39
- 3.2 Teilnehmer   39
- 3.3 Ergebnisse   40
  - 3.3.1 Ergebnisse der Prozessevaluation   40
  - 3.3.2 Ergebnisse der summativen Evaluation   41
  - 3.3.3 Ergebnisse der Wirksamkeitsprüfung   41

Teil II: Manuale   45

4 Medienhelden-Curriculum   46

Überblick über notwendige Vorbereitungen zur Durchführung des Medienhelden-Curriculums   46

Modul I   Einführung in das Programm   49

Schritt 1 – Vorteile und Gefahren neuer Medien   50
1. Medien und deren Bedeutung für die SchülerInnen   50
2. Gefahren im Netz   52
3. Das Medienhelden-Curriculum   53
4. Reflexionsbogen und Ampelkarten einführen   54

Übersicht der Vorlagen und Arbeitsblätter für Modul I   55

Modul II   Was ist Cybermobbing?   59

Schritt 2 – Eine Definition für Cybermobbing finden   60
1. Rekapitulation   60
2. Gruppendefinition finden   60
3. Festlegung einer Definition im Plenum   61
4. Aufhängen der gemeinsamen Definition   63
5. Abschlussritual und Hausaufgabe   63

Schritt 3 – Cybermobbing-Erlebnisse einordnen   64

1	Rekapitulation	64
2	Erfahrungen einordnen	65
3	Wirkung diskutieren	67
4	Abschlussritual und Hausaufgabe	67

Übersicht der Vorlagen und Arbeitsblätter für Modul II ... 68

Modul III   Eine Nachricht – wie schlimm ist das eigentlich?   71

Schritt 4 – Gefühle in einer Cybermobbing-Situation („Let's fight it together" – Teil 1) ... 72

1	Rekapitulation	73
2	Film ansehen	73
3	Eigenes Befinden	74
4	Die DarstellerInnen	74
5	Abschlussritual und Hausaufgabe	76

Schritt 5 – Handlungsmöglichkeiten in einer Cybermobbing-Situation („Let's fight it together" – Teil 2) ... 77

1	Rekapitulation	77
2	Zusammenfassung des Films	78
3	Wer kann sich wie verhalten?	78
4	Auswertung der Kleingruppenarbeit	78
5	Ende des Films anschauen	79
6	Abschlussritual und Hausaufgabe	79

Übersicht der Vorlagen und Arbeitsblätter für Modul III ... 80

Modul IV   Wie wirkt mein Verhalten auf andere?   83

Schritt 6 – Rollenspiel, Teil 1: Cybermobbing – Wer spielt hier eine Rolle? ... 85

1	Rekapitulation	85
2	Welche Rollen gibt es?	86
3	Auswertung des Rollenspiels	87
4	Abschlussritual und Hausaufgabe	88

Schritt 7 – Rollenspiel, Teil 2: Cybermobbing – Was ist zu tun? ... 89

1	Rekapitulation	90
2	Handlungsmöglichkeiten erarbeiten	90
3	Spiel- und Auswertungsphase	91
4	Abschlussritual und Hausaufgabe	91

Übersicht der Vorlagen und Arbeitsblätter für Modul IV ... 92

Modul V   Selbstschutzstrategien in der digitalen Welt   95

Schritt 8 – Grundstrategien des Datenschutzes 96

1	Rekapitulation	97
2	Warum manche Daten niemanden etwas angehen (1. TutorInnenreferat)	98
3	Wie man die Sichtbarkeit von Daten einschränkt (2. TutorInnenreferat)	99
4	Warum man gute Passwörter braucht und wie man mit ihnen umgehen sollte (3. TutorInnenreferat)	101
5	Abschlussritual und Hausaufgabe	102

Schritt 9 – Grundstrategien gegen Cyber-Täter 103

1	Rekapitulation	103
2	Wie Nervensägen zum Schweigen gebracht werden (4. TutorInnenreferat)	104
3	Beweisen und Melden von Vorfällen (5. TutorInnenreferat)	105
4	Handlungsmöglichkeiten und Kontaktstellen bei intensiven Vorfällen (6. TutorInnenreferat)	107
5	Zusammenfassung von Strategien	110
6	Abschlussritual und Hausaufgabe	110

Übersicht der Vorlagen und Arbeitsblätter für Modul V ... 111

Modul VI   „Was darf ich von anderen preisgeben?" – rechtlicher Hintergrund   117

Schritt 10 – „Urheber- und Persönlichkeitsrechte" – Vorbereitungsphase 118

1	Rekapitulation	119
2	Falldarstellung und Verteilung der Rollen	119
3	Vorbereitungsphase	121
4	Abschlussritual und Hausaufgabe	121

Schritt 11 – „Urheber- und Persönlichkeitsrechte" – Klassengericht 122

1	Rekapitulation	123
2	Verhandlung	123
3	Urteilsfindung	124
4	Abschlussritual und Hausaufgabe	125

Übersicht der Vorlagen und Arbeitsblätter für Modul VI ... 126

Modul VII   Elternabend   129

Schritt 12 – Vorbereitung des Elternabends – Organisatorisches ... 130

1	Rekapitulation	131
2	Themenfindung	131
3	Gruppenzuteilung / Aufgabenverteilung	133
4	Beginn der Arbeiten	133
5	Abschlussritual und Hausaufgabe	133

Schritt 13 – Vorbereitung des Elternabends – Praktisches — 134

1	Rekapitulation / Lagebesprechung	134
2	Fortsetzung der Arbeiten	134
3	Abschluss der Arbeiten und Abschlussritual	135

Übersicht der Vorlagen und Arbeitsblätter für Modul VII — 136

Modul VIII Abschlussreflexion — 137

Schritt 14 – Wissensabfrage — 138

1	Rekapitulation / Lagebesprechung	138
2	Kurzaufsatz	139
3	Wissensquiz	139
4	Abschlussritual	141

Schritt 15 – Auswertung des Programms und des Elternabends — 142

1	Gesamtrekapitulation und Klassenregeln	142
2	Auswertung des Elternabends	143
3	Abschlussritual	143

Übersicht der Vorlagen und Arbeitsblätter für Modul VIII — 144

5 Medienhelden-Projekttag — 145

Themenblock 1 Unsere Medien – Nutzen und Gefahren — 145

Themenblock 1 – Überblick — 146

1	Einführung in das Programm	147
2	Einstiegsrunde	147
3	Das Internet und dessen Bedeutung für die SchülerInnen	148
4	Gefahren im Netz	150
5	Definition von Cybermobbing	150
6	Abschluss des ersten Themenblocks	152

Übersicht der Vorlagen und Arbeitsblätter für Themenblock 1 — 153

Themenblock 2 Folgen von Cybermobbing — 157

Themenblock 2 – Überblick — 159

1	Erfahrungen einordnen und reflektieren	160
2	Film „Let's fight it together"	162
3	Eigenes Befinden	162
4	Die DarstellerInnen	163
5	Wer kann sich wie verhalten? – Ergebnissammlung	165
6	Ende des Filmes	165
7	Abschluss des zweiten Themenblocks	166

Übersicht der Vorlagen und Arbeitsblätter für Themenblock 2 — 167

Themenblock 3 Was können wir tun? — 171

Themenblock 3 – Überblick — 172

1	Gruppeneinteilung und Raumfindung	172
2	Gruppenarbeiten	172
3	Nachbesprechung im Plenum und Abschluss des Themenblocks	173

Übersicht der Vorlagen und Arbeitsblätter für Themenblock 3 — 174

Themenblock 4 Ergebnispräsentation und Abschlussrunde — 177

Themenblock 4 – Überblick — 178

1	Präsentation Gruppe 1	178
2	Präsentation Gruppe 3	179
3	Präsentation Gruppe 2	179
4	Handlungsstrang entwerfen	180
5	Allgemeine Feedback-Runde: Den Projekttag abschließen	181

Übersicht der Vorlagen und Arbeitsblätter für Themenblock 4 — 182

Literatur — 183

Inhalt des Online-Materials — 187

Die Online-Zusatzmaterialien können Leserinnen und Leser dieses Buchs auf der Homepage des Ernst Reinhardt Verlags unter http://www.reinhardt-verlag.de herunterladen. Das Online-Zusatzmaterial ist passwortgeschützt, das Passwort zum Öffnen der Dateien finden Sie am Ende des Buches.

Geleitwort des WEISSEN RINGS e.V.

Liebe Leserinnen und Leser des Manuals „Medienhelden",

das Internet bietet eine schier unendliche Vielfalt an Kommunikationsmöglichkeiten. Messenger-Dienste, Fotoportale und soziale Plattformen üben gerade auf junge Menschen eine große Faszination aus. Ein Drittel aller 6- bis 13-Jährigen in Deutschland verfügt mittlerweile über ein eigenes Smartphone, das für sie im Alltag eine wichtige Rolle spielt. WhatsApp, Instagram und Snapchat, immer und überall auf dem Telefon verfügbar, hier schnell ein Foto hochladen, dort kurz eine Nachricht an eine Gruppe senden – so sieht die Lebenswelt vieler Kinder und Jugendlicher aus. Eine Lebenswelt, die aber auch zeitgleich voller Fallstricke sein, erhebliche Gefahren für die Privat- und die Intimsphäre ihrer Nutzer bergen kann.

Cybermobbing etwa, also das Beleidigen, Bloßstellen, Bedrohen oder Belästigen einer Person über einen längeren Zeitraum und mittels Internet, ist nur eine davon. Die Täter fühlen sich in der anonymen Welt der digitalen Kommunikation sicher, Hänseleien und Bedrohungen finden längst nicht mehr nur auf dem Schulhof oder im Klassenzimmer statt. Dass Cybermobbing unter jungen Menschen mittlerweile weitverbreitet ist, zeigt eine aktuelle Studie des Medienpädagogischen Forschungsverbunds Südwest. Dort gibt jeder fünfte Jugendliche an, dass schon einmal falsche oder beleidigende Inhalte über seine Person im Netz verbreitet wurden. Jungen und Mädchen sind gleichermaßen betroffen.

Zu den herausragenden Zielen des WEISSEN RINGS, Deutschlands größter Opferhilfeorganisation, gehört seit seiner Gründung im Jahre 1976 die Beteiligung an der Kriminalprävention. Und dabei hat unsere gemeinnützige, weitgehend ehrenamtlich tätige Organisation selbstverständlich auch die Belange der jüngeren Generation im Blick. Der WEISSE RING unterstützt daher mit Nachdruck das von der Europäischen Kommission geförderte und an der Freien Universität Berlin entwickelte Programm „Medienhelden", das im Rahmen einer europäischen Arbeitsgruppe zum Cybermobbing in sechs europäischen Ländern entstanden ist und so auch den europäischen Institution des WEISSEN RINGS gerecht wird. Mit unserem Engagement für „Medienhelden" wollen wir die Entwicklung von Interventions- und Präventionsmaßnahmen gegen Cybermobbing und die Förderung eines verantwortungsvollen Umgangs von Kindern und Jugendlichen mit neuen Medien vorantreiben. Und so einen Beitrag dazu leisten, dass junge Menschen von Cybermobbing und den daraus resultierenden psychischen oder physischen Schäden verschont bleiben.

Daher wünscht der WEISSE RING dem Programm viel Erfolg!

Mainz, im Juni 2018   Roswitha Müller-Piepenkötter, Bundesvorsitzende des WEISSEN RINGS e.V.

Vorwort des Autorenteams

Mit dem vorliegenden Manual und den dazugehörigen Materialien soll es ermöglicht werden, den Themenbereich „Neue Medien und soziale Kompetenzen" sowie „Cybermobbing" im Unterricht (z. B. im Ethikunterricht) zu thematisieren, Jugendliche zu sensibilisieren, Kompetenzen zu fördern, zur Prävention von Cybermobbing und zur Stärkung der Medienkompetenz bei Jugendlichen beizutragen. Das Manual ist gegliedert in einen Theorie- und einen Praxisteil. Im Theorieteil werden der derzeitige Forschungsstand zu Cybermobbing dargestellt, die Zusammenhänge mit den Zielen des Programms Medienhelden hergestellt sowie in einem Kapitel erste Ergebnisse der wissenschaftlichen Evaluation des Medienhelden-Programms berichtet. Hier erfahren Sie auch etwas über die Medienwelt, in der Jugendliche heutzutage leben, und welche der Kommunikationsmethoden besonders wichtig für sie sind. Zudem erhalten Sie im Theorieteil Informationen zu den einzelnen Methoden, die in diesem Manual eingesetzt werden, und der Präventionstheorie, die dem Medienhelden-Programm zugrunde liegt. Der Praxisteil umfasst das Medienhelden-Curriculum und den Medienhelden-Projekttag, jeweils strukturierte Schritte und Themenblöcke, die Sie direkt im Schulumfeld, aber auch in der Jugendarbeit, umsetzen können. Alle Arbeitsblätter und Materialien finden Sie im Manual und im Online-Material.

Die Entwicklung des Medienhelden-Programms erfolgte an der Freien Universität Berlin in den Jahren 2010 und 2011, die Evaluation in Berliner Schulen im Jahr 2011/12. In den Händen halten Sie eine im Jahr 2018 überarbeitete und ergänzte Version des Manuals zum Programm. Nachdem es in Deutschland über einen längeren Zeitraum nicht möglich war, Drittmittel zur Durchführung eines Forschungsprojektes, resp. zur Entwicklung und Evaluation unseres Programms zu erhalten, sind wir sehr dankbar für die Möglichkeit, Teil eines europäischen Forschungskonsortiums gewesen sein zu dürfen, „Cyberbullying in Adolescence: Investigation and Intervention in Six European Countries", welches im Rahmen des DAPHNE III Programms gefördert wurde (ACTION NUMBER – JLS/2008/DAP3/AG/1211-30-CE-0311025/00-69).

Diese Veröffentlichung wurde gefördert mit Mitteln des Daphne-III-Programms der Europäischen Kommission. Die Inhalte dieser Veröffentlichung unterstehen der alleinigen Verantwortung der Autoren und spiegeln in keiner Weise die Ansichten der Europäischen Kommission wider.

Wir möchten uns ausdrücklich bei der Europäischen Union, dem DAPHNE III Programm und vor allem bei unseren europäischen Partnern bedanken: den Teams um Maria Luisa Genta an der Universität Bologna, Rosario Ortega Ruiz an der Universität Cordoba, Jacek Pyzalski an der Pädagogischen Hochschule Lodz, Haralambos Tsorbatzoudis an der Universität Thessaloniki und Peter K. Smith am Goldsmiths College London, und insbesondere bei Maria Luisa Genta, Antonella Brighi und Peter K. Smith persönlich.

Dieses Projekt – und damit die Entwicklung des Medienhelden-Programms – wäre nicht möglich gewesen ohne die Unterstützung der teilnehmenden Berliner Schülerinnen und Schüler und deren Eltern. Ein riesiges Dankeschön gebührt vor allem auch den teilnehmenden Lehrerinnen und Lehrern, nicht nur für ihre engagierte Teilnahme, sondern auch für ihr unersetzliches Feedback: Manuela Ambrosi, Inge Bruckman, Michael Dannenberg, Margrit Duppel-Pelster, Gertrud Fischer-Sabrow, Stephan Havel, Margret Iversen, Renate Klinkott, Wiebke Kolb, Michael Reim, Spyridon Rentoulas, Monika Richter, Gudrun Schmedding und Ulrika Streubel. Außerdem möchten wir unseren Praktikantinnen Pina Keller und Astrid Wörner danken, die in unserem Projekt mitgewirkt haben und uns unter anderem bei den Befragungen eine große Hilfe waren. Unser Dank gilt auch unseren Kolleginnen und Kollegen am Arbeitsbereich „Entwicklungswissenschaft und Angewandte Entwicklungspsychologie", insbesondere Madita Siddique, die unsere Arbeit und uns selbst unterstützt haben, immer ein offenes Ohr hatten und fachliche Anregungen geliefert haben. Ein besonderer Dank geht an Thorsten Schöntaube und die Lemon8 Media GmbH Bremen für die grafische Unterstützung, an die RaumZeitMedia Marketing GmbH in Bremen sowie an den Ernst Reinhardt Verlag, München, insbesondere an Frau Ulrike Landersdorfer, für die Unterstützung und das Vertrauen in unser Buchprojekt. Zudem möchten wir dem WEISSEN RING danken für die freundliche Unterstützung bei der Realisierung des Buchvorhabens sowie für die wunderbare Kooperation, in die wir getreten sind. Schließlich gilt unser Dank unseren Familien und Freunden, die uns in sehr arbeitsintensiven Zeiten Rückhalt und Unterstützung geboten und uns „den Rücken frei gehalten" haben.

Berlin, im Juli 2018

Dr. Dipl.-Psych. Anja Schultze-Krumbholz,
M.Sc. Pavle Zagorscak,
Dipl.-Psych. Anne Roosen-Runge
(geb. Siebenbrock) und
Univ.-Prof. Dr. Herbert Scheithauer

TEIL I:

Grundlagen

1 Theoretische Hintergründe

1.1 Die Ausgangslage

Die Nutzung moderner Kommunikationsmedien ist in den letzten Jahren rapide angestiegen. Dies zeigen Zahlen aus jährlich durchgeführten Studien zur Mediennutzung (z. B. die KIM- und JIM-Studien des Medienpädagogischen Forschungsverbundes Südwest MPFS, www.mpfs.de).

> **Mediennutzung von Kindern und Jugendlichen in Deutschland**
>
> - Bereits 15 % der 6- bis 7-Jährigen in Deutschland nutzen das Internet fast täglich.
> - 12 % der 6- bis 7-Jährigen in Deutschland besitzen bereits ein Handy – diese Prozentzahl steigt mit zunehmendem Alter.
> - 98 % der Haushalte in Deutschland, in denen 12- bis 19-Jährige leben, verfügen über einen Internetanschluss.
> - Bereits bei den 12- bis 13-Jährigen besteht fast eine Vollausstattung mit Smartphones (92 %).
> - Die Nutzung des Internets ist mit 89 % die zweitwichtigste tägliche Medienbeschäftigung unter 12- bis 19-Jährigen.
> - 97 % der 12- bis 19-Jährigen in Deutschland sind häufige Internetnutzer, d. h. sie sind mindestens mehrmals wöchentlich online. Auch die tägliche Nutzungsdauer hat in den letzten Jahren stetig zugenommen (derzeit durchschnittlich 221 Minuten an einem Wochentag).
>
> (MPFS 2015, 2017)

Internet und Mobiltelefone (= Handy) können heutzutage nicht mehr getrennt betrachtet werden, denn längst sind aus Mobiltelefonen Multimediageräte geworden (wie Smartphones oder Tablets, die internettauglich sind, mit denen man aber auch telefonieren kann), die über hochauflösende Kameras, kabellose Verbindungen und viele andere Funktionen verfügen. Ein einfaches Handy besitzen Jugendliche heute kaum noch, fast alle Jugendlichen (97 %) zwischen 12 und 19 Jahren besitzen mindestens ein eigenes Smartphone. Mit 81 % ist das Smartphone das am häufigsten zur Internetnutzung eingesetzte Gerät unter Jugendlichen (MPFS 2017).

Jugendliche und Kinder der heutigen Zeit haben nie ein Leben ohne Internet oder Handy gekannt. Sie werden oft auch als „digitale Eingeborene" (engl. „digital natives") bezeichnet – als „Muttersprachler der digitalen Sprache von Computern, Videospielen und Internet" (Prensky 2001, 1, Übers. d. Verfass.). Sie empfinden diese Medien als einen natürlichen Bestandteil ihres Lebens und als „entscheidendes Hilfsmittel für ihr soziales Leben" (Kowalski et al. 2012, 2, Übers. d. Verfass.).

Abgesehen von den vielen positiven Möglichkeiten, die moderne Kommunikations- und Informationstechnologien bieten, haben in den letzten Jahren jedoch wiederholt negative Aspekte die Medien beherrscht. Dabei tauchte ein Begriff häufig auf: Cybermobbing (auch synonym Cyberbullying, Internetmobbing, Onlinemobbing usw.).

> **Fallbeispiel**
>
> Die 13-jährige Jenny hat sich in einem sozialen Netzwerk angemeldet, da das ein Muss ist für die Selbstdarstellung in diesem Alter. „Es ist wichtig, da drin zu sein. […] Wer kein Profil hat, ist Außenseiter." Durch Zufall entdeckt das Mädchen die „Gruppe gegen Jenny" und muss feststellen, dass dort massiv über sie gelästert wird. Gegründet wurde die Gruppe von einer Schülerin an einer anderen Schule, die Jenny kaum kennt. Jenny erhält E-Mails von den Gruppenmitgliedern: „Echt arm und hässlich bist du. Du hast keine Freunde mehr." Diejenigen, die sie für ihre Freundinnen hielt, schreiben „Jenny ist eine behinderte Schlampe. Sie soll einfach mal die Fresse halten". Jenny ist enttäuscht. Das Verhalten greift auf den Schulhof über, sie wird gemieden. Zu Hause kreisen ihre Gedanken um nichts anderes mehr und sie weint viel.
>
> (Hoffmann 2007)

Dieser Vorfall ist mitnichten ein Einzelfall. Mal eine böse Nachricht schreiben, ein peinliches Bild von jemand anderem hochladen oder teilen, eine „Jenny"-Hassgruppe gründen. All das geht schnell und einfach in Zeiten des Web 2.0 (für eine Erläuterung des Begriffs „Web 2.0" s. Kap. 1.3). In der Vergangenheit tauchten immer wieder Portale oder Websites auf, die Cybermobbing stark begünstigten, da sie Nutzenden Anonymität zusicherten und über ausländische Server liefen (wie beispielsweise die relativ schnell indizierte Website isharegossip oder auch ask.fm) und sich somit beispielsweise der deutschen Gerichtsbarkeit entzogen. Den Nutzenden wurde es sehr leicht gemacht, sich gegenseitig zu beleidigen, zu beschimpfen und bloßzustellen, mit schwerwiegenden Auswirkungen im realen Leben, denn es kam auch zu körperlichen Angriffen (Jüttner 2011).

Studien in Deutschland haben gezeigt, dass – je nach Studie – zwischen 3 % bis 43 % der befragten SchülerInnen in Cybermobbing involviert waren (z. B. Schultze-Krumbholz / Scheithauer 2012). Was auf Täterseite oft der Belustigung und dem Ansehen dient, kann auf Opferseite gravierende Folgen haben. Und häufig sind sich die Täter der Wirkung ihres Handelns nicht einmal bewusst. Die Betroffenen dagegen werden oft allein gelassen: Die Betreiber berufen sich auf Verhaltenskodizes, das Recht auf freie Meinungsäußerung und die Eigenverantwortung der Jugendlichen. Doch die Jugendlichen lernen meist gerade erst, wie man sich in sozialen Umfeldern angemessen verhält. Auch manche Schule weist die Problematik von sich mit der Begründung, dass die Schule schließlich nicht dafür verantwortlich sei, was die SchülerInnen in ihrer Freizeit täten. Jedoch zeigte sich in wissenschaftlichen Studien in mindestens der Hälfte der Fälle ein klarer Bezug zur Schule (z. B. Sanders et al. 2009). Oft kennen sich die Beteiligten vom Schulhof. Nicht selten wird traditionelles Schulmobbing einfach im virtuellen Raum fortgesetzt (z. B. Hinduja / Patchin 2012; Smith et al. 2008). Das folgende Beispiel eines „Happy-Slapping"-Falls (einer Unterform von Cybermobbing) soll zeigen, dass SchülerInnen bei derartigem Handeln auch die Grenzen zum Strafrecht überschreiten können.

Fallbeispiel

Ein extremer Fall ist der des obdachlosen W. in England. W. starb nach Schlägen und Tritten durch Jugendliche, die zuvor Alkohol getrunken und den jungen Mann grundlos angegriffen hatten. Einer der drei Angreifer war ein 15-jähriges Mädchen, das die Tat mit dem Handy eines der Schläger filmte (sog. „Happy Slapping"). Das Mädchen hatte nach der Tat einer Freundin davon erzählt und das Video an andere Personen verschickt. Am 18. März 2008 wurde sie wegen dieser Form der Beteiligung an der Tat zu zwei Jahren Jugendarrest verurteilt.

(Balakrishnan 2008, Übers. d. Verfass.)

Dieses Urteil stellt einen juristischen Präzedenzfall dar. Er macht jedoch deutlich, dass das, was sich virtuell und mittels moderner Medien abspielt, nicht frei von regionaler Gesetzgebung und Rechtsprechung ist. Gleichzeitig sollte man Jugendliche nicht unnötig kriminalisieren, sondern ihr Bewusstsein schärfen, Kompetenzen fördern und ihnen helfen, die sozialen Regeln des sozialen Raumes „Cyberspace" zu erlernen und anzuwenden.

1.2 Cybermobbing unter Jugendlichen

In der Forschung ist Cybermobbing ein vergleichsweise junges Thema. Weltweit wurde hierzu keine wissenschaftliche Studie vor 2004 veröffentlicht (Tokunaga 2010). In Deutschland wurde ab 2004 in den Medien über Einzelfälle – meist aus dem Ausland – berichtet. Ab 2007 und besonders ab 2010 stieg die Zahl deutscher Studien zum Thema Cybermobbing (Jäger et al. 2010). Im Folgenden geben wir zunächst eine möglichst genaue Definition von Cybermobbing. Anschließend stellen wir vor, was bislang über die Untersuchung des Problembereiches „Cybermobbing" aus nationalen und internationalen Studien bekannt ist. Wir versuchen, in diesem Manual weitestgehend auf Anglizismen zu verzichten. Dies mag jedoch nicht immer gelingen, da der Großteil der Forschung aus dem englischen Sprachraum stammt.

Daher hat sich in der Forschung auch der englische Begriff „Bullying" (bzw. „Cyberbullying") durchgesetzt. Umgangssprachlich wird dieses Phänomen im deutschen Sprachraum allerdings als „Mobbing" bezeichnet. Wir halten uns aus Gründen der Verständlichkeit an den deutschen Begriff, da auch eine eigene Befragung unter Berliner Jugendlichen gezeigt hat, dass sie den Begriff „Cybermobbing" verwenden, um Verhaltensweisen zu beschreiben, die der im Folgenden dargestellten Definition entsprechen (Schultze-Krumbholz et al. 2014).

1.2.1 Was ist Cybermobbing?

Die Definition für Cybermobbing ist an die Definition des traditionellen Schulhofmobbings (bzw. passender: Offline-Mobbings) angelehnt (s. z. B. Scheithauer et al. 2003). Cybermobbing ist demnach ein aggressives Verhalten einer oder mehrerer Personen gegenüber einer anderen Person. Dabei liegt eine Schädigungsabsicht vor, das Verhalten findet wiederholt statt, und der Betroffene kann sich nur schwer wehren (nach Smith et al. 2008).

> Cybermobbing ist eine Form aggressiven Verhaltens!
> Rund jeder fünfte Schüler ist in Cybermobbing involviert!

Bei Cybermobbing werden Personen mittels moderner Kommunikationsmedien beleidigt, bedroht, bloßgestellt oder belästigt. Auch die Ausgrenzung einzelner Personen ist möglich. Immer wieder wird in Frage gestellt, ob für Cybermobbing die Schädigungsabsicht wirklich entscheidend, wiederholtes Verhalten notwendig und Hilflosigkeit gegeben ist. Studien dazu haben gezeigt, dass SchülerInnen wiederholtes Cybermobbing als wesentlich schwerwiegender empfinden als einmalige Cybermobbing-Vorfälle. Ausnahmen sind, wenn das Verhalten öffentlich geschieht, d.h. durch die Veröffentlichung von Fotos im Internet oder beispielsweise die Weiterleitung persönlicher Geheimnisse (Nocentini et al. 2010). Dementsprechend unterscheidet Langos (2012) in direktes Cybermobbing (also Cybermobbing, das direkt an die betroffene Person adressiert ist) und indirektes Cybermobbing (also Cybermobbing, bei dem die Inhalte nicht direkt an die betroffene Person adressiert, sondern vielmehr an ein öffentliches oder teil-öffentliches Publikum gerichtet sind). Bei indirektem Cybermobbing seien einmalige Vorfälle ausreichend, um dennoch Wiederholungseffekte (durch die „ZuschauerInnen") zu erzielen. Zudem ist für SchülerInnen nicht entscheidend, welche Absicht hinter der Handlung steckt, sondern welche Wirkung die Handlung auf die Betroffenen hat. Die Absicht selbst ist beispielsweise im Internet schwer abzuschätzen oder zu interpretieren. Hilflosigkeit ist dadurch gegeben, dass SchülerInnen selten einen Einfluss darauf haben, wer was online stellt, und oft die Betreiber Inhalte auf Wunsch der UserInnen nicht löschen (z. B. mit dem Verweis auf Meinungsfreiheit). Zusätzlich wurde vorgeschlagen, auch potenzielle Anonymität der Ausübenden als Definitionskriterium einzubeziehen. Dies könnte das Erleben eines Cybermobbing-Vorfalls beeinflussen. Die SchülerInnen diskutieren dabei in zwei Richtungen: Zum einen sei es verletzender, wenn es von vorgeblichen FreundInnen kommt, andererseits sei die empfundene Angst und das Misstrauen anderen gegenüber größer, wenn nicht klar ist, wer die Mobbenden sind (Nocentini et al. 2010; Schultze-Krumbholz et al. 2014; Spears et al. 2009). Cybermobbing hebt sich also von traditionellem Mobbing in der Schule klar ab:

- potenzielle Anonymität kann mehr Angst verursachen und weniger Lösungsstrategien bieten,
- die Unbegrenztheit des virtuellen Raums (d. h. möglicherweise ein riesiges Publikum rund um den Globus) kann die Demütigung erheblich steigern,
- die zeitlich unbegrenzte Speicherung von Inhalten im Internet führt dazu, dass das Mobbing nie wirklich aufhört,
- SchülerInnen sind nun rund um die Uhr erreichbar und somit verletzlich und

- aufgrund des Mangels von gestischen und mimischen Reaktionen, da nicht mehr von Angesicht zu Angesicht, sind den (möglicherweise unabsichtlichen) Mobbenden die Auswirkungen ihres Handelns nicht klar.

Cybermobbing kann sehr unterschiedliche Formen annehmen (s. Tab. 1).

Tab. 1: Unterschiedliche Erscheinungsformen von Cybermobbing (Hinduja / Patchin 2009; Kowalski et al. 2012; Willard 2007)

Form	Beschreibung
Belästigung	Wiederholte anstößige Nachrichten (z. B. beleidigend, verletzend, bedrohend, vulgär) an ein Individuum über die Zeit hinweg; manchmal können Mobbende dabei auch andere, eigentlich Außenstehende überzeugen, den Betroffenen ebenfalls anstößige Nachrichten zu senden.
Verleumdung	Texte, Ton- oder Bildmaterial eines Individuums, die schädlich oder unwahr sind, um Freundschaften oder Ruf zu zerstören; Verbreitung von Tratsch oder Gerüchten.
Identitätsdiebstahl	Mobbende verschaffen sich Zugang zum Account der Betroffenen (z. B. durch Austausch von Passwörtern unter FreundInnen) und geben sich als diese aus, um Material zu versenden oder zu veröffentlichen, das ein negatives Licht auf Betroffene wirft oder Freundschaften / Ruf zerstört.
Verrat / Betrug	Öffentliches Posten, Versenden oder Weiterleiten von persönlichen Informationen, besonders mit intimen oder beschämenden Inhalten; Betroffene dahingehend täuschen, dass sie im Glauben an Vertrauenswürdigkeit oder Freundschaft private Informationen preisgeben, die dann weiterverbreitet werden.
Ausschluss / Ostrazismus	Individuen werden von der „in-group" ausgeschlossen, z. B. aus passwortgeschützten Kommunikationen oder Communities, die Einladung oder Akzeptanz erfordern; Löschen spezifischer Personen aus Gruppen oder Freundeslisten.
Cyberstalking	Kombination der oben genannten Formen: wiederholte anstößige oder einschüchternde Nachrichten, Drohungen, Erpressung, Verleumdung, um Freundschaften oder den Ruf zu zerstören, Identitätsdiebstahl; Betroffener fürchtet um seine Sicherheit und sein Wohl; meist im Rahmen einer gescheiterten Beziehung oder eines Beziehungswunsches, hohes Drohpotenzial durch gewisses Ausmaß an Intimität.
„Happy Slapping"	Ursprünglich spontanes Zugehen auf fremde Personen, um diese dann zu schlagen, während das Ganze von „Komplizen" gefilmt und später verbreitet wird (z. B. als Video im Internet); beinhaltet inzwischen auch Videos von schwerer Schikane unter Klassen- oder SchulkameradInnen, die mit körperlichen Angriffen einhergeht.
„Photoshopping"	Verwendung moderner Bildbearbeitungssoftware, um Fotos von Personen zu retuschieren; Veränderung von Bildern zu Ungunsten des Betroffenen, z. B. durch Verzerrung von Körperpartien oder Einsetzen des Kopfes auf pornografischen Bildern; kann versendet oder ins Internet hochgeladen werden, um Freundschaften oder Ruf zu schädigen (s. Verleumdung), kann aber bei Einsetzen in Gewaltszenen auch als Bedrohung empfunden werden (s. Belästigung und Cyberstalking).

1.2.2 Wie oft tritt Cybermobbing auf?

Aufgrund uneinheitlich verwendeter Definitionskriterien ist es derzeit noch schwer, eine genaue Zahl für die Auftretenshäufigkeit von Cybermobbing in unterschiedlichen Ländern zu nennen. International reicht die Spanne von 4 % in den USA bis 62 % in Belgien für die Anzahl an Betroffenen und von 3 % in den USA bis 53 % in Belgien für die Anzahl an Ausübenden unter den befragten Jugendlichen. Dies ist nicht zwangsläufig auf erhebliche Unterschiede zwischen Ländern zurückzuführen, sondern lässt neben tatsächlichen Unterschieden in der Auftretenshäufigkeit auch einen Einfluss der Erhebungsmethoden der unterschiedlichen Studien vermuten. Diese unterscheiden sich stark zwischen den Studien, da einige konzeptuelle Aspekte von Cybermobbing immer noch nicht abschließend geklärt sind (beispielsweise dürften hier sowohl SchülerInnen, denen es jemals in ihrem bisherigen Leben passiert ist, als auch regelmäßige und wiederholte Betroffene bzw. Ausübende enthalten sein). Eine Meta-Analyse, die 80 internationale Studien zusammenfasst, findet, dass durchschnittlich 15,5 % der Jugendlichen andere cybermobben und 15,2 % von Cybermobbing betroffen sind (Modecki et al. 2014).

Auch in Deutschland ist die Spanne der Auftretenshäufigkeiten in den durchgeführten Studien recht hoch und reicht von 3 % bis 43 % für Jugendliche, die von Cybermobbing betroffen sind, und von 8 % bis 34 % für Jugendliche, die andere cybermobben (z. B. Schultze-Krumbholz / Scheithauer 2012). Eigene Studien, die an den oben genannten Definitionskriterien ansetzten, zeigten, dass rund 20 % der befragten SchülerInnen der Klassenstufen 7 bis 10 in Cybermobbing involviert waren. Das heißt, rund jede / r fünfte SchülerIn war entweder betroffen, hat andere cybergemobbt oder beides (s. folgenden Abschnitt). Der Durchschnitt deutscher Forschungsergebnisse liegt etwas unter dem internationalen Durchschnitt, mit 13,6 % für SchülerInnen, die andere cybermobben, und 13,2 % für Betroffene von Cybermobbing (Schultze-Krumbholz 2015). Viele Studien fanden Cybermobbing als weniger häufiges Phänomen im Vergleich zu traditionellem Mobbing in der Schule. Trotzdem bleibt es ein besorgniserregendes Phänomen, dessen Verbindung zur Schule nicht ignoriert werden darf, denn obwohl es häufiger außerhalb der Schule stattfindet (Steffgen et al. 2009), konnten beispielsweise Sanders und Kollegen (2009) zeigen, dass 28,8 % der Ausübenden KlassenkameradInnen und 20,3 % der Ausübenden SchulkameradInnen der Betroffenen waren.

1.2.3 Welche Rollenverteilung gibt es beim Cybermobbing?

Oft wird davon ausgegangen, es gäbe nur die Rolle der Jugendlichen, die andere cybermobben und derer, die gemobbt werden. Dabei wird jedoch der gruppendynamische Prozess außer Acht gelassen. Für Mobbing im klassischen Schulkontext (d. h. ohne Verwendung von Kommunikationsmedien) konnten sechs verschiedene Rollen identifiziert werden (die sogenannten Täter, Opfer, Verstärkende, Assistierende, [potenzielle] Verteidigende und Außenstehende; zusammenfassend Scheithauer et al. 2003). Das entsprechende Modell von Salmivalli und Kollegen (1996) beschreibt die verschiedenen sozialen Rollen im gruppendynamischen Prozess „Mobbing" wie folgt (Abb. 1): Neben Jugendlichen, die andere cybermobben und Jugendlichen, die Cybermobbing erleben, gibt es verschiedene Formen von „Zuschauern". Zum einen können Personen Mobbende in ihrem Handeln bestärken, indem sie über die Situation lachen, die Betroffenen auslachen oder klatschen bzw. die Mobbenden sogar anfeuern (Verstärkende). Sie könnten sie aber auch dahingehend unterstützen, dass sie Betroffene beispielsweise festhalten (Assistierende). Andere Teilnehmer wiederum könnten Betroffenen zu Hilfe kommen und verteidigen oder Mobbenden sagen, sie sollen aufhören (potenzielle Verteidigende), während wieder andere Zuschauer die Mobbingattacken zwar wahrnehmen, damit aber nichts zu tun haben wollen und sich aus der Sache heraushalten (Außenstehende).

Für Cybermobbing gibt es bislang keine durchweg anerkannte Klassifizierung. Häufig wird jedoch unterschieden in Jugendliche, die andere cybermobben, Jugendliche, die Cybermobbing erleben und sogenannte Bystander (Zuschauende) oder Zeugen. Bystander sind Personen, die mitbekom-

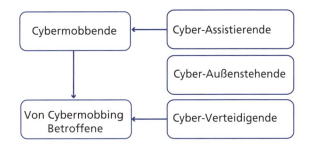

Abb. 1: Rollenverteilung beim Cybermobbing.

men, dass eine Cybermobbing-Situation stattfindet (Pfetsch 2016). Verschiedene Studien haben das Verhalten der Bystander untersucht und unterteilen es entweder in negatives vs. positives oder aktives vs. passives Zuschauerverhalten. In den meisten dieser Einteilungen wird allgemein von drei verschiedenen Zuschauerrollen gesprochen: Cyber-Außenstehende (die passiv bleiben), Cyber-Assistierende (die Cybermobbenden helfen) und Cyber-Verteidigende (die Betroffene verteidigen) (z. B. Wachs 2012). Wichtig ist bei allen, dass den „Zuschauern" eine zentrale Rolle zukommt, da sie sich zum Werkzeug derjenigen machen, die andere cybermobben, wenn sie die Webseiten besuchen und die Bilder, Videos und Texte über die Betroffenen ansehen oder sogar weiterverbreiten (Brighi et al. 2009). Denn nur über die Verbreitung, Weiterleitung und Streuung von Inhalten dauert das Cybermobbing an. Für Betroffene ist dies insofern belastend, als dass die Ernsthaftigkeit von Cybermobbing erst dadurch zustande kommt, dass das Publikum potenziell unendlich groß ist. Die Unsicherheit, wer das jeweilige Material alles gesehen haben könnte, erfüllt Betroffene mit Angst und Unsicherheit und kann einen sozialen Rückzug zur Folge haben (Slonje/Smith 2008; Spears et al. 2009). Den „Zuschauenden" kommt aber auch eine besondere Rolle und Verantwortung zu, weil ihr Verhalten den sozialen Konsens signalisiert, d. h. wenn Bystander nicht eingreifen, vermittelt das den Jugendlichen, die andere cybermobben, dass ihr Verhalten vom Umfeld geduldet oder sogar befürwortet wird. Daher ist ein wichtiger Ansatzpunkt, Jugendliche dafür zu sensibilisieren und zu befähigen, gegen Cybermobbing einzugreifen, wenn sie solche Situationen bemerken. Die verschiedenen Rollen im gruppendynamischen System von Cybermobbing sind noch einmal in Abb. 1 dargestellt.

1.2.4 Geschlechter- und Altersunterschiede

Bei Cybermobbing scheint es Geschlechterunterschiede zu geben, die Befundlage ist jedoch bislang uneindeutig. In internationalen Vergleichen zeigte sich, dass Jungen häufiger andere cybermobbten als Mädchen; dieser Befund schien jedoch auch von der Herkunftsregion der jeweiligen Studie abzuhängen. Es zeigte sich nämlich, dass die Geschlechterunterschiede in Asien und den USA groß waren, während in europäischen und australischen Studien (fast) keine Unterschiede gefunden wurden (Sun et al. 2016). Auch deutsche Studien fanden keine konsistenten Geschlechterunterschiede (Schultze-Krumbholz/Scheithauer 2012). Eine mögliche Erklärung für diese Ergebnisse liefern Barlett und Coyne (2014), die beim Vergleich von 109 internationalen Studien herausfanden, dass Jungen zwar häufiger andere cybermobbten, aber dass es gleichzeitig auch einen Alterseffekt gibt: So waren es bis zu einem Alter von 11 Jahren häufiger Mädchen, die berichteten, andere über Kommunikationsmedien zu mobben, während sich dieser Unterschied ab einem Alter von 11 Jahren dann zuungunsten von Jungen umkehrt. Diese Ergebnisse widerlegen die gängige Annahme, dass Cybermobbing aufgrund seiner eher versteckten Art eine Aggressionsform ist, die vor allem von Mädchen bevorzugt wird. In anderen Studien fanden sich Unterschiede bezüglich der Betroffenheit von Cybermobbing je nach Medien und Verhaltensweisen. Es zeigte sich nämlich, dass Mädchen häufiger über Textnachrichten und Telefonanrufe gemobbt wurden, Jungen hingegen häufiger über Websites und „Photoshopping" (Smith et al. 2008).

Bislang fehlt es immer noch an ausreichenden Längsschnittstudien zum Entwicklungsverlauf von Cybermobbing über die unterschiedlichen Altersstufen hinweg. Querschnittsanalysen in internationalen Studien, die unterschiedliche Altersgruppen enthielten, haben gezeigt, dass Cybermobbing am häufigsten in der sog. Mittelschule (Sekundarstufe I) auftritt, besonders häufig in der 8. Klassenstufe. Die größte Anzahl der Cybermobbenden ist im Alterssegment von 12 bis 15 Jahren zu finden. Wenn man die Gesamtheit der Bevölkerung betrachtet, mobben Jugendliche im Alter von 12 bis 19 Jahren am ehesten andere mittels moderner Kommunikationsmedien. Gleichzeitig sind Jugendliche (12–19 Jahre) sowie junge Erwachsene (20–26 Jahre) am häufigsten von Cybermobbing betroffen. Spezifisch für Deutschland zeigen Ergebnisse der JIM-Studie (MPFS 2017), dass Cybermobbing mit zunehmendem Alter steigt, 16- bis 17-Jährige aber am stärksten betroffen sind (in der Altersspanne 12–19 Jahre). Auch Vergleiche internationaler Studien zeigen, dass die Wahrscheinlichkeit, andere zu cybermobben, mit zunehmendem Alter (innerhalb des Jugend- und Jungerwachsenenalters) steigt. Dies trifft allerdings nur für das Ausüben, jedoch nicht für das Erleben von Cybermobbing zu (Guo 2016; Kowalski et al. 2014). Eine große deutsche Studie (Leest / Schneider 2017) fand heraus, dass Cybermobbing-Erlebnisse von Jungen im Alter von 12 Jahren sprunghaft anstiegen, ihren Höhepunkt um das Alter von 15 Jahren herum erreichten und bis zum 20. Lebensjahr nur langsam wieder abnahmen. Für Mädchen begann der Anstieg bereits mit 11 Jahren, erreichte den Höhepunkt bei 16 Jahren und sank danach bis zum 20. Lebensjahr etwas deutlicher als bei Jungen. Eine deutsche Längsschnittstudie fand ebenfalls heraus, dass der Höhepunkt von Cybermobbing eher in der Mittelstufe zu finden ist: Acht- und Neuntklässler berichteten am häufigsten, andere zu cybermobben, während Viert- bis Sechstklässler seltener berichteten, andere zu cybermobben (Pfetsch et al. 2014). Dieses Phänomen ist also derzeit klar ein Jugendphänomen. Dies könnte sich über die kommenden Jahre und mit wachsender Medienkompetenz resp. zunehmender Mediennutzung aller Bevölkerungsgruppen jedoch ändern. Genau deshalb ist es wichtig, mit präventiven Maßnahmen im Jugendalter anzusetzen.

1.2.5 Merkmale von Tätern und Betroffenen

Cybermobbing ist nichts, was man denen, die in irgendeiner Form darin involviert sind, an der Nasenspitze ansieht. Typologien sind mit Vorsicht zu verwenden, da sie auch auf Personen zutreffen können, die weder Täter noch Betroffene sind (Falsch-Positive), und gleichzeitig möglicherweise betroffene Personen nicht erkennen, da diese keines der genannten Merkmale aufweisen (Falsch-Negative). Eine Reihe von Studien wurde durchgeführt, die für Betroffene und Cybermobbende die im Folgenden genannten Merkmale ermittelten (Chen et al. 2017; Guo 2016; Katzer et al. 2009a, b; Kowalski et al. 2014; Li 2007; Ortega et al. 2009; Raiziene et al. 2009; Raskauskas / Stoltz 2007; Sanders et al. 2009; Sevcíková / Smahel 2009; Smith et al. 2008; Steffgen / König 2009; Vandebosch / Van Cleemput 2009; Williams / Guerra 2007; Ybarra 2004; Ybarra / Mitchell 2004a, b; Ybarra et al. 2006). Für Betroffene hat sich gezeigt, dass sie:

- oft auch im Schulkontext Mobbing erleben,
- selbst im Schulkontext andere mobben,
- häufig das Internet nutzen, bis hin zur Internetabhängigkeit oder -sucht,
- riskantes Onlineverhalten aufweisen,
- in Chatrooms wenig beliebt sind,
- im Alltag Verhaltensprobleme zeigen,
- negative moralische Überzeugungen vertreten,
- Probleme im Umgang mit ihren eigenen Emotionen haben,
- einen geringen Selbstwert aufweisen,
- Anzeichen von Depression zeigen,
- sozial ängstlich sind und
- häufig ausschließlich über Online-Sozialkontakte verfügen.

Die Merkmale für Betroffene sind also sehr breit und unspezifisch gehalten und lassen sich nur schwer an Kompetenzen festmachen. Da es auch möglich ist, jemanden zu viktimisieren, ohne den- bzw. diejenigen zu kennen, kann eigentlich jeder zum Ziel von Cybermobbing werden. Daher ist es sinnvoll, SchülerInnen generell zu vermitteln, wie sie sich im Internet schützen können. Für Ausübende zeigten Studien, dass sie:

- oft auch in der Schule andere mobben,
- selbst auch Cybermobbing und Mobbing in der Schule erlebt haben,
- häufig das Internet und das Handy nutzen und gut mit den Medien umgehen können,
- in höherem Maß sozial intelligent sind, d.h. wissen, wie man andere und ihre Beziehungen gewinnbringend manipulieren kann,
- stärker auf der Ebene sozialer Beziehungen aggressiv sind,
- weniger beliebt sind,
- weniger Empathie zeigen und Mobbing moralisch befürworten sowie eine positive Einstellung gegenüber Gewalt haben,
- Probleme haben, mit ihrem Ärger umzugehen,
- narzisstische Züge zeigen,
- zu Depression neigen und
- häufiger durch Problemverhalten auffallen.

Ausübende weisen somit umfassende Kenntnisse in der Nutzung von Medien auf (weshalb eine alleinige Aufklärung über die Nutzung neuer Medien als Maßnahme zur Prävention von Cybermobbing nicht ausreichen würde), sie weisen aber auch deutlichere Defizite in den sozial-emotionalen Kompetenzen auf, die mithilfe des Medienhelden-Programms gefördert werden sollen.

Da Cybermobbing eher ein verdecktes Verhalten ist, ist es schwierig, Merkmalskataloge aufzustellen, anhand derer Betroffene und Jugendliche, die andere cybermobben, leicht identifizierbar sind. Daher zielen sinnvolle Präventionsprogramme stärker darauf ab, dass SchülerInnen ihr Verhalten selbst regulieren und dass MitschülerInnen, die Cybermobbing mitbekommen, das Selbstvertrauen und die Selbstwirksamkeit aufbringen, um Betroffenen zur Seite zu stehen und einzugreifen. Studienergebnisse zu den Ursachen von Cybermobbing sind mit Vorsicht zu genießen, da nur wenige Längsschnittstudien existieren, die konkrete Aussagen über Kausalitäten und die Richtung von Zusammenhängen erlauben.

1.2.6 Die Folgen von Cybermobbing

Auch für die Folgen von Cybermobbing gilt, dass die geringe Zahl an Längsschnittstudien kaum kausale Aussagen zulässt: Ist z.B. Angst und Depression als Folge von Cybermobbing anzusehen oder aber haben Kinder und Jugendliche mit depressiven oder Angstsymptomen ein erhöhtes Risiko, betroffen zu sein oder andere zu cybermobben? Bisherige Forschungsergebnisse (z.B. Beran/Li 2007; Chen et al. 2017; Gradinger et al. 2009; Guo 2016; Kowalski et al. 2014; Ortega et al. 2009; Raiziene et al. 2009; Spears et al. 2009) haben lediglich Zusammenhänge und „überzufällig häufig gleichzeitiges Auftreten" mit bestimmten Symptomen nachgewiesen. Jugendliche, die von anderen gecybermobbt wurden, litten häufiger unter

- depressiven Symptomen,
- Gefühlen von Wut, Traurigkeit und Verletzt-Sein,
- Drogen- und Alkoholkonsum,
- emotionaler Belastung (Mädchen häufiger als Jungen) sowie
- Angst, Einsamkeit und Stress.

Zudem wirkte sich die Anzahl der Vorfälle verstärkend auf die Symptome aus. SchülerInnen, die häufiger von Cybermobbing betroffen waren oder kombiniert im Cyberspace und in der Schule gemobbt wurden, berichteten eine höhere sozial-emotionale Belastung als SchülerInnen, die nur gelegentlich und nur in einem Kontext betroffen waren. Auch für Jugendliche, die andere über Kommunikationsmedien mobben, lassen sich psychische, gesundheitliche und emotionale Symptome nachweisen. Sie zeigten häufiger

- verschiedene Arten von Aggression, d. h. sie reagierten eher nach außen (externalisierend),
- Drogen- und Alkoholkonsum,
- depressive und Angstsymptome sowie
- Schuldgefühle und Reue.

Auch Suizidgedanken wurden angegeben, sowohl bei Betroffenen als auch bei Jugendlichen, die andere gecybermobbt haben. Generell zeigt sich, dass Betroffene eher internalisierend (also nach innen, d. h. beispielsweise depressiv) reagierten, Cybermobbende hingegen externalisierend (nach außen hin, z. B. aggressiv) handelten. Gewisse Verhaltensweisen führen darüber hinaus noch zu weiteren konkreten Gefahren oder Folgen, wie beispielsweise „Happy Slapping" zu konkreten körperlichen Verletzungen und Identitätsdiebstahl zu Gefahren für Leib und Leben führen können. Schwerwiegend sind auch die Ergebnisse, die sich hinsichtlich des Zusammenhangs zwischen dem Ausüben von Cybermobbing und sozialer Kompetenz im realen Leben zeigen: GrundschülerInnen (3.–6. Klasse), die andere mittels moderner Kommunikationsmedien mobbten, zeigten mehr Einsamkeit und einen niedrigeren Selbstwert, weniger Peer-Optimismus (Optimismus bezogen auf Beziehungen zu Gleichaltrigen), weniger gegenseitige Freundschaften und waren im Klassenverband weniger akzeptiert und weniger beliebt (Schoffstall / Cohen 2011). Diese teils massiven Folgen von Cybermobbing zeigen deutlich, dass konkreter und akuter Handlungsbedarf besteht.

1.2.7 Was bedeutet Cybermobbing für die Entwicklung von Kindern und Jugendlichen?

Entwicklungspsychologische Funktion von modernen Kommunikationsmedien

Die aktuellen Mediennutzungsdaten (s. Kap. 1.1) zeigen, wie wichtig Kindern und Jugendlichen die modernen Kommunikationsmedien sind. Viele von ihnen sind quasi von der frühen Kindheit an mit diesen Medien aufgewachsen, sie sind so genannte „digital natives". Reich und Kollegen (2012) verdeutlichen die Bedeutung sozialer Netzwerkmedien (SNM) für die Auseinandersetzung mit Entwicklungsaufgaben im Jugendalter: SNM unterstützen das Bedürfnis nach Kommunikation mit und den Kontakt zu Peers und Freunden (Valkenburg et al. 2005), da Peers und Freunde für Jugendliche eine besonders große Bedeutung haben (vgl. Harter 1999; Hartup 1996). SNM können sich auch positiv auf die Identitätsentwicklung von Jugendlichen auswirken, da diese z. B. Möglichkeiten der Selbstpräsentation bieten und Feedback zur Person durch Peers ermöglichen (Valkenburg et al. 2005, 2006; vgl. Metzler / Scheithauer eingereicht; 2017). Kowalski und Kollegen (2012, 2, Übers. d. Verfass.) fassen zusammen: Für Kinder und Jugendliche stellen die modernen Kommunikationsmedien ein „entscheidendes Hilfsmittel für ihr soziales Leben" dar. Schorb und Wagner (2013, 19) sehen zusammenfassend auf vier Ebenen einen entwicklungspsychologischen Nutzen:

- **Sich in Beziehung setzen:** Spätestens mit dem Ende der Kindheit stehen viele Kinder und Jugendliche in einem intensiven Austausch mit Peers. Sie suchen in ihren medialen Selbstkonstruktionen ein Gegenüber, das ihnen die Möglichkeit der Bestätigung des Selbst gibt, aber bei dem sie durchaus auch mit Widerspruch zurechtkommen müssen.

- **Sich selbstbestimmte Freiräume suchen:** Auf der Suche nach Abgrenzung, z. B. von Erwachsenen, bieten die Medien vielfältige Vorgaben und Vorlagen, die sie aufgreifen und in eigener Gestaltung erproben können.
- **Sich als kompetent erleben:** Über das Ausleben ihrer Interessen in medialen Räumen suchen Kinder und Jugendliche eine Bestätigung für ihr Handeln und wollen dabei stolz auf ihre Fähigkeiten und Kenntnisse sein und diese beständig weiterentwickeln.
- **Sich beteiligen:** In medialen Räumen finden Kinder und Jugendliche Möglichkeiten, um sich zu positionieren und zu verorten. Diese Verortung bildet die Voraussetzung, sich mit der eigenen Lebenswelt und der weiteren sozialen, kulturellen und politischen Welt auseinanderzusetzen.

Daher ist ein Verzicht auf oder Verbot der Mediennutzung sicher keine sinnvolle Präventionsstrategie, vielmehr sollte der sinnvolle, kompetente Umgang mit neuen Kommunikationsmedien, eine „medienkompetente Nutzung", im Vordergrund stehen.

Negative Auswirkungen von Cybermobbing

In verschieden Studien konnte gezeigt werden, dass Cybermobbing starke Auswirkungen auf die psychosoziale und emotionale Entwicklung von Jugendlichen haben kann: negative Emotionen, (psycho-)somatische Symptome, ein niedriger Selbstwert, Depression, Angststörungen/Schulphobie, Posttraumatische Belastungsreaktion/-störung, Substanzkonsum, aggressives Verhalten, suizidale Gedanken und Suizidversuche (zusammenfassend Scheithauer/Schultze-Krumbholz 2015; Schultze-Krumbholz/Scheithauer 2015). Zudem wurde Cybermobbing sowohl in Grund- als auch in weiterführenden Schulen ermittelt (Pörhölä 2009), was darauf hinweist, dass Cybermobbing SchülerInnen jeglichen Alters betrifft und keine reine „Modeerscheinung" einer bestimmten Altersphase ist. Auch wenn es häufig außerhalb der Schule stattfindet, steht es doch in Verbindung zu schulbasierten Beziehungen (Smith et al. 2008) und hat einen störenden Einfluss auf schulbasierte Freundschaften und Beziehungen unter Gleichaltrigen. Da Beziehungen in Berichten über Cybermobbing eine zentrale Rolle spielen (Spears et al. 2009), stellt dieses Phänomen eine Herausforderung für virtuelle und reale Beziehungen dar. Es hat nicht nur Folgen für die psychische Gesundheit, sondern verhindert auch, dass einige Jugendliche sichere Beziehungen online knüpfen können, zu einem Zeitpunkt in der Entwicklung, da Beziehungen zu Gleichaltrigen eine entscheidende Rolle für eine gesunde Entwicklung spielen (Sevcíková/Smahel 2009).

Cybermobbing wirkt sich jedoch nicht nur auf die Entwicklung von SchülerInnen aus, sondern wird auch von ihr bedingt. Entwicklungsbezogene Motive von Cybermobbing sind z. B. die Akzeptanz durch Gleichaltrige, Rache, Neid oder Ärger. Aber auch die Suche nach Unterhaltung und Ressourcen (z. B. Erpressung, um finanzielle Ressourcen zu gewinnen) sind bedeutende Motive, die auf einen Mangel sozial akzeptabler Strategien hindeuten, um diese Ziele zu erreichen (Compton et al. 2014; Gradinger et al. 2012; Sanders et al. 2009).

Um SchülerInnen vor psychologischem (z. B. depressive und somatische Symptome) und körperlichem Schaden und Traumatisierungen (z. B. Gewalt-Videos, Videos, in denen jemand zur Belustigung Dritter in schadhaften Situationen gefilmt wird) sowie langfristigen dissozialen Karrieren (z. B. Delinquenz) zu bewahren, ist es notwendig, entwicklungsangemessene Präventions- und Interventionsstrategien anzubieten. SchülerInnen brauchen eine gesunde psychosoziale und emotionale Entwicklung, die keine Opfererfahrungen oder Täterschaft beinhaltet. Gerade im schulischen Umfeld, in dem sich Kinder und Jugendliche sicher bewegen sollen, nicht nur gebildet, sondern auch in ihrer Persönlichkeits- und psychosozialen, emotionalen Entwicklung gefördert werden sollten, zählt ein sozialer, fürsorglicher Umgang miteinander in einem Klima des Vertrauens und somit angenehmen Klassenklima zu wichtigen Bedingungen für eine positive Entwicklung. Ein solches positives Klima wirkt sich letztlich auch positiv auf die Leistungen in der Schule aus, denn Lernen – aber auch Lehren – erweist sich als effektiver, wenn es in einer entsprechend positiven Umgebung stattfindet und die SchülerInnen entsprechend positiv gestimmt und motiviert sind.

1.3 Exkurs: Was sind die „neuen Medien" und was ist das „Web 2.0"?

Der Begriff „neue Medien" ist oft irreführend, da es die neuen Medien nicht gibt. Sie beschreiben immer die jeweilige Errungenschaft der Zeit. Das bedeutet, dass in der Vergangenheit das Radio, der Fernseher oder das Telefon gemeint waren. In der Mehrzahl der Fälle will man sich aber auf die aktuellen digitalen Technologien beziehen, nämlich auf die modernen Kommunikations- und Informationstechnologien (kurz: ICT aus dem Englischen). Hierzu gehören insbesondere internetfähige Geräte in mobiler (z. B. Tablets, Smartphones, Smartwatches) oder stationärer Form (Desktop-Computer).

> Der Begriff „neue Medien" bezieht sich in der heutigen Zeit auf moderne Formen der Informations- und Kommunikationstechnologien. Web 2.0 steht für die Möglichkeit der Nutzer, Inhalte des Internet selbst zu gestalten und zu generieren.

Der Begriff „Web 2.0" bezieht sich auf die Partizipationsmöglichkeiten der heutigen ICT. Der Nutzer ist nicht länger Konsument, sondern auch Produzent und gestaltet die Inhalte des Internets aktiv mit. Dafür gibt es diverse und immer neue Möglichkeiten:

- In Foren tauschen Nutzer Meinungen aus,
- schreiben gemeinsam interaktiv an Romanen,
- drehen eigene Filme, mit denen ganze Websites gefüllt werden,
- moderieren und nehmen ihre eigenen Radio- oder Videosendungen auf,
- schreiben öffentliche Tagebücher,
- rezensieren Bücher, Filme und Musik,
- sammeln gemeinschaftlich Informationen, Medien und Daten in sog. Wikis (wie in der Online-Enzyklopädie Wikipedia).

All diese Elemente werden als „user generated content" zusammengefasst, also Inhalt, der von Nutzern generiert wird. Da es heute für jeden technisch und logistisch leicht möglich ist, Videos, Fotos oder Audioaufnahmen zu erstellen und diese mit einer potentiell großen Masse an Personen zu teilen, hat diese Form der partizipativen Gestaltung des Internets eine weite Verbreitung und Beliebtheit erreicht.

In den Online-Materialien zum Manual finden Sie umfangreiche und regelmäßig aktualisierte Beschreibungen gängiger Kommunikationsmethoden mittels aktueller ICT.

2 Das Medienhelden-Programm

Kinder und Jugendliche, aber auch ihr soziales Umfeld, stehen angesichts einer zunehmenden Medialisierung vor großen Herausforderungen, denn die adäquate Nutzung von Kommunikationsmedien ist eine Aufgabe, die Kinder und Jugendliche im Kontext allgemeiner Entwicklungsprozesse zu bewältigen haben. Medien gehören heutzutage für fast alle Kinder und Jugendliche einfach zum Erwachsenwerden dazu. Deshalb müssen Kinder und Jugendliche darin unterstützt werden, Fähigkeiten und Fertigkeiten im Umgang mit Medien (Medienkompetenzen) zu entwickeln, um mit den Potenzialen und den vielfältigen Nutzungsmöglichkeiten verantwortungsvoll umzugehen, aber auch, um Medieninhalte kritisch bewerten und beispielsweise Cybermobbing verhindern resp. einen angemessenen Umgang mit Cybermobbing erlernen zu können. Hier sind erwachsene Bezugspersonen in der Familie, aber auch und gerade das schulische Umfeld als wichtige Bildungs- und Sozialisationsinstitution gefragt. Das Medienhelden-Programm setzt hier an und stellt evaluierte Materialien für den Einsatz im schulischen Umfeld zur „Medienbildung" von Jugendlichen bereit.

Warum nun gerade für das schulische Umfeld? Aus mehreren Studien ist bekannt, dass es signifikante Zusammenhänge zwischen der Mobbing-assoziierten Rolle im „realen Leben" und im „Cyberspace" gibt und dass Betroffene von Cybermobbing die Mobbenden häufig aus der Schule kennen (z.B. Guo 2016; Kowalski et al. 2014). Während bei Befragungen von jugendlichen Online-Nutzern 41 % bis 69 % der Betroffenen angaben, den bzw. die Ausübenden nicht zu kennen (Kowalski/Limber 2007; Li 2007; Wolak et al. 2007; Ybarra/Mitchell 2004), zeigte sich bei Befragungen von SchülerInnen, dass die meisten ihre elektronischen Peiniger aus der Schule kannten. Die meisten Ausübenden waren KlassenkameradInnen, Bekannte aus anderen Klassen oder ältere SchülerInnen von derselben Schule. Lediglich 22 % bis 33 % kannten die Ausübenden nicht (Slonje/Smith 2008; Smith et al. 2008). In vorhandenen vergleichenden Studien zeigte sich, dass die jeweils gleichartige Rolle beim Offline-Mobbing die entsprechende Rolle beim Cybermobbing am stärksten vorhersagt, also dass die Betroffenheit durch Offline-Mobbing eine hohe Vorhersagekraft für die Betroffenheit durch Cybermobbing hat (Guo 2016; Pfetsch/Schultze-Krumbholz 2018). Es wird unter anderem vermutet, dass Konflikte, die ihren Ursprung in der Schule haben, über Kommunikationsmedien weiter ausgetragen werden. Andersherum kann Cybermobbing auch auf den Schulalltag zurückwirken, indem Betroffene beispielsweise als Folge die Schule meiden oder in ihren Schulleistungen nachlassen (Gardella et al. 2017) oder indem online begonnene Konflikte in der Schule ausgetragen werden. Darüber hinaus hat sich auch gezeigt, dass Einflüsse der Schulklasse sich signifikant auf die Auftretenswahrscheinlichkeit von Cybermobbing auswirken. So haben beispielsweise Festl und Kollegen (2015) gezeigt, dass die Cybermobbing befürwortenden Normen der Klasse die Auftretenswahrscheinlichkeit von Cybermobbing stärker beeinflussen als die entsprechenden Normen des Individuums.

Spätestens seitdem die meisten Schulen „am Netz" (resp. im Netz) sind und Medien auch im Schulkontext eine große Rolle spielen, besteht sowieso die Notwendigkeit, Angebote für einen adäquaten Umgang mit neuen Medien bereitzustellen. Und schließlich meinen wir, dass zudem gerade im Schulkontext wichtige, lebensrelevante Thematiken behandelt werden sollten, um Kinder und Jugendliche in ihrer allgemeinen Entwicklung zu fördern. Hier setzt das Programm „Medienhelden" an.

2.1 Ziele des Programms

„Medienhelden" ist ein Programm zur Prävention von Cybermobbing sowie zur Förderung von Medienkompetenz, das sich insbesondere an Jugendliche im Alter von 12 bis 16 Jahren im Schulkontext wendet (Klassenstufen 7–10). Das strukturierte und evaluierte Programm (s. Kap. 3) wird an Schulen im regulären Schulunterricht (Medienhelden-Curriculum) oder als Projekttag durchgeführt. Normalerweise wird dies durch Lehrkräfte umgesetzt, kann aber auch durch externe Multiplikatoren verwirklicht werden. Wir verstehen das Programm als einen Beitrag zur universellen Prävention, da es allgemeine (Medien-)Kompetenzen fördert und sich an alle SchülerInnen in einer Schulklasse richtet. Zudem beinhaltet das Programm Elemente selektiver und indizierter Prävention, die sich z.B. auf Hoch-Risiko-Gruppen (z.B. SchülerInnen mit negativen Peerbeziehungen, mangelnder Empathie) und auf mögliche Ursachen von Cybermobbing beziehen (z.B. eigenes [riskantes] Verhalten im Internet).

Üblicherweise zielen Programme zur Verbesserung des Sozialverhaltens auf ein Erkennen von Konflikten, ein Vermeiden von Missverständnissen und ein Vermitteln von Handlungsalternativen ab. Der Fokus im Programm Medienhelden ist ein anderer, denn Cybermobbing ist nicht mit einer Gewalttat mit direkter Konfrontation vergleichbar. Es handelt sich vielmehr um ein Phänomen, bei dem unter Verwendung neuer Medien das Gegenüber oft nicht sichtbar ist und die Folgen des eigenen Handelns oft schwer einzuschätzen sind. Schon ein „Klick" kann eine Grenzüberschreitung für Betroffene bedeuten, ohne dass Mobbende sich darüber bewusst sein müssen. Es gibt oft niemanden, der Betroffene beschützt resp. Betroffenen zur Seite stehen kann, und auch Betroffene selbst müssen sich anders wehren als im direkten Kontakt. In Tabelle 2 fassen wir Kernthemen und Ziele zusammen.

Tab. 2: Kernthemen und Ziele des Programms Medienhelden auf SchülerInnen- und Klassenebene

Kernthemen	Ziel(bereiche)
Wir wollen, dass … den Jugendlichen die Folgen von Cybermobbing bewusst werden. … sie selbst erkennen, was Cybermobbing ist und dass Cybermobbing ein Problem darstellt. … die Jugendlichen wissen, welches Verhalten als unangebracht (dissozial) anzusehen ist und was prosoziales Verhalten (z.B. anderen helfen) ist.	– **Problembewusstsein** – **Information / Wissen** – **Normen**
Indem sie … lernen, sich in die Perspektive ihres (nicht anwesenden) Gegenübers zu versetzen und einzufühlen. … ein Verständnis für persönliche Verantwortung bekommen. … ihre Eingriffs- und Handlungsbereitschaft erhöhen.	– **Perspektivenübernahme** – **Empathie** – **Einstellungen**
Wir wollen, dass … die SchülerInnen ihre Mediennutzung und Medienverhalten kritisch hinterfragen. … sie wissen, was auf welche Weise zu tun ist, auch im Falle von Cybermobbing. … das Klassenklima verbessert und positive Peerbeziehungen gefördert werden.	– **Medienkompetenzen** – **Handlungskompetenzen** – **Klassenklima** – **Peerbeziehungen**

Insgesamt werden die Selbstwirksamkeit und soziale Kompetenzen der SchülerInnen durch die Arbeit mit dem Programm gefördert und letztlich Cybermobbing vorgebeugt. Auch LehrerInnen profitieren vom Programm, da sie grundlegende Kenntnisse im Erkennen und im Umgang mit Cybermobbing sowie einen adäquaten Umgang mit den neuen Medien erlernen.

Verständnis als Präventionsprogramm: Im Rahmen der Zieldefinition ist es wichtig, sich zu vergegenwärtigen, dass es sich bei Medienhelden dezidiert um ein Präventionsprogramm handelt. Die Durchführung der Maßnahme in der Schule kann nachweislich das Neuauftreten von Cybermobbing verhindern oder vorhandene aggressive Tendenzen reduzieren. Allerdings beruht sein Erfolg auf der Durchführung von Methoden (z.B. Rollenspiele, Gruppendiskussionen), die auf dem Vorliegen von funktionierenden Gruppenstrukturen aufbauen.

Vorgehen bei akutem (Cyber-)Mobbing: Studien, die sich die Reaktionen von Schulen auf Mobbing anschauen, kommen zu dem Schluss, dass vorwiegend auf die „klassische" Sanktionierung bei Ausübenden gesetzt wird. Während diese Methode sehr verbreitet ist, werden bei ihrer Umsetzung häufig Fehler gemacht bzw. werden die Grenzen dieses Ansatzes selten mitbedacht. Daher finden Sie im folgenden Abschnitt einen Kurzleitfaden zur Sanktionsvorbereitung. Bitte beachten Sie dabei jedoch die im Anschluss ausgeführten Grenzen und Probleme dieses Ansatzes. Empfehlungen für fünf alternative Herangehensweisen, die einige dieser Probleme vermeiden, finden sich am Ende dieses Abschnittes. Alle sechs erwähnten Ansätze können ausführlich bei Rigby (2012) nachgelesen werden, an dessen Darstellung auch die folgenden Ausführungen angelehnt sind.

Die folgenden Schritte sollten Sie bei der „klassischen" Sanktionierungs-Methode beachten:

1. Sammeln Sie umfassend Informationen über den Vorfall, bevor Sie das Gespräch mit den SchülerInnen suchen, von denen der Vorfall ausging. Befragen Sie auch KollegInnen und nicht-betroffene MitschülerInnen ob diese Angaben zum Vorfall machen können. Sichern Sie dabei die Anonymität und Verschwiegenheit zu. Sammeln Sie ggf. mit Hilfe der vom Vorfall betroffenen SchülerInnen öffentlich verfügbare Beweise (z. B. auf öffentlichen Pinnwänden geschrieben, beleidigende Seiten angelegt). Beachten Sie unbedingt legale und ethische Grenzen. Es ist i. d. R. nicht angemessen, SchülerInnen nach Auszügen aus privaten Messenger-Konversationen zu fragen. Handelt es sich um freizügiges Material, sind sogar strafrechtliche Maßstäbe zu berücksichtigen (Besitz und Verbreitung von Kinder- bzw. Jugendpornografie).

2. Gehen Sie sicher, dass es sich tatsächlich um Mobbing handelt (s. Definition in Abschnitt 1.2.1), da Sie bei anderen zwischenmenschlichen oder individuellen Konflikten andere Maßnahmen ergreifen müssen.

3. Falls ein Mobbingfall bestätigt ist, ziehen Sie die SchülerInnen, die vermeintlich gemobbt haben, einzeln zum Gespräch heran, ohne den Grund für die MitschülerInnen offen ersichtlich zu machen.

4. Beginnen Sie das Gespräch, indem Sie alles darlegen, was Ihnen bekannt ist. Benennen Sie klar, dass es sich hierbei um Mobbing handelt und dass dieses Verhalten an Ihrer Schule keinesfalls geduldet wird. Verweisen Sie dabei auf die an der Schule geltenden Regeln und die dafür vereinbarten Strafen.

5. Fordern Sie den/die SchülerIn auf, dazu Position zu beziehen. Akzeptieren Sie hierbei keine Rechtfertigungen, die das Umgehen von Reue ermöglichen (z. B. die Schuld anderen zuschieben).

6. Benennen Sie eine Strafe für das Verhalten, die der Schwere des Vorfalls angemessen ist und idealerweise einen Bezug zum Fehlverhalten aufweist (z. B. soziale Dienste an der Klassengemeinschaft anstelle von Nachsitzen oder Schreibaufgaben – also keine bildungsrelevanten „Strafarbeiten", da alles, was mit Bildung und Lernen zu tun hat, nicht als „Strafe" empfunden werden soll).

7. Machen Sie klar, was die nächstmöglichen Konsequenzen sind, sollte das Verhalten in Zukunft nicht unterlassen werden.

8. Je nach Art und Schwere des Vorfalls informieren Sie Eltern oder das Kollegium bzw. die Polizei über den Vorfall.

Typische Probleme dieses Ansatzes, die vermieden werden sollten:

- Es wird zu viel Raum für Rechtfertigungen und Begründungen der/des SchülerIn, der/die gemobbt hat, gegeben, sodass die ablehnende Haltung der Schule gegenüber Mobbing nicht zur Geltung kommt.
- Es wird vor oder nach den Gesprächen mit der/dem SchülerIn, der/die gemobbt hat, nicht mehr separat auf die vom Mobbing Betroffenen eingegangen, z. B. zum Schutz, zum Kompetenzaufbau oder zur Vermeidung künftiger Probleme.

- Es vergeht zu viel Zeit zwischen Mobbing und Sanktion, sodass die SchülerInnen, die gemobbt haben, die Bestrafung nicht mehr mit ihrem Problemverhalten verknüpfen.
- Die Definition von Mobbing, und dessen (negative) Bedeutung/Wirkung, sind im Kollegium oder bei anderen Mitarbeitenden der Schule nicht bekannt.
- Es existieren keine expliziten Regeln gegen verschiedene Formen von Mobbing in der Schule und Schulklasse, auf deren Übertretung verwiesen werden kann.
- Existierende Regeln sind vor dem Vorfall nicht mit den SchülerInnen offen besprochen worden, die Regeln sind stattdessen „von oben auferlegt".
- Existierende Regeln werden vom Kollegium inkonsistent durchgesetzt, Regelwidrigkeiten von einzelnen Mitarbeitenden ignoriert oder die Bestrafungsschwere variiert zwischen Mitarbeitenden.
- Die Aufsicht in der Schule ist unzureichend, um die Übertretung der Regeln effektiv zu überprüfen (vor und nach der Sanktion).
- Es wird nicht überprüft, ob die SchülerInnen, die gemobbt haben, den/die vom Mobbing betroffenen SchülerInnen unter Druck setzen, das Verhalten in Zukunft nicht bekannt werden zu lassen.

Alternative Herangehensweisen: Es gibt Hinweise darauf, dass die „klassische" Sanktionierungsmethode in einem bedeutsamen Anteil der Fälle keine nachhaltige Wirkung zeigt (Thompson/Smith 2011). Das gilt insbesondere mit zunehmendem Alter der Jugendlichen. Gründe hierfür liegen in einer falschen Umsetzung und Vorbereitung der „Strafe" und an der geringen Bereitschaft von Betroffenen, das (Cyber-)Mobbing unter den gegebenen Umständen anzuzeigen („zu petzen"). Aufgrund des teilweise ausbleibenden Erfolges und der offenkundigen Grenzen und Probleme wurden in der Mobbingforschung unterschiedliche andere Methoden diskutiert, die in Tabelle 3 in einem kurzen Überblick gewürdigt werden sollen. Eine ausführlichere Darstellung aller Ansätze, Videomaterialien und Handreichungen finden Sie in englischer Sprache auch unter: www.education.vic.gov.au/about/programs/bullystoppers/Pages/teachoverview.aspx

Grundsätzlich gilt, dass alle Ansätze Vor- und Nachteile aufweisen und sich nicht gegenseitig ausschließen. Welche Strategie zielführend ist, muss im Einzelfall abgewogen werden.

Tab. 3: Verschiedene Ansätze zur Intervention bei akutem (Cyber-)Mobbing

Ansatz	Kurzbeschreibung und Grenzen
Stärkung der Betroffenen	Diese nicht-strafende Methode setzt an den Betroffenen an und vermittelt ihnen soziale und sprachliche Fertigkeiten, die ihnen helfen, besser mit dem Mobbing umzugehen. Die Anwendung von sprachlichen Strategien während des Mobbings soll Mobbing für die mobbenden SchülerInnen weniger attraktiv machen. Der Ansatz eignet sich eher bei leichteren Vorfällen und setzt voraus, dass intensiver mit den Betroffenen gearbeitet wird. Nicht immer kann ein Kompetenzausbau auf Seiten der Betroffenen zu einer Verbesserung der Situation führen. Der ausschließliche Ansatz an den Betroffenen kann leicht so missverstanden werden, dass ihnen die Verantwortung für die Vorfälle zugewiesen wird.
Mediation	Der an vielen Schulen verbreitete Mediationsansatz bezieht die Gruppe der SchülerInnen ein und die Mobbingsituation wird mithilfe von unbeteiligten Jugendlichen (i.d.R. geschulte Mediatoren) und/oder Mitarbeitenden der Schule aufgearbeitet. Betroffene und mobbende SchülerInnen müssen selbst ein Interesse daran haben, den Konflikt aufzulösen und einen Interessenausgleich herbeizuführen. Diese Voraussetzung ist nur selten gegeben. Der Ansatz arbeitet ohne Zwang und Bestrafungsgedanken. Schwerere Vorfälle können die jugendlichen Mediatoren überfordern und überschreiten möglicherweise die Grenzen eines Settings ohne Schuldzuweisung und Strafe.

Ansatz	Kurzbeschreibung und Grenzen
Täter-Opfer-Ausgleich Restorative Justice	Bei diesem Ansatz wird zwar die Schuld des „Täters" anerkannt, aber auch hier keine Bestrafung als ausgleichende Gerechtigkeit vorgeschlagen. Stattdessen ist der Ansatz auf die Zukunft gerichtet und fokussiert auf die Reparatur gestörter zwischenmenschlicher Beziehungen. In einem moderierten Treffen zwischen SchülerInnen, die mobben und SchülerInnen, die gemobbt werden (ggf. werden auch andere Parteien involviert) wird die Perspektive beider Seiten auf den Vorfall strukturiert erfragt. Die Gesprächsführung und das Setting sollen Reue bei „TäterInnen" fördern, die im Anschluss in „wiedergutmachende" Handlungen überführt werden soll. Dazu schlagen „Täterinnen" vor, was sie zum Ausgleich ihrer Handlungen in Zukunft bereit sind zu tun. Je nach Situation wird dazu ermutigt, dass die „TäterInnen" Vergebung für ihr Fehlverhalten erfahren. Der Fokus dieses Ansatzes auf Reue und Scham kann problematisch sein. Für den Erfolg ist es wichtig, dass dies nicht zur Stigmatisierung von SchülerInnen, die mobben führt, sondern als Werkzeug und Chance zur Reintegration in die soziale Gemeinschaft genutzt wird.
UnterstützerInnengruppe Support Group auch als "No-Blame-Approach" bekannt	Bei diesem Ansatz werden Betroffene befragt und sollen ausführlich ihre emotionale Belastung durch das Mobbing darlegen sowie die mobbenden SchülerInnen benennen. Mit der Gruppe der mobbenden SchülerInnen sowie einer Anzahl von möglichen UnterstützerInnen des Betroffenen (jedoch ohne die Betroffenen) wird im Anschluss ein Gespräch geführt, welches die Konsequenzen für Betroffene anschaulich darstellt. Es wird niemand bestraft und keine Schuldzuweisung gemacht. Gleichzeitig wird in dieser Gruppe klargestellt, dass jede/r Anwesende Verantwortung für eine Veränderung der Situation trägt. Einzelne Personen beschreiben, was sie bereit sind zu tun. Weitere Treffen dieser Personengruppe nach einer gewissen Zeit dienen der Evaluation und Kurskorrektur. Dieser nicht-strafende Ansatz ist weniger geeignet bei schweren Formen von Mobbing sowie in Konstellationen, wo das Mobbing nur von eine/r SchülerIn ausgeht und keiner verantwortlichen Gruppe. Der Verzicht auf Schuldzuweisungen wird von einigen PraktikerInnen und Forschern kritisch gesehen. Der Ansatz ist aufwendig und basiert auf dem Erkennen und Einbinden potentieller UnterstützerInnen der Betroffenen aus der Peergruppe.
Geteilte Sorge Shared Concern gelegentlich auch nach ihrem Erfinder „Pikas-Methode" genannt	Dieser Ansatz verbindet Aspekte der Mediation mit Ideen der Support Group. Bei Einzelinterviews mit den mobbenden SchülerInnen, teilen die Lehrkräfte ihre Sorgen um die Betroffenen und die mobbenden SchülerInnen machen Vorschläge zur Verbesserung der Situation. Weitere Treffen dienen der Überprüfung des Erfolges. Auch Betroffene werden interviewt, wobei ihnen Unterstützung angeboten wird. Auch mögliche eigene Anteile werden beleuchtet (z. B. im Falle von sog. „Täter-Opfern"). Mit SchülerInnen, die mobben, wird ein Treffen mit den Betroffenen vorbereitet, bei dem beide Seiten sich auf eine gemeinsame Lösung des Problems einigen sollen und möglicherweise beide Seiten Verhaltensveränderungen vornehmen. Die Methode ist ähnlich wie andere nicht-strafende Ansätze nicht geeignet für schwere oder strafrechtlich relevante Mobbingfälle. Die Organisation mehrerer Treffen in unterschiedlichen Konstellation ist mit hohem Aufwand verbunden.

2.2 Theoretische Grundlagen: Das Präventionsmodell / Die Präventionstheorie

Das dem Programm zugrunde liegende Präventionsmodell möchten wir auf den folgenden Seiten darstellen.

Das Programm wurde auf der Basis von bestehenden empirischen Befunden zu Entstehungs- und aufrechterhaltenden Bedingungen von Cybermobbing (z. B. Scheithauer / Schultze-Krumbholz 2009; Schultze-Krumbholz / Scheithauer 2009, 2010; s. a. Scheithauer et al. 2003; s. Kap. 1) entwickelt wie beispielsweise Empathie und Perspektivenübernahme. Die Forschung hat gezeigt, dass Empathie negativ mit Cybermobbing zusammenhängt (z. B. Schultze-Krumbholz et al. 2016), d. h. Jugendliche, die andere cybermobben, zeigen allgemein weniger Empathie und auch weniger Empathie gegenüber Betroffenen von Cybermobbing. Tatsächlich schätzen 95 % der Jugendlichen, die andere über Kommunikationsmedien mobben, ihre Handlungen als harmlos ein (Shapka 2011).

Während der Umsetzung des Medienhelden-Programms lernen die SchülerInnen, sich in die Perspektive anderer Personen hineinzuversetzen, deren Sichtweisen kognitiv nachzuvollziehen (Perspektivenübernahme) und auch nachzuempfinden (Empathie). Unter Perspektivenübernahme versteht man die Fähigkeit, sich in die Gedanken und Gefühle anderer hineinzuversetzen und deren Sichtweise zu verstehen (Petermann et al. 2004). Empathie geht über das Hineinversetzen hinaus und meint auch das Teilen, also Nachfühlen und Erleben von Emotionen anderer (Petermann et al. 2004). Man nimmt an, dass die Fähigkeit zur Perspektivenübernahme die Wahrscheinlichkeit erhöht, dass ein Individuum die Bedrängnis und Hilfsbedürftigkeit anderer erkennt und mit ihnen mitfühlen kann. Da entwicklungspsychologisch gesehen die Fähigkeit zur Perspektivenübernahme bereits im frühen Kindesalter herausgebildet wird, ist im Falle des Programms Medienhelden insbesondere die Motivation, sich in andere Personen und ihre Perspektiven hineinzuversetzen, relevant. Bezogen auf Kommunikationsmedien kann dies bedeuten, dass die Jugendlichen erkennen und nachempfinden, dass Nachrichten auf der anderen Seite des Bildschirms unterschiedlich interpretiert werden und sehr verletzend sein können (und vielleicht sogar, dass sie selbst nicht gern in der Lage der Betroffenen stecken würden). Ein solcher Schritt beinhaltet neben der Fähigkeit zur kognitiven und emotionalen Perspektivenübernahme bestenfalls auch den Aspekt der Empathie, die grundlegende Motivation, sich in die Perspektiven Dritter versetzen zu wollen, sowie ein Verständnis davon, wie Kommunikation optimalerweise gestaltet werden sollte. Kernfrage zur Förderung von Empathie und Perspektivenübernahmemotivation sind z. B.:

- „Wie würdet ihr euch fühlen, wenn man so mit euch umgehen würde?"
- „Wie würdest du dich in so einer Situation fühlen?"

Dabei ist es wichtig, SchülerInnen aufzufordern, Ich-Botschaften zu verwenden, da beispielsweise die Verwendung des Wortes „man" eine innere Distanz herbeiführen kann (also z. B. „Wenn ich so eine Nachricht bekäme, würde ich mich ausgeschlossen fühlen").

Die Fähigkeit zur Perspektivenübernahme wird in der Psychologie schon lange als Basis für die Entwicklung moralischer Sensitivität und den Umgang mit anderen Menschen angesehen (s. Keller 2001). Das heißt, dass Jugendliche, die die Perspektive anderer einnehmen können, auch in ihrer moralischen Entwicklung und ihrem prosozialen Verhalten weiter fortgeschritten sind als Jugendliche mit einer gering ausgeprägten Fähigkeit resp. Motivation zur Perspektivenübernahme. Gemäß der Entwicklungstheorie soziomoralischer Kognitionen nach Keller und Becker (2008) setzt sich soziales Verhalten genau daraus zusammen: aus sozialem Verstehen – im Sinne der Perspektivenübernahme – und aus moralischem Urteilen – im Sinne einer Bewertung von Gegebenheiten als richtig oder falsch. Dies wiederum geht mit einem entsprechenden Normenverständnis einher, welches durch ein soziales Umfeld, wie die Schulklasse, Peergruppe, Familie usw. aufgebaut und aufrechterhalten wird (s. z. B. Jones et al. 2011).

Um einem Verhalten wie Cybermobbing vorzubeugen, ist es also nicht nur wichtig, dass sich die Jugendlichen in die Perspektive anderer (v. a. der Betroffenen) hineinversetzen können, sondern sie müssen auch über ein moralisches und Normverständnis verfügen. Damit einher geht der Einfluss von deskriptiven Normen auf das individuelle Verhalten. Deskriptive Normen kennzeichnen Annahmen des Individuums über die Auftretenshäufigkeit eines Verhaltens – je höher die wahrgenommene Auftretenshäufigkeit (z. B. häufiges Cybermobbing), desto wahrscheinlicher wird das eigene Verhalten (z. B. „Ich mobbe andere") als normativ eingeschätzt (Perkins / Berkowitz 1986; Perkins et al. 1999). Zudem wirken sich „Unterlassungs"-Normen aus. Diese bezeichnen das Ausmaß, in dem das Individuum glaubt, dass in der sozialen Gruppe angesehene Personen dieses Verhalten (z. B. andere mobben) von ihnen erwarten und (soziale) Sanktionen verhängen, falls sie sich nicht so verhalten. Dies entspricht im Wirkmodell (s. Abb. 2) den subjektiven Normen. Subjektive Normen können bezeichnet werden als die Wahrnehmung des Individuums über die Bedeutung der Überzeugungen anderer und seine Bereitschaft, diesen zu folgen (Ajzen / Fishbein 1980).

Jugendlichen, die andere mobben, wird oft ein Defizit an moralischer Motivation zugeschrieben, was zur Überschreitung moralischer Regeln und zu weniger prosozialem Verhalten führt (Baumgartner / Alsaker 2008; Scheithauer et al. 2003). Moralische Gefühle und die Fähigkeit zur moralischen Bewertung des eigenen Handelns können eine Person veranlassen, in späteren Situationen anders zu handeln, sich gar zu entschuldigen und etwas wiedergutzumachen. Mit dem Medienhelden-Programm soll keine Vorgabe von Gut und Böse gemacht werden, sondern es soll v. a. eine moralische Reflexion (z. B. in Gruppenarbeiten, Rollenspielen usw.) angeregt werden.

Schließlich werden durch die Umsetzung der Materialien im Medienhelden-Programm die Jugendlichen im Erwerb wichtiger Medienkompetenzen unterstützt. Sie lernen, sich im virtuellen Raum angemessen zu verhalten. Viele Untersuchungen zeigen, dass Jugendliche sehr freizügig mit ihren persönlichen Daten im Internet umgehen (Valkenburg / Peter 2011). Dies erhöht die Gefahr, gecybermobbt zu werden. So soll z. B. das Bewusstsein gesteigert werden, dass persönliche Daten, die im Internet preisgegeben werden, öffentlich zugänglich sind – auch jenen Personen, denen sie diese Daten gar nicht zugänglich machen wollen. Den SchülerInnen werden Kompetenzen vermittelt, die Datenpreisgabe selbst zu kontrollieren, sich vor unerwünschten Erlebnissen im virtuellen Raum zu schützen resp. im Fall von Cybermobbing richtig zu reagieren und Rücksicht auf die Gefühle anderer im „virtuellen Raum" zu nehmen. Die Jugendlichen müssen wissen, was sie angemessenerweise tun können, wenn sie einen Cybermobbing-Fall mitbekommen oder wenn sie sogar selbst davon betroffen sind (angemessene Handlungsstrategien und -alternativen).

Für den Klassenkontext sei noch die Bedeutung der Gruppennormen und des Klassenklimas erwähnt, die einen entscheidenden Einfluss auf Mobbingsituationen ausüben können. Denn das Verhalten der Beteiligten ist immer eingebettet in den Kontext und wird auch von ihm mitbestimmt. Die sozialen Normen in einer Gruppe bestimmen das Verhalten, ebenso wie das Klassenklima. Wenn es „cool" ist, fiese Nachrichten zu verschicken, werden die Ausübenden zusätzlich für dieses Verhalten verstärkt. Oftmals sind alle SchülerInnen für Mobbingsituationen verantwortlich, auch wenn schnell der Eindruck entsteht, dass das Problem bei den Hauptakteuren liegt. Hier setzen wir am Ansatz sozialer Rollen an, wie er im ersten Kapitel beschrieben ist, um darauf hinzuweisen, dass es oftmals mehrere Beteiligte gibt – nicht nur Ausübende und Betroffene. Ziel der Intervention ist es daher auch, der Klasse nahezubringen, dass sie alle eine Rolle in Mobbingsituationen einnehmen und gemeinsam Verantwortung übernehmen müssen. Dies wird durch ein positives Klassenklima und durch positive Peerinteraktionen gefördert (s. Scheithauer et al. 2003).

Die genannten Kompetenzen werden mithilfe der Medienhelden-Materialien gefördert. Die Veränderung muss sich allerdings nicht direkt im Verhalten zeigen. Schon eine Veränderung der Einstellungen, Normen und Werte der SchülerInnen ist ein wichtiger Schritt in die richtige Richtung, da sich dadurch auch die Verhaltensabsichten verändern können (s. Abb. 2). Das Wirkmodell (Abb. 2) fasst die benannten Zielaspekte des Programms zusammen. Es deckt sich mit den Annahmen der Theorie des überlegten Handelns (Ajzen / Fishbein 1980; Fishbein / Ajzen 1975) und der Theorie des geplanten Verhaltens (Ajzen 1985, 1991), je nachdem, ob das individuelle Verhalten wissentlich / bewusst kontrolliert werden kann, oder aber, ob das Verhalten nicht komplett bewusst kontrolliert werden kann (Berücksichtigung des Grads bzw. der Wahrnehmung an Kontrollierbarkeit).

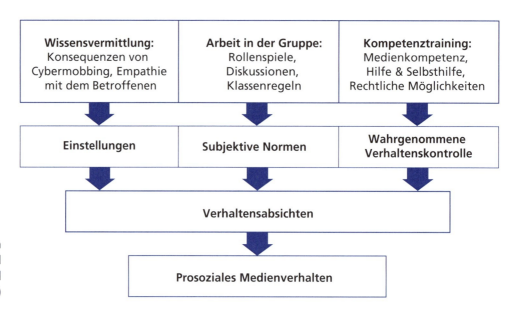

Abb. 2: Prozessmodell von Medienhelden, basierend auf Ajzen (1985) und Zagorscak et al. (2011)

2.3 Aufbau und Umsetzung der Programmversionen

In diesem Abschnitt finden Sie eine Erläuterung zum Aufbau des vorliegenden Manuals des Programms Medienhelden. Die Erläuterungen helfen Ihnen, die Bezeichnungen und Strukturierungen zu verstehen, und erleichtern die Handhabung der Materialien. Auf Basis der theoretischen Überlegungen und empirischer Ergebnisse (s. a. Kap. 1) haben wir ein Programm entwickelt, welches von LehrerInnen bzw. geschulten Multiplikatoren entweder im Medienhelden-Curriculum eingesetzt oder aber als Medienhelden-Projekttag durchgeführt werden kann (s. Tab. 4):

- Das Medienhelden-Curriculum umfasst 15 bis 17 Schritte à 45 bis 90 min in 8 Modulen. Es wird über einen Zeitraum von ca. 10 Wochen im regulären Unterricht (z. B. Ethikunterricht, aber auch im Nachmittagsunterricht z. B. an Ganztagsschulen) durchgeführt.
- Der Medienhelden-Projekttag umfasst 4 Themenblöcke à 90 min, also ungefähr – mit Pausen usw. – einen Schultag von 8 Schulstunden.

Tab. 4: Die verschiedenen Versionen des Programms Medienhelden

	Medienhelden-Curriculum	**Medienhelden-Projekttag**
Gesamtlänge	ca. 10 Wochen	1 Schultag
Stundenanzahl	15–17 Schritte	ca. 8 Schulstunden
Zeiteinheit	45–90 min Schulstunden	90 min Themenblöcke

Worin unterscheiden sich die beiden Programmversionen? Das Medienhelden-Curriculum und der Medienhelden-Projekttag sind im konkreten Stundenaufbau sehr ähnlich strukturiert, ein wichtiger Unterschied besteht jedoch darin, dass die Stunden im Medienhelden-Projekttag als Blöcke bezeichnet werden, da es sich hier nicht um 45-Minuten-Schulstunden, sondern um 90-Minuten-Themenblöcke handelt. Obwohl sich die Versionen in einigen Inhalten, Materialien und Methoden ähneln, unterscheiden sie sich doch in zwei Punkten:

1. Das Medienhelden-Curriculum erlaubt mehr Übungen, Reflexion und Wiederholungen, was aus lernpsychologischer Sicht ein großer Vorteil ist. Der Medienhelden-Projekttag regt die SchülerInnen bereits zum Nachdenken über die Thematik an und vermittelt wichtige Informationen sowie erste wichtige Handlungsstrategien.

2. Das Medienhelden-Curriculum schließt die Eltern der SchülerInnen mit ein. Wie Sie Tabelle 4 entnehmen können, bereiten die SchülerInnen am Ende des Curriculums möglichst eigenständig einen Elternabend vor. Die SchülerInnen erhalten hier die Möglichkeit, Gelerntes zu präsentieren und mit eigenen kreativen Ideen zu verknüpfen. Nur durch die intensive Arbeit zum Thema während der Durchführung des Curriculums erarbeiten sich die SchülerInnen die Kompetenzen und die Sicherheit im Umgang mit dem Thema, sodass wir die Durchführung des Elternabends in dieser Form und Intensität auch nur im Zusammenhang mit der Durchführung des Medienhelden-Curriculums empfehlen.

3. Ein weiterer, wichtiger Unterschied zwischen Curriculum und Projekttag liegt in der breiteren Fächerung der Themen: Bestimmte Thematiken werden ausschließlich im Curriculum behandelt.

Welche Programmversion sollten Sie auswählen? Falls Sie die Möglichkeit haben, das Thema Cybermobbing in Ihren regulären Unterricht zu integrieren, sollten Sie die Vorteile des Medienhelden-Curriculums nutzen. Ebenso empfehlen wir die Durchführung des Curriculums, wenn sich bereits erste Probleme im Umgang mit den neuen Medien oder sogar Fälle von Cybermobbing ereignet haben sollten. Möchten Sie hingegen die Arbeit mit dem Programm zunächst kennenlernen, gibt es (zeit)ökonomische Gründe, möchten Sie eine erste Sensibilisierung zum Thema erreichen oder möchten Sie erste Erfahrungen in der Arbeit zum Thema mit Ihren SchülerInnen sammeln, dann empfehlen wir die Durchführung des Medienhelden-Projekttages. Selbstverständlich ist es auch möglich, zunächst den Medienhelden-Projekttag und im Anschluss das gesamte Medienhelden-Curriculum durchzuführen. Zwar überschneiden sich Curriculum und Projekttag, sich überschneidende Inhalte können Sie dann im Curriculum streichen bzw. nur kurz wiederholen.

Wir möchten aber unbedingt noch einmal auf Folgendes hinweisen: Sollten Sie sich für *eine* Version entscheiden müssen, gilt es zu beachten, dass nicht dieselben Ziele mit den jeweiligen Programmversionen erreicht werden können. Eine intensive Beschäftigung mit den Themen Cybermobbing und Medienkompetenz und eine hohe Stärke zu erwartender positiver Effekte können natürlich nur durch die intensive Erarbeitung der Themen im Medienhelden-Curriculum erreicht werden. Die folgenden Tabellen 5 und 6 listen zusammenfassend die einzelnen Schritte des Medienhelden-Curriculums und Themenblöcke des Medienhelden-Projekttages auf. Die jeweiligen Schritte und Blöcke bauen systematisch aufeinander auf und sind unbedingt in der vorgegebenen Reihenfolge zu bearbeiten.

Tab. 5: Überblick über die Schritte im Medienhelden-Curriculum

Module und Modulschritte		Inhalte / Themen
Modul I: Einführung in das Programm	Fragebogenerhebung (vorab)	
	1. Vorteile und Gefahren neuer Medien	■ Mediennutzung ■ Programminhalte werden eingeführt
Modul II: Was ist Cybermobbing?	2. Eine Definition für Cybermobbing finden	■ Entwicklung einer Definition für Cybermobbing ■ Sensibilisierung
	3. Cybermobbing-Erlebnisse einordnen	■ Cybermobbing-Erfahrungen sammeln und einordnen ■ Problembewusstsein

Module und Modulschritte		Inhalte / Themen
Modul III: Eine Nachricht – wie schlimm ist das eigentlich?	4. Gefühle in einer Cybermobbing-Situation („Let's fight it together" – Teil 1)	■ Kurzfilm: "Let's fight it together" ■ Perspektivenwechsel und emotionale Betroffenheit
	5. Handlungsmöglichkeiten in einer Cybermobbing-Situation („Let's fight it together" – Teil 2)	■ Kurzfilm: "Let's fight it together" ■ Handlungsmöglichkeiten
Modul IV: Wie wirkt mein Verhalten auf andere?	6. Rollenspiel, Teil 1: Cybermobbing – wer spielt hier eine Rolle?	■ Rollenspiel ■ Perspektivenübernahme und Empathie
	7. Rollenspiel, Teil 2: Cybermobbing – was ist zu tun?	■ Rollenspiel ■ Handlungsmöglichkeiten
Modul V: Selbstschutzstrategien in der digitalen Welt	8. Grundstrategien des Datenschutzes	■ Peer-to-Peer-Tutoring ■ Medienkompetenz / kritischer Umgang mit Daten
	9. Grundstrategien gegen Cyber-Täter	■ Peer-to-Peer-Tutoring ■ Medienkompetenz / Umgang mit Cybermobbing
Modul VI: „Was darf ich von anderen preisgeben?" – rechtlicher Hintergrund	10. „Urheber und Persönlichkeitsrechte" – Vorbereitungsphase	■ Kennenlernen und diskutieren relevanter Gesetze aus dem Strafgesetzbuch ■ Kritisches, moralisches Reflektieren
	11. „Urheber und Persönlichkeitsrechte" – Klassengericht	■ Gerichtsverhandlung ■ Förderung von Perspektivenübernahme und Empathie
Modul VII: Elternabend	12. Vorbereitung des Elternabends – Organisatorisches	■ Vorstellung des Projektauftrags ■ Festlegung der Inhalte und Kleingruppen ■ Planung
	13. Vorbereitung des Elternabends – Praktisches	■ Vorbereitung Elternabend ■ Student-to-Parents
Modul VIII: Abschlussreflexion	14. Wissensabfrage	■ Wissenstransfer ■ Konsolidierung von Wissen
	15. Auswertung des Programms und des Elternabends	■ Klassenregeln ■ Reflexion und Abschluss

Tab. 6: Überblick über die Themenblöcke im Medienhelden-Projekttag

90-Minuten-Blöcke		Inhalt
Themenblock 1 90 Minuten empfohlen als Einheit vor dem Projekttag	**Unsere Medien – Nutzen und Gefahren**	■ Mediennutzung der Klasse ■ Gefahren im Netz ■ Definition von Cybermobbing
Themenblock 2 90 Minuten	**Folgen von Cybermobbing**	■ Einordnen von Fällen: Cybermobbing oder kein Cybermobbing? ■ Kurzfilm „Let's fight it together"
Themenblock 3 90 Minuten	**Was können wir tun? (Gruppenarbeiten)**	■ Datenschutz im Internet ■ Darstellen einer Cybermobbing-Situation im Rollenspiel ■ Blockieren unerwünschter Kommunikation: „Was kann ich im Internet tun, wenn es konkret wird?"
Themenblock 4 90 Minuten	**Ergebnispräsentation und Abschlussrunde**	■ Präsentationen der Ergebnisse aus Themenblock 3 ■ Konkrete Handlungsmöglichkeiten gegen Cybermobbing erarbeiten ■ Anschließende Feedback-Runde

2.4 Methoden

Sowohl das Medienhelden-Curriculum als auch der Medienhelden-Projekttag umfassen eine Reihe von pädagogisch-psychologischen Methoden. Alle Übungen des Manuals sind aus der Präventionstheorie abgeleitet, um die Programmziele zu erreichen (s. Kap. 1):

- Informationsvermittlung und Aufklärung, Fragebogenerhebungen, Filmvorführung,
- Brainstorming, Arbeiten mit Beamer, Medien und Overheadprojektor,
- (Klein-)Gruppenarbeiten und Plenumsdiskussionen, Arbeiten im Stuhlkreis,
- Aufstellen von Klassenregeln,
- Referate,
- Mindmap, Meinungslinie, Identifikationskreis,
- Postererstellung,
- Reflexion, Feedback und Hausaufgaben,
- strukturierte Rollenspiele, Modelllernen und Arbeiten mit Standbildern,
- aktivierende Methoden wie Peer-to-Peer-Tutoring, Student-to-Parent-Ansatz,
- Vermittlung von Handlungsoptionen und Verhaltensübungen (Online und Offline) sowie Übungen im Medienraum („learning by doing").

Psychologisch gesehen wirken sich einige der aufgeführten Methoden eher auf

- kognitiv-behaviorale Aspekte aus (z. B. Modelllernen, Verhaltensübungen, Verhaltensregeln / Klassenregeln, soziale Verstärkung und Verhaltensrückmeldung).
- Andere wirken sich auf den Aufbau sozialer Fertigkeiten / Kompetenzen aus (z. B. differenzierte Wahrnehmung, strukturiertes Rollenspiel, Verhaltensübungen, Hilfeverhalten).
- Wiederum andere beziehen sich auf die Gruppendynamik (z. B. soziale Rollen, Standbilder und Rollenspiele, Verhaltensübungen).
- Schließlich wird auch die Selbstwirksamkeit der Jugendlichen gefördert (z. B. Peer-to-Peer-Tutoring).

Einige der aufgeführten Methoden werden Ihnen bekannt sein, andere hingegen (z. B. Meinungslinie oder Identifikationskreis) stellen wir Ihnen näher in den folgenden Kapiteln des Manuals vor. Auf einige, in den Schritten des Medienhelden-Curriculums gleichbleibend umzusetzende Methoden möchten wir im Folgenden zusammenfassend eingehen.

Reflexionsbogen. Um den SchülerInnen die Möglichkeit zu geben, die Schritte im Medienhelden-Curriculum zu reflektieren (s. dazu auch Klippert 2010), erhält jede Schülerin zu Beginn des Programms einen Reflexionsbogen (V 1.8). Nach jedem Schritt sollen die SchülerInnen hierauf notieren, was sie besonders wichtig fanden und was sie für sich mitgenommen haben. Zudem enthält der Reflexionsbogen auch konkrete Aufgaben und Hinweise. Es werden also wichtige Erkenntnisse aus den einzelnen Schritten notiert. Dies können die SchülerInnen zwar direkt nach einem Medienhelden-Schritt in der Schule ausfüllen, sinnvoller ist es aber, wenn sie sich nach der Schule zu Hause fünf bis zehn Minuten Zeit dafür nehmen. Der Reflexionsbogen wird dann jeweils zu Beginn des darauffolgenden Schritts besprochen. Als Hausaufgabe erfüllt der Reflexionsbogen zudem wichtige Transferfunktionen, also das „Mitnehmen" von Erkenntnissen in das häusliche Umfeld der SchülerInnen. Schritt für Schritt werden so die von den SchülerInnen als zentral erachteten Aspekte gesammelt. Am Ende des Medienhelden-Curriculums wird abschließend von allen SchülerInnen gemeinsam ein Poster erstellt, auf dem die Klasse ihre wichtigsten Erkenntnisse / Schlüsse / Fazits zusammenträgt. Insgesamt dient diese Reflexion a) der Verfestigung der Unterrichtsinhalte und b) dem Transfer des Gelernten in die Alltagswelt der Jugendlichen.

Rekapitulation. Beginnen Sie im Medienhelden-Curriculum jeden Schritt mit einer kurzen Zusammenfassung des letzten Schritts. Fragen Sie die SchülerInnen hierzu nach den behandelten Inhalten. Sicherlich haben Ihre SchülerInnen wichtige Erkenntnisse aus der vorigen Stunde gezogen. Hier sollten Sie Raum geben, diese kurz zu äußern. Nehmen Sie Bezug auf den Reflexionsbogen, den die SchülerInnen nach jedem Schritt zu Hause ausfüllen. Zwingen Sie aber keinen Schüler, sich zu seinen persönlichen Gefühlen zu äußern.

Blitzlicht und Ampelkarten. Jeder Medienhelden-Schritt endet mit einem Abschlussritual, dem sog. Blitzlicht. Das Blitzlicht gibt die Meinung ALLER SchülerInnen der Klasse zu der Stunde wieder. Verwenden Sie hierzu die Ampelkarten. Bitten Sie die SchülerInnen darum, mithilfe dieser Ampelkarten anzuzeigen, wie ihnen die Stunde gefallen hat. Grün steht für „Hat mir gut gefallen", gelb für „Es ging so" und rot für „Es hat mir gar nicht gefallen". Gehen Sie auf die Anzahl der Farbkarten ein. Warum gibt es z. B. so viele rote oder grüne Karten? Vielleicht möchte sich auch jemand äußern, der eine Farbe gezeigt hat, die wenig gezeigt wurde. Die Ampelkarten-Methode wird im Medienhelden-Programm öfter eingesetzt. Vor allem wenn sich die Karten auf eine Stimmungsäußerung beziehen (z. B. „Wie geht es euch jetzt?"), sollten Sie zuerst auf die roten Karten eingehen – sofern die SchülerInnen bereit sind, darüber zu sprechen. Wenn möglich, sollten auch die SchülerInnen mit gelben und danach mit grünen Karten berichten können, wenn sie etwas zu der Wahl ihrer Karte sagen möchten, denn es sollen ja nicht nur negative Befindlichkeiten Erwähnung finden. Es ist dabei sehr wichtig, diese Methode gleichbleibend zu verwenden und wirklich alle SchülerInnen der Klasse auf diese Weise mitwirken zu lassen. Nur so haben Sie – im Gegensatz zum Feedback, das Sie von Einzelnen erfragen – eine Rückmeldung der ganzen Klasse, und alle SchülerInnen bekommen vermittelt, dass ihre Meinung von Bedeutung ist und sie an den Gruppenprozessen partizipieren können!

Gesprächsrunden und Plenumsdiskussionen. In vielen Medienhelden-Schritten geht es um die eigene Meinung und die Gefühle Ihrer SchülerInnen. Dies mag für den Schulunterricht ungewohnt erscheinen, ist hier aber von zentraler Bedeutung. Ein zentrales Lernziel des Programms ist das Eindenken und Einfühlen in andere Sichtweisen, Perspektiven und Gefühle. Es ist für die SchülerInnen sehr einfach, irgendetwas im Internet zu „posten" und darüber zu lachen, umso schwerer aber, die Reaktionen und Gefühle des Gegenübers wahrzunehmen – denn das Gegenüber sitzt meist an einem anderen Computer und nicht mehr im wörtlichen Sinne „gegenüber". Daher macht es sich „Medienhelden" zur zentralen Aufgabe, den SchülerInnen Einblicke in Gedanken und Gefühle Ihrer MitschülerInnen zu geben. Plenumsdiskussionen und Gesprächsrunden mit der ganzen Klasse oder auch in Kleingruppen eignen sich hierzu besonders gut. Zudem haben diese die Funktion, ein wirkliches Meinungsbild in der gesamten Gruppe zu erfahren. Oft meinen SchülerInnen, dass ja auch alle anderen in der Klasse über eine bestimmte Sachlage so denken und sich so verhalten würden, sie folgen also bestimmten Normen, die sie in der Gesamtgruppe vermuten, und dies wiederum beeinflusst ihre persönlichen Einstellungen. In Gruppendiskussionen und Gesprächsrunden wird hingegen deutlich, dass es unterschiedliche Positionen, Meinungen und Einstellungen gibt, die über veränderte Gruppennormen auch beeinflusst werden können. Schließlich fördern Sie auf diese Weise einen offenen Austausch und die Kommunikation unter den SchülerInnen. Stellen Sie den SchülerInnen Fragen zu ihren Gefühlen: „Wie fühlt ihr euch jetzt?", „Wie würdet ihr euch in einer solchen Situation fühlen?", „Warum ist das nur lustig?", „Seid ihr sicher, dass es jeder nur lustig finden würde?". Seien Sie ruhig mutig und versuchen Sie den Gedankenaustausch anzuregen!

Arbeiten mit Feedback. In verschiedenen Schritten des Medienhelden-Programms werden Sie mit Feedback arbeiten (z. B. Rückmeldungen der SchülerInnen zu anderen SchülerInnendarstellungen). Feedback stellt eine gezielte Rückmeldung an andere Seminarteilnehmer dar, wie ihre Darstellung, Leistung oder Präsentation gesehen und eingeschätzt wird. Jeweils am Ende z. B. einer Gruppenarbeit oder einer Präsentation wird Feedback vergeben, um aus dem Feedback zu lernen. Ziel des Feedbacks ist es zudem, einer Schülerin die Möglichkeit zu geben, aus dem Präsentierten und Dargestellten zu lernen. Ein „gutes Feedback" beinhaltet immer Hinweise auf hilfreiche Aspekte, aber auch auf Verhaltensweisen, die z. B. bei einer Präsentation gestört haben. Es geht also beim Feedback-Geben nicht um die generelle Beurteilung einer Person oder ihres Charakters, sondern immer um eine konkrete Situation und um das konkrete Verhalten / die Darstellung dieser Person in dieser Situation. Leider werden beim Feedback-Geben immer wieder Fehler gemacht, sodass z. B. ein Schüler, der Feedback erhalten soll, persönlich verletzt wird. Sie sollten deshalb mit Ihren SchülerInnen vor Beginn der Arbeit mit dem Medienhelden-Curriculum und / oder -Projekttag über Feedback-Regeln sprechen. Feedback sollte

- konstruktiv sein, also Perspektiven für die Zukunft bieten (z. B. „Ich fände es toll, wenn du zukünftig lieber weniger Stoff behandeln würdest");
- beschreibend und sachlich sein, denn es gilt, den Beteiligten Wertschätzung entgegenzubringen;
- konkret sein, d. h. auf das konkrete Geschehen bezogen sein, damit der Betreffende auch Konkretes verändern kann (z. B. „Ich fände es besser, wenn du beim Referat stehen, statt sitzen würdest").
- subjektiv formuliert sein, denn es können ja nur die eigenen Beobachtungen und Eindrücke berichtet werden (z. B. „Ich meine …", „Ich denke …");
- nicht nur negativ sein, also sich auch auf Dinge beziehen, die positiv gelaufen sind und die einem Gefallen haben – grundsätzlich sollte man immer mit einem positiven Feedback beginnen.

Aber auch beim Entgegennehmen von Feedback gibt es Regeln. Der Empfänger

- nimmt zunächst eine passive Rolle ein,
- lässt die Feedback-Gebenden ausreden,
- rechtfertigt und / oder verteidigt sich nicht, sondern stellt sachliche Rückfragen und
- bedankt sich für das Feedback.

Diese einfachen – und weitere – Ausführungen zum Geben und Nehmen von Feedback entstammen Werner Stangls Arbeitsblättern (Stangl o. J.) und können online eingesehen werden.

Wie kann man die Klasse in verschiedene Gruppen einteilen? In den verschiedenen Schritten und Blöcken werden die SchülerInnen oftmals mit einem Partner oder in kleinen Gruppen arbeiten. Hierbei ist es natürlich besonders spannend und effektiv, wenn die in Ihrer Klasse schon bestehende Gruppenstruktur und -dynamik ein bisschen verändert und offener gestaltet wird und nicht jeder

Schüler wieder mit „seinem besten Freund" zusammenarbeitet. Da das womöglich nicht immer ganz leicht ist, haben wir (in Anlehnung an Brenner / Brenner 2011; Meyer 1987; 2007) eine kleine Auswahl an Möglichkeiten zusammengestellt, wie Sie Ihre Klasse kreativ zur Bildung von Gruppen verschiedener Größe motivieren können. Letztlich haben Sie die besten Erfahrungen, welche Methode Ihren SchülerInnen am meisten zusagt und sie aktiviert, auf andere zuzugehen.

- *Kurzthemen:* Eine Frage mit mehreren Antwortoptionen: „Was isst du am liebsten? Spaghetti? Pizza?" usw. Den Antwortoptionen werden verschiedene Bereiche (z. B. Ecken) im Klassenraum zugeordnet. An diesen Orten finden sich dann Gruppen zusammen. Idee: Gruppierung anhand gemeinsamer Verhaltensweisen.
- *Memory-Tausch:* Die Lehrerin lässt jede Schülerin eine Memory-Karte ziehen (je nachdem, wie groß die zu bildenden Gruppen sein sollen, gibt es eine unterschiedliche Anzahl gleicher Karten). Die SchülerInnen dürfen anschließend im Raum herumlaufen und sollen wechselseitig immer wieder ihre Karten austauschen (dieser Schritt kann auch weggelassen werden). Nach einem akustischen Signal findet jede anschließend so schnell wie möglich die zu ihrer Karte zugehörige Partnerin oder die Gruppe. Idee: dynamisches Spiel, das zunächst zu Kontakt in der Gesamtgruppe führt und anschließend zur Bildung von Teilgruppen.
- *Moleküle:* Die SchülerInnen laufen in unterschiedlichem Tempo durch den Raum. Das Tempo wird von dem Lehrer durch Temperaturangaben bestimmt (0° = alles friert ein und bleibt stehen; 80° = ziemlich schnelles Laufen). Nach einiger Zeit sollen sich Moleküle unterschiedlicher Größe durch spontanes Zusammenfinden und an den Schultern halten bilden. Anschließend werden diese wieder gelöst. Das Umherlaufen geht weiter. Irgendwann gibt der Lehrer eine Molekülbildung je nach Anzahl der gewünschten Gruppengröße vor (z. B. „Dreier-Moleküle") und es gibt keine Loslösung mehr (Zeitpunkt ist den SchülerInnen unbekannt). Idee: Aktivität, Kommunikation.
- *Zufallsgruppen:* Zufallsgruppen können gebildet werden durch: Losen; Skatkarten zum Bilden von Vierergruppen (alle Asse, alle Könige usw. gehen zusammen); Abzählen; Puzzleteile (so viele, wie Gruppenmitglieder z. B. durch Zerschneiden einer Postkarte) müssen von SchülerInnen wieder zusammengesetzt werden; Aufteilung nach gemeinsamen Merkmalen, z. B. Haarfarbe, Farbe der Kleidung, Wohnbezirk etc. (ergibt aber eventuell ungleiche Gruppen).
- *Mögliche Partneraufteilungen:* Sprichwörter teilen, d. h. auf zwei Zettel je einen Anfang und ein Ende des Sprichwortes schreiben (z. B. erster Zettel: „Gleich und Gleich...", zweiter Zettel: „... gesellt sich gern"). Oder: Auf den ersten Zettel eine Frage schreiben (z. B. „Wie geht es dir?") und auf den zweiten Zettel eine passende Antwort: „Danke, gut"; Suche dir eine Partnerin, die a) im selben Stadtteil wohnt, b) gleich viele Geschwister hat, c) in der gleichen Jahreszeit geboren ist, d) die gleiche Augenfarbe hat, e) ungefähr so groß ist wie du, f) das gleiche Hobby hat, g) das gleiche Lieblingsfach hat.
- *Einteilung nach verschiedenen Begrüßungsritualen:* a) Begrüßungsrituale verschiedener Kulturen werden auf Karten notiert; b) die SchülerInnen laufen herum und führen das notierte Begrüßungsritual aus; c) dabei müssen sie versuchen, die MitschülerInnen zu finden, die das gleiche Ritual zeigen; d) Rituale: „Als Deutsche schüttelt ihr euch die Hände", „Als Assyrer gebt ihr ein Kleidungsstück her", „Als Japaner legt ihr die Handflächen auf die Oberschenkel und verbeugt euch", „Als Inder legt ihr die Innenhandflächen aneinander und verbeugt euch leicht", „Als Kupfer-Inuit schlagt ihr euch mit der Faust leicht gegen Kopf und Schulter", „Als Eipo von Neuguinea schweigt ihr", „Als Loango klatscht ihr in die Hände", „Als Mongolen beriecht ihr eure Wangen und reibt eure Nasen aneinander", „Als Lateinamerikaner legt ihr den Kopf auf die rechte Schulter des Gegenübers und schlagt dreimal auf den Rücken, dasselbe dann noch einmal von links".
- *Sprechweise:* Die SchülerInnen bekommen Karten mit Adjektiven (zerstreut, aggressiv, ängstlich, überheblich, albern, gelangweilt, gebildet, betrunken, vornehm, kleinkindhaft, starmäßig, anklagend, einsilbig, belehrend, cool). Sie sollen in der Klasse herumlaufen und den SchülerInnen, denen sie begegnen, gemäß ihrer Sprechanweisung etwas erzählen, z. B. wie sie heute zur Schule gekommen sind. SchülerInnen mit gleichen Sprechanweisungen bilden Gruppen.

- *Geburtstagsspiel:* Die Gruppe soll sich nach ihren Geburtsdaten der Reihe nach aufstellen, vom Ältesten zum Jüngsten. Anschließend wird die Gruppe durch Abzählen in Teilgruppen gewünschter Anzahl gegliedert.
- *Fernsehserien:* Jeder Schüler bekommt eine Karte mit einem Darstellernamen aus einer Serie (z. B. Simpsons: Marge, Homer, Bart etc.). Die SchülerInnen müssen so schnell wie möglich die anderen Darsteller aus ihrer Serie finden.
- *Vor-sich-hin-Singen:* Jede Schülerin bekommt einen Papierstreifen mit einer Textzeile aus einem Lied. Durch Umherlaufen und Vor-sich-hin-Singen findet man schließlich die Partnerin, die die gleiche Textzeile singt.
- *Fädenziehen:* Die Lehrerin hält ein Knäuel verschiedener Fäden in der Hand. Alle SchülerInnen sollen am Ende eines Fadens ziehen. Die SchülerInnen, die nach dem Entwirren am selben Ende gezogen haben, gehören zusammen.
- *Persönliche Gegenstände:* Jeder Schüler legt einen persönlichen Gegenstand in eine Schale oder auf eine dafür vorgesehene Stelle. Anschließend teilt der Lehrer oder ein schon vorher festgelegter Gruppenleiter die Gegenstände bestimmten Gruppen zu.

2.5 Organisatorische Hinweise, Struktur der Schritte und Themenblöcke und Nutzung der Online-Materialien

Struktur der Schritte und Themenblöcke. Im Folgenden seien einige Punkte genannt, die für den Aufbau der Schritte (Curriculum) bzw. der Blöcke (Projekttag) und die Umsetzung des Programms von zentraler Bedeutung sind. Bevor Sie das Programm durchführen, sollten Sie diese aufmerksam durchlesen.

Um den SchülerInnen eine Orientierung im Programm zu erleichtern, weisen die Schritte und Blöcke eine gleichbleibende Struktur auf. Vor der Beschreibung jeder Stunde im Medienhelden-Curriculum und jedes Blocks des Medienhelden-Projekttages finden Sie gleichbleibend einige Hinweise, die Ihnen die Strukturierung, Vorbereitung und Durchführung erleichtern werden.

- Das Curriculum vereint thematisch verwandte Schritte zu Modulen.
- Jedes Modul und jeder Schritt bzw. Block beginnt mit einem kurzen einleitenden Text, der die Inhalte des jeweiligen Schritts / Blocks zusammenfasst.
- Die Hauptziele des Moduls / Blocks werden in einem Kasten, den Sie unter dem Einleitungstext finden, noch einmal zusammengefasst. Diese Ziele dienen Ihrem Überblick. Im Idealfall können Sie die genannten Punkte nach jeder Stunde abhaken.
- Es folgt eine Tabelle, in der die einzelnen Teilschritte des Schritts / Blocks, mit den jeweilgen Methoden, Materialien und Zeiteinheiten, aufgelistet sind. Als Teilschritte bezeichnen wir die jeweiligen Aufgaben, die *unbedingt in der vorgegebenen Reihenfolge* bearbeitet werden müssen.
  - In der Spalte *Methoden* finden Sie die zur Bearbeitung der jeweiligen Aufgabe nötige Herangehensweise, wie z. B. „Brainstorming", „Plenumsdiskussion" oder „Plakaterstellung".
  - Unter *Materialien* werden die Arbeitsblätter und Vorlagen genannt, die für die Stunde benötigt werden. Manchmal müssen Arbeitsblätter kopiert und an die SchülerInnen verteilt werden, ein anderes Mal dienen sie Ihnen zur Orientierung oder z. B. zur Erstellung von Overheadfolien. Sondermaterialien, wie z. B. die Ampelkarten, sind mit dem entsprechenden Eigennamen genannt.
  - Die in der letzten Spalte genannte *Zeit* hilft Ihnen, für jeden Schritt die ungefähre Dauer einzuschätzen. Sie müssen die Minutenangaben nicht ganz genau einhalten, sollten sich aber daran orientieren. In den Beschreibungen der Blöcke des Medienhelden-Projekttags befindet sich in dieser Tabelle zusätzlich eine Zwischenzeitangabe, die Ihnen zur Einteilung der Blöcke verhelfen soll.

- Um auch unter Zeitdruck auf den ersten Blick sehen zu können, was kopiert und eventuell noch besorgt werden muss, finden Sie abschließend einen Kasten mit der Überschrift „Was muss ich vorbereiten?". Hier sind alle benötigten Kopien und Materialien noch einmal aufgelistet.

Die vorbereitenden Erläuterungen sind für die inhaltliche Vorbereitung besonders wichtig und sollten gelesen werden, bevor die Stunde losgeht. Wir empfehlen unbedingt, die einleitenden Passagen, Tabellen und Informationen zu benötigten Materialien *rechtzeitig zu lesen* – einige vorbereitende Arbeiten sind 3 bis 4 Wochen vor Durchführung des eigentlichen Schrittes in der Schulklasse bereits vorzubereiten. Zur visuellen Unterstützung bei der zeitlichen Planung finden Sie im Online-Material eine entsprechende Übersicht über die notwendigen Vorbereitungen. Grundsätzlich verläuft dabei jeder Schritt nach dem folgenden Grobaufbau:

- Einstieg: Rekapitulation (Reflexion der Hausaufgabe vom letzten Mal),
- Arbeitsphase,
- Abschluss / Reflexion der Arbeitsphase,
- Hausaufgabe: Bearbeiten des Reflexionsbogens zur Festigung des Erlernten und zum Transfer in das häusliche Umfeld.

Die Tabellen 5 und 6 listen zusammenfassend die einzelnen Schritte des Medienhelden-Curriculums und -Projekttages auf. Die jeweiligen Schritte und Blöcke bauen systematisch aufeinander auf und sind unbedingt in der vorgegebenen Reihenfolge zu bearbeiten.

Umsetzung des Medienhelden-Curriculums. Die Umsetzung des Curriculums nimmt mehrere Wochen (mind. 10 Wochen) in Anspruch. Versuchen Sie daher, sich ein ausreichend großes Zeitfenster für die Umsetzung zu nehmen, sodass Unterbrechungen durch Ferien usw. möglichst ausgeschlossen sind. Die Durchführung des Curriculums kann durch Sie im Rahmen einer normalen Schulklassengröße von bis zu 30 Kindern problemlos durchgeführt werden. Bei einigen Übungen können Sie jedoch auch gerne KollegInnen oder Eltern um Unterstützung bitten. Bitte *bearbeiten Sie die Schritte in der vorgegebenen Reihenfolge*, da diese inhaltlich aufeinander aufbauen und bestimmte Informationen und Fertigkeiten, die in den ersten Schritten erarbeitet werden, für die späteren Schritte benötigt werden. Zudem bauen einige Schritte direkt thematisch aufeinander auf und sollten – wenn möglich – in einer Doppelstunde (je 90 min) durchgeführt werden. Sollten Sie also über die Möglichkeit verfügen, Programmschritte in Doppelstunden (je 90 min) durchzuführen, empfiehlt es sich, diese für die zusammengehörenden Stunden zu nutzen. Falls Sie nur Einzelstunden (à 45 min) haben, so ist es von Vorteil, die zusammengehörenden Stunden zumindest in einer Woche – ohne Wochenendunterbrechung – und möglichst zeitnah (z. B. von einem auf den anderen Tag) zu bearbeiten. Falls es Ihnen einmal nicht gelingt, die Ziele einer Unterrichtsstunde in 45 Minuten umzusetzen, weil z. B. großer Diskussionsbedarf unter den SchülerInnen besteht oder eine Methode so gut ankommt, dass die SchülerInnen mit Begeisterung daran arbeiten, dann versuchen Sie bitte die jeweilige Themenstunde um eine weitere Schulstunde zu erweitern. Übrigens: Natürlich können Sie jederzeit einen Schritt auch mehrfach durchführen, wenn Sie z. B. merken, dass mehr Zeit für ein Rollenspiel benötigt wird oder eine bestimmte Methode besonders effektiv erscheint resp. den SchülerInnen besonders viel Spaß macht.

Zudem gilt: **Störungen haben Vorrang!** Wenn in Ihrer Klasse ein Problem auftritt, welches mit der Durchführung des Programms zusammenhängt (z. B. aufkommende Wut, Trauer, Streitereien), dann nehmen Sie sich hierfür unbedingt Zeit. Auch, wenn ein einzelner Schüler nach der letzten Stunde auf ein schwerwiegendes Problem hinweisen sollte, gehen Sie unbedingt darauf ein. Das Arbeiten mit bestimmten Methoden (z. B. dem Identifikationskreis) kann für eine Schülerin als unangenehm erlebt werden, da sie z. B. vor der gesamten Klasse sitzt oder explizit negative Gefühle thematisiert werden. Je nachdem, wie die Klasse oder einzelne SchülerInnen reagieren, sollten Sie notfalls dazu übergehen, z. B. die zu stellenden Fragen verallgemeinert im Plenum zu diskutieren.

Umsetzung des Medienhelden-Projekttages. Für die Umsetzung des Projekttages sollten Sie einen Schultag wählen, an dem alle anderen Schulstunden (auch Nachmittagskurse) ausfallen können, bzw. einen extra dafür vorgesehenen, kompletten Schultag. Bereiten Sie die SchülerInnen auf den Projekttag vor. Sie können den ersten Block des Projekttages auch zeitlich vorziehen. Dies wird eine Einstimmung und Vorbereitung auf das Thema gewährleisten. Bereiten Sie den Projekttag zudem nach. Besonders, wenn persönliche Themen der SchülerInnen zur Sprache kommen und der Projekttag etwas „bewegt", sollten Sie im Anschluss an den Tag mindestens eine Schulstunde nutzen, um das Erlebte und Erarbeitete nachzubesprechen. Der Projekttag sollte im Rahmen einer durchschnittlichen Schulklassengröße von maximal bis zu 30 SchülerInnen durchgeführt werden. Wir empfehlen zudem, dass Sie sich durch KollegInnen und/oder Eltern unterstützen lassen. Sollten Sie einen schulweiten Projekttag planen, wäre es dennoch wichtig, die ungefähren Gruppengrößen einzuhalten.

Grundsätzlich können wir das Programm – sowohl die Curriculum- als auch die Projekttagvariante – für alle Regelschulformen (also z. B. in der Sekundarstufe II: Hauptschulen, Realschulen, Gymnasien, Gesamtschulen, aber auch im Rahmen des Nachmittagsangebotes, in Hortsettings usw.) empfehlen. Nicht empfehlen möchten wir – u. a. aufgrund des erhöhten kognitiven Aufwandes in der Durchführung, oder der Konzentrationsphasen – die Durchführung im Sonderschul-, Förderschulbereich oder in der Heilpädagogik.

Online-Materialien. Unter www.reinhardt-verlag.de finden Sie alle nötigen Kopiervorlagen, Arbeitsblätter usw. als PDF-Dokument. In der Beschreibung der Stunden und Themenblöcke finden Sie Hinweise auf Arbeitsblätter und Kopiervorlagen (z. B. „V 1.1") – die entsprechende Datei gleichen Namens finden Sie auch auf der Website.

2.6 LehrerInnen- und SchulsozialarbeiterInnenfortbildung / Multiplikatorenkonzept

Bevor Sie das Medienhelden-Programm – sei es das Curriculum oder der Projekttag – in Ihrem Unterricht verwenden, sollten Sie sich über unser Fortbildungskonzept informieren. Für die adäquate Umsetzung der Programminhalte ist es ratsam, dass Sie zuvor eine entsprechende Schulung durchlaufen haben. Die Fortbildung zum Medienhelden-Programm (s. „Der Aufbau der Medienhelden-Multiplikatorenfortbildung") richtet sich in erster Linie an pädagogisches Fachpersonal (z. B. LehrerInnen, SozialpädagogInnen, SchulsozialarbeiterInnen, SchulpsychologInnen) an Schulen. In der Fortbildung werden alle Elemente des Programms (Methoden, Inhalte, Abläufe usw.) und die Umsetzung im Schulalltag behandelt und die einzelnen Schritte im Programm praktisch in Gruppenübungen geübt. Zudem können Fragen gestellt werden und es findet ein intensiver Austausch zwischen den Teilnehmenden statt. Dies fördert einen sicheren Umgang in der Durchführung des Programms im Schulkontext. Im Anschluss wird das Programm unter Zuhilfenahme des Interventionsmanuals und zur Verfügung gestellter Arbeitsmaterialien dann von den Lehrkräften, SchulsozialarbeiterInnen usw. selbstständig durchgeführt. Gerne können Sie Kontakt zu uns aufnehmen, um sich über Möglichkeiten einer Fortbildung zum Medienhelden-Curriculum oder zum Projekttag zu erkundigen. Die LehrerInnenfortbildung findet als Blockkurs an einem Wochenende – oder nach Vereinbarung auch in der Woche – an insgesamt drei Tagen statt. In der Fortbildung werden mit Ihnen zusammen die Inhalte des Curriculums resp. des Projekttages bearbeitet und Ihre Fragen zu den Schritten, Blöcken und Methoden beantwortet. Nehmen Sie per E-Mail Kontakt auf medienhelden@zedat.fu-berlin.de (im Betreff bitte „Medienhelden") oder über www.medienhelden.info

Der Aufbau der Medienhelden-Multiplikatorenfortbildung (Stand Juni 2018)

Fortbildungstag 1
- Theoretische Hintergründe zu Cybermobbing und Prävention
- Medien, Soziale Medien und Medienkompetenz
- Ziele des Präventionsprogramms
- Einführung in die Arbeit mit Medienhelden

Fortbildungstag 2
- Was ist Cybermobbing?
- Gefühle und Handlungsmöglichkeiten in einer Cybermobbingsituation
- Perspektivenübernahme und Transfer
- Soziale Rollen beim Mobbing
- Selbstschutzstrategien in der digitalen Welt
- Alternative Projekttag

Fortbildungstag 3
- Klassengericht
- Elternarbeit
- Abschlussreflexion
- Implementierung von Medienhelden in der Schule
- Qualitätssicherung, Zertifizierung zum / zur MultiplikatorIn

3 Evaluation des Medienhelden-Programms

Als „Medienhelden" im Jahr 2011 entwickelt wurde, war es eines der ersten Programme zur Prävention von Cybermobbing und zur Förderung von Medienkompetenz. Es wurde auf wissenschaftlicher Basis entwickelt und nachfolgend auf seine Wirksamkeit evaluiert. Im Folgenden werden das Design und die Ergebnisse der Evaluationsstudie dargestellt.

3.1 Design der Evaluationsstudie

Die Vorform der Materialien wurde im Zeitraum von Januar bis April/Mai 2011 in fünf Berliner Schulen erprobt. Im Dezember 2010 erhielten die teilnehmenden LehrerInnen eine achtstündige Schulung (2 x 4 Stunden) zum Umgang mit den Materialien und der Durchführung des Curriculums bzw. des Projekttages. Die Evaluationsstudie begann im Januar 2011 mit einer Befragung von SchülerInnen, Eltern und LehrerInnen mittels Fragebögen. Im Anschluss wurde die jeweilige Programmversion von den LehrerInnen in den Klassen umgesetzt. Zudem gab es eine Gruppe, die keine Intervention (d. h. kein Medienhelden-Programm) umsetzte, um Effekte auf das Programm zurückführen zu können (Kontrollgruppe). Jeweils zwei Wochen nach Beendigung der Intervention wurden SchülerInnen, Eltern und LehrerInnen erneut befragt, um kurzfristige Effekte zu untersuchen. Langzeiteffekte wurden mit der dritten und letzten Befragung im November/Dezember 2011 überprüft. Die Evaluation des Medienhelden-Programms entspricht also einem sogenannten prospektiven, längsschnittlichen Pre-Post-Follow-up-Design mit Kontrollgruppe (s. Abb. 3).

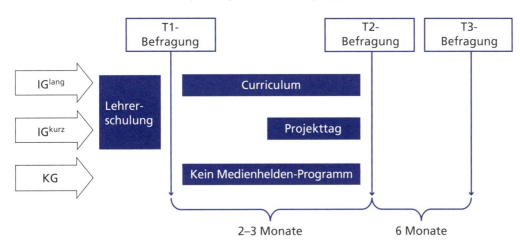

Abb. 3: Schematische Darstellung des Evaluationsdesigns (IG = Interventionsgruppe, KG = Kontrollgruppe; Zagorscak et al. 2011; s. a. Siebenbrock et al. 2011)

3.2 Teilnehmer

An der Studie nahmen zum ersten Messzeitpunkt insgesamt 897 SchülerInnen aus 35 Schulklassen (mit 15 LehrerInnen) der 7. bis 10. Jahrgangsstufe teil. Sie stammen aus fünf Berliner Schulen; vier davon Gymnasien, eine davon eine integrierte Sekundarschule. 286 der SchülerInnen nahmen am Curriculum (IG lang), 172 am Projekttag (IG kurz) und 439 in der Kontrollgruppe (KG) teil. Die SchülerInnen waren zwischen 11 und 17 Jahre alt, im Mittel 13,45 Jahre. 51,3 % waren weiblich, 46,7 % männlich, 2 % machten keine Angaben zu ihrem Geschlecht. Das Medienhelden-Programm wurde in dieser Studie im Rahmen des Ethikunterrichts umgesetzt.

3.3 Ergebnisse

Im Sinne einer *Prozessevaluation* füllten die LehrerInnen nach jedem Schritt des Programms ein Evaluationsprotokoll aus, das die Angemessenheit der Methoden, Inhalte, Instruktionen und die Akzeptanz des Schrittes erfragte. Das Feedback der SchülerInnen wurde mittels Ampelkarten am Ende jedes Schritts erfasst und dokumentiert. Zudem wurde eine *summative Evaluation* zum zweiten und dritten Befragungszeitpunkt (T2 und T3) durchgeführt. Neben konkreten Zielvariablen wie beispielsweise Cybermobbing-Verhalten, Einstellung und Gruppennormen zu Cybermobbing, Online-Selbstoffenbarung, Empathie und Perspektivenübernahme (Outcome-Variablen) wurden SchülerInnen, LehrerInnen und Eltern dahingehend befragt, wie ihnen das Programm gefallen hat und ob sie Veränderungen wahrgenommen haben.

3.3.1 Ergebnisse der Prozessevaluation

Wie die Prozessevaluation zeigt (s. Abb. 4), erfreuten sich die einzelnen Schritte sowohl bei LehrerInnen als auch bei SchülerInnen großer Beliebtheit. Die mittleren Zufriedenheitswerte waren überwiegend im sehr guten Bereich. Die LehrerInnen schätzten zudem den Spaß und die Motivation der SchülerInnen als sehr positiv bzw. hoch ein. Die Rückmeldung zum zeitlichen Rahmen der einzelnen Schritte wurde in den hier vorliegenden, überarbeiteten Materialien berücksichtigt, und viele Schritte wurden zeitlich umstrukturiert oder inhaltlich entschlackt. Anmerkungen und Kommentare der LehrerInnen in den Freitextfeldern der Protokolle wurden berücksichtigt und umgesetzt. Auch Methoden, die bei den SchülerInnen scheinbar nicht beliebt waren, wurden – wo möglich, solange Methoden austauschbar waren – verändert. Zudem wurden etliche Materialien altersangemessener gestaltet.

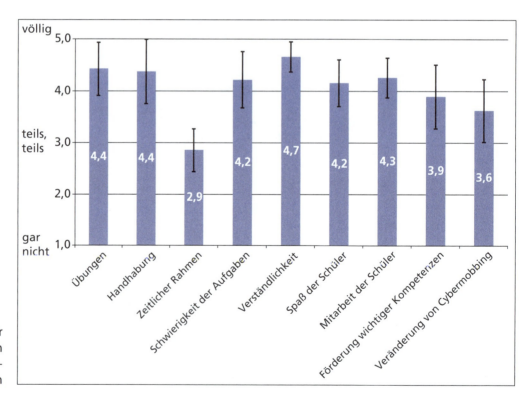

Abb. 4: Zufriedenheit der teilnehmenden LehrerInnen mit den Medienhelden-Materialien

3.3.2 Ergebnisse der summativen Evaluation

Die abschließenden Bewertungen der SchülerInnen und Lehrkräfte nach Abschluss des Programms (s. Abb. 5) waren sehr positiv und deuten auf eine große Zufriedenheit hin. Die Mehrzahl der SchülerInnen mochte das Programm überwiegend oder sehr (46,4 %) und weitere 32,1 % mochten es zumindest teilweise. Unter den Lehrkräften gab es keinen einzigen, der das Programm nur wenig oder gar nicht mochte. Zudem gefielen 28,6 % der LehrerInnen die Materialien zumindest teilweise, 42,9 % überwiegend und 28,6 % sehr. 14,3 % der teilnehmenden LehrerInnen glauben, dass sich durch das Programm teilweise etwas in ihrer Klasse geändert hat und 85,7 % dass sich einiges geändert hat (s. Siebenbrock et al. 2011). Beispielsweise geben die LehrerInnen an, dass in ihrer Klasse nun weniger Cybermobbing stattfindet. Die SchülerInnen stimmten dem mit fast zwei Dritteln teilweise, überwiegend oder völlig zu.

In einem Freitexteintrag danach befragt, was sich in den Augen der SchülerInnen durch Medienhelden geändert hat, wurde häufig angegeben, dass sich die Stimmung unter den SchülerInnen der Klasse verbessert, Aufklärung stattgefunden habe und die SchülerInnen nun wüssten, was sie bei Cybermobbing tun können. Besonderer Beliebtheit erfreuten sich die Methoden Film, Rollenspiel und die praktischen Übungen am Computer. Auch der Elternabend wurde sehr positiv bewertet. Die Veränderungsvorschläge der SchülerInnen sind bei der Überarbeitung der Materialien eingeflossen und finden sich oft als Vorschläge oder Hinweise in den einzelnen Schritten wieder.

Wie die dargestellten Ergebnisse zeigen, besteht dem Medienhelden-Programm gegenüber eine sehr hohe Akzeptanz seitens beider Zielgruppen – LehrerInnen und SchülerInnen.

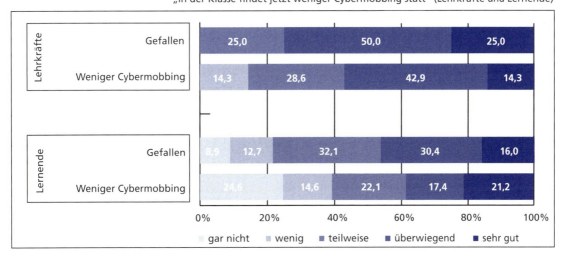

Abb. 5: Ergebnisse der Frage nach dem Gefallen der Materialien bzw. des Programms und der Abnahme von Cybermobbing (Schutze-Krumbholz et al. 2018)

3.3.3 Ergebnisse der Wirksamkeitsprüfung

Inzwischen liegen zur Wirksamkeit von Medienhelden mehrere Veröffentlichungen und Analysen vor, die verschiedene Aspekte und Zielvariablen beleuchten. Zur Untersuchung dieser wurden gängige, standardisierte Verfahren eingesetzt. Das Hauptaugenmerk lag auf der Verbesserung der sozialen Kompetenzen Empathie (die Gefühle einer anderen Person nachfühlen) und Perspektivenübernahme (das Empfinden einer anderen Person verstehen), dem persönlichen Wohlbefinden und der Ausübung von Cybermobbing. Im Folgenden geben wir einen zusammenfassenden Überblick über die Evaluationsergebnisse, die bislang vorliegen (Tab. 7).

Tab. 7: Übersicht der Wirksamkeit der Programmversionen auf verschiedene Zielvariablen im Vergleich zur Kontrollgruppe

Zielvariable	Kontrollgruppe (kein Medienhelden-Programm)	Medienhelden-Projekttag	Medienhelden-Curriculum
Cybermobbing-Verhalten	Zunahme	Stabilisierung	Abnahme
Offline Mobbing	Zunahme	Zunahme neuer Mobbender, Abnahme bereits Mobbender	Abnahme
Bereitschaft Cybermobbing	Stabilisierung	Stabilisierung	Abnahme
Empathie	Abnahme	Stabilisierung	Zunahme
Perspektivenübernahme	Stabilisierung	Zunahme	Zunahme
Selbstwert	Stabilisierung	Stabilisierung	Zunahme
Körperliche Symptome	Stabilisierung	Stabilisierung	Abnahme

Die Ausübung von Cybermobbing nahm in der Kontrollgruppe über die Zeit hinweg zu, blieb in der Gruppe mit dem Projekttag (Kurzintervention) stabil und nahm in der Gruppe mit dem Curriculum (Langintervention) ab, was auf einen positiven Langzeiteffekt hindeutet, der auch noch sechs Monate nach dem Programm zu finden war (Schultze-Krumbholz et al. 2014a; 2014b).

Die Bereitschaft zu Cybermobbing bezieht sich auf die Wahrscheinlichkeit, dass Jugendliche zukünftig in bestimmten Situationen Cybermobbing ausüben werden, beispielsweise wenn sie in der Schule mit jemandem Streit hatten oder sie mit FreundInnen zusammen sind, die vorschlagen, jemandem gemeine Nachrichten zu schicken. Diese Bereitschaft sank nur in der Langintervention im Vergleich zur Kurzintervention und zur Kontrollgruppe (Schultze-Krumbholz et al. 2014b; Zagorscak et al. im Druck).

Jugendliche der Kontrollgruppe zeigten über die Zeit eine Abnahme in der Empathie, also dem Nachfühlen der Gefühle anderer, welche sich mit Forschungsbefunden deckt (z. B. Van der Graaff et al. 2013), die zeigen, dass dies in diesem Entwicklungsstadium normal ist. Teilnehmende der beiden Interventionsgruppen zeigten diese Abnahme nicht. TeilnehmerInnen der Langintervention zeigten sogar eine Zunahme der Empathie (Schultze-Krumbholz et al. 2016).

Hinsichtlich Perspektivenübernahme zeigten beide Interventionsgruppen Steigerungen gegenüber der Kontrollgruppe (Schultze-Krumbholz et al. 2016; Schultze-Krumbholz et al. 2014a). Die Kurzintervention erzielte hier den größeren Effekt, was Vermutungen über die Wirkweise von Medienhelden erlaubt: Die Kurzintervention könnte sich demnach vor allem auf Gedanken und Erkenntnisprozesse auswirken und weniger auf direktes Nachfühlen, wohingegen sich die Langversion stärker auf die emotionale Anteilnahme auswirkt.

Bezogen auf persönliches Wohlbefinden fanden wir, dass Jugendliche der Langintervention Steigerungen im Selbstwertgefühl und der subjektiven Gesundheit erlebten, die noch sechs Monate nach Beendigung des Programms festgestellt werden konnten, d.h. in dieser Gruppe nahmen körperliche Symptome langfristig ab und das Selbstwertgefühl langfristig zu (Schultze-Krumbholz et al. 2014a; Zagorscak et al. im Druck).

Die Analyse der Werte für Offline-Mobbing ergab einen signifikanten Effekt für die Langintervention: Während in der Kontrollgruppe und Kurzintervention ursprünglich Jugendliche, die andere nicht im Schulumfeld mobbten, häufiger zu Mobbenden wurden, traf dies nicht für die Langintervention zu. Sowohl in der Kurz- als auch in der Langintervention ging das Mobbing bei Jugendlichen zurück, die bereits andere sowohl über Kommunikationsmedien als auch offline mobbten. Die Langintervention verhinderte also, dass bislang nicht Mobbende zu Mobbenden wurden und reduzierte gleichzeitig Offline-Mobbing bei denen, die bereits andere mobbten (Chaux et al. 2016).

Die gefundenen und hier präsentierten Ergebnisse deuten darauf hin, dass die Wirksamkeit von Medienhelden mit zunehmender Dauer der Programmanwendung größere Wirkung zeigt (Wölfer et al. 2014). Der Medienhelden-Projekttag scheint dazu geeignet, den status quo zu erhalten und entwicklungsbezogenen Verschlechterungen entgegenzuwirken, während das Medienhelden-Curriculum geeignet scheint, Langzeitverbesserungen zu erzielen. Im Falle von Ressourcenknappheit der jeweiligen Schule empfehlen wir, zumindest den Projekttag durchzuführen, obwohl das Medienhelden-Curriculum idealer ist. In jedem Fall stellt Medienhelden einen wirksamen Ansatz dar, Cybermobbing unter Jugendlichen zu thematisieren und entgegenzuwirken.

Teil II:

Manuale

4 Medienhelden-Curriculum

Überblick über notwendige Vorbereitungen zur Durchführung des Medienhelden-Curriculums

Vorbereitungen, die ggf. längere Zeit in Anspruch nehmen oder z. B. in der Vorwoche als Hausaufgabe für die Schüler aufgegeben werden müssen, sind hervorgehoben.

Module und Modulschritte		Was muss vorbereitet werden?
Modul I Einführung in das Programm		■ *Vor Programmbeginn* als Hausaufgabe aufgeben: Fragebogen V 1.1 ausfüllen
	1. Vorteile und Gefahren neuer Medien	■ V 1.7 für alle SchülerInnen kopieren ■ V 1.8 für alle SchülerInnen kopieren ■ Die Vorlagen V 1.2 bis V 1.6 je einmal ausdrucken (am besten doppelseitig) ■ Ampelkarten ausschneiden ■ DIN-A-3-Plakat mitbringen
Ggf. ist es bereits nach **Modul I** sinnvoll, die Gruppen für **Modul V** zuzuteilen!		
Modul II Was ist Cybermobbing?	2. Eine Definition für Cybermobbing finden	■ Großes Plakatblatt, Klebeband, Stifte mitbringen ■ V 2.1 ausdrucken und bereithalten
	3. Cybermobbing-Erlebnisse einordnen	■ Vorher als Hausaufgabe aufgeben: Aufschreiben eines Cybermobbing-Erlebnisses ■ V 2.4 einmal kopieren und zuschneiden ■ Plakat mit Klassendefinition aus Schritt 2 an der Wand anbringen ■ Stuhlkreis bilden ■ Mit V 2.2 und V 2.3 eine Meinungslinie vorbereiten
Modul III Eine Nachricht – wie schlimm ist das eigentlich?	4. Gefühle in einer Cybermobbing-Situation („Let's Fight it Together" – Teil 1)	■ Den Film „Let's Fight it Together" (der Initiative klicksafe.de) besorgen oder Internetzugang zum Abspielen vorbereiten ■ Abspielgeräte für den Film bereitstellen oder Medienraum buchen ■ Klebestreifen mitbringen ■ V 3.1 bereithalten
	5. Handlungsmöglichkeiten in einer Cybermobbing-Situation („Let's Fight it Together" – Teil 2)	■ Den Film „Let's Fight it Together" (der Initiative klicksafe.de) besorgen oder Internetzugang zum Abspielen vorbereiten ■ Abspielgeräte für den Film bereitstellen oder Medienraum buchen ■ Overhead-Projektor bzw. Beamer bereitstellen ■ V 3.2 ggf. auf Overhead-Folie kopieren

Modul IV Wie wirkt mein Verhalten auf andere?	6. Rollenspiel, Teil 1: Cybermobbing – Wer spielt hier eine Rolle?	■ Beobachten Sie im Vorfeld Ihre SchülerInnen: Welche Rolle spielen sie im „echten Leben"? ■ V 4.1 mindestens einmal kopieren ■ Bei wiederholter Durchführung: V 4.2 / 4.3 mindestens einmal kopieren
	7. Rollenspiel, Teil 2: Cybermobbing – Was ist zu tun?	■ V 4.1 mindestens einmal kopieren ■ Bei wiederholter Durchführung: V 4.2 / 4.3 mindestens einmal kopieren
Modul V Selbstschutzstrategien in der digitalen Welt	8. Grundstrategien des Datenschutzes	■ *Mindestens 3-4 Wochen vorher:* Kleingruppen zuteilen und Vorlagen V 5.1–5.19 vergeben ■ *Mindestens 1 Woche vorher:* Den Zwischenstand der Gruppen einholen
	9. Grundstrategien gegen Cyber-Täter	■ Medienraum reservieren ■ Verfügbarkeit der Präsentationsgeräte (z. B. Beamer) prüfen
Modul VI Rechtlicher Hintergrund	10. „Urheber- und Persönlichkeitsrechte" – Vorbereitungsphase	■ V 6.1 für alle SchülerInnen kopieren ■ V 6.2 einmal kopieren ■ V 6.3 für die Bewerter kopieren
	11. „Urheber- und Persönlichkeitsrechte" – Klassengericht	■ Mit Tischen und Stühlen das „Klassengericht" aufbauen (lassen) ■ Mit V 6.4 und Klebestreifen die Rollen / Plätze vor Gericht kennzeichnen
Modul VII Elternabend	12. Vorbereitung des Elternabends – Organisatorisches	■ *Rechtzeitig vorher* Termin für den Elternabend festlegen und bekanntgeben ■ V 7.1 kopieren
	13. Vorbereitung des Elternabends – Praktisches	■ Bei Bedarf Reservierung des Medienraums
Modul VIII Abschlussreflexion	14. Wissensabfrage	■ V 8.1 für alle SchülerInnen kopieren ■ V 8.2 für alle SchülerInnen kopieren ■ Erwartungshorizont für V 8.1 festlegen
	15. Auswertung des Programms und des Elternabends	■ Großes Plakatblatt, Klebeband, Stifte mitbringen ■ V 1.7 mitbringen, bei Bedarf kopieren

Modul I
Einführung in das Programm

Das erste Modul gibt eine Einführung in das Medienhelden-Curriculum und erfasst das eigentliche Ausmaß der Mediennutzung in der Klasse. Die Erfassung dient auch dazu, Ansatzpunkte zu identifizieren, die besonders thematisiert werden sollten, und Plattformen (z. B. Webseiten, Portale) ausfindig zu machen, die von den SchülerInnen am meisten genutzt werden. Für Sie wird dieses Wissen hilfreich sein, wenn es in den folgenden Modulen darum geht, die Materialien entsprechend der Bedürfnisse der SchülerInnen anzuwenden (z. B. bei der Frage, welche die beliebtesten sozialen Netzwerke oder Apps in der Klasse sind). Die Erfassung der Mediennutzung findet im ersten Schritt statt.

Im darauffolgenden Schritt geht es darum, die SchülerInnen mit der Grundstruktur des Programms und dem Ablauf in den kommenden Modulen des Curriculums vertraut zu machen.

Hauptziele

- Mediennutzung in der Klasse erfassen.
- Vorteile sowie Nachteile und Gefahren neuer Medien herausarbeiten.
- Kennenlernen des Medienhelden-Curriculums.
- Definition von Cybermobbing erarbeiten.

Schritt 1 – Vorteile und Gefahren neuer Medien

Dieser Schritt dient einer ersten Einführung in das Thema. Die SchülerInnen erhalten die Möglichkeit, ihre positiven Nutzungsweisen neuer Medien vorzustellen. Als LehrerIn können Sie sich zugleich einen Überblick über die Art und Weise verschaffen, in der Ihre SchülerInnen neue Medien nutzen. Warum nutzen die SchülerInnen das Internet? Welches sind ihre Lieblingsnetzwerke und warum? Was fasziniert sie an der Cyber-Welt? Doch nicht nur über die Faszination, auch über die Nachteile und Gefahren neuer Medien soll gesprochen werden. So wird ein müheloser Einstieg in das Thema Cybermobbing ermöglicht.

Teilschritte	Methoden	Material	Zeit
Medien und deren Bedeutung für die SchülerInnen	Fragebogen (als HA) Brainstorming im Stuhlkreis Gruppierungen	V 1.1 V 1.2 V 1.3 V 1.4 V 1.5 V 1.6	20 min
Gefahren im Netz	Plakaterstellung in Kleingruppen		15 min
Das Medienhelden-Curriculum		V 1.7	5 min
Reflexionsbogen und Ampelkarten einführen	Blitzlicht	Ampelkarten V 1.8	5 min

Was muss ich vorbereiten?

- Fragebogen V 1.1 für jeden Schüler und jede Schülerin kopieren und eventuell schon einige Tage zuvor zur Vorbereitung auf die Stunde als Hausaufgabe aufgeben.
- Programmüberblick V 1.7 für jeden Schüler und jede Schülerin kopieren.
- Reflexionsbögen V 1.8 für jeden Schüler und jede Schülerin kopieren.
- Die Vorlagen V 1.2 bis V 1.6 je einmal ausdrucken (am besten doppelseitig).
- Ampelkarten ausschneiden.
- DIN-A3-Plakat.

1 Medien und deren Bedeutung für die SchülerInnen

20 min

Bevor in der Klasse über die Mediennutzung der SchülerInnen gesprochen wird, füllt jeder Schüler und jede Schülerin in Stillarbeit den Fragebogen V 1.1 aus. Zur Vorbereitung auf die Stunde können Sie dieses Arbeitsblatt auch eine Woche vor Beginn des Curriculums als Hausaufgabe aufgeben.

Die Vorlagen V 1.2 bis V 1.6 können Ihnen bei der Besprechung des Fragebogens helfen. Je nach Bedarf können Sie die Aussagen der SchülerInnen auch mit den Stichpunkten oder Graphen auf den Vorlagen abgleichen. Die meisten Daten sind der JIM-Studie 2017 (s. folgender Kasten) entnommen und entsprechend gekennzeichnet.

Durch das Sammeln der SchülerInnenerfahrungen und dem anschließenden Abgleich mit Definitionen oder wissenschaftlichen Daten, kann auch der Bezug zum wissenschaftlichen Hintergrund des Medienhelden-Curriculums verdeutlicht werden.

Die JIM-Studie

Seit dem Jahr 1998 befragt der „Medienpädagogischer Forschungsverbund Südwest" (MPFS) jährlich eine größere Zahl an Jugendlichen. Die Abkürzung JIM steht dabei für „Jugend, Internet, (Multi-)Media" und gibt damit den inhaltlichen Rahmen dieser Befragungen vor. Neben einem stets gleichbleibenden Kern bestimmter Fragen werden jedes Jahr zusätzlich verschiedene Schwerpunkte gesetzt. Unsere Arbeitsmaterialien basieren auf der Erhebung des Jahres 2017 (MPFS 2017) und den sog. „Nahaufnahmen" von 2009 (MPFS 2009). Sie können ggf. aktuellere Angaben auf der Internetpräsenz des Medienpädagogischen Forschungsverbandes Südwest finden: www.mpfs.de.

Durch die Besprechung des Fragebogens wird ein Austausch in der Klasse stattfinden, der den SchülerInnen die Möglichkeit gibt, ihre Faszination und Begeisterung für die neuen Medien auszudrücken. Für Sie als LehrerIn kann der Austausch sehr informativ sein. Er zeigt Ihnen, was Ihre SchülerInnen z. B. im Internet machen, welche Seiten hauptsächlich genutzt werden und warum diese Seiten so beliebt sind. Versuchen Sie, die Faszination zu verstehen, und trauen Sie sich nachzufragen, wenn Ihnen beispielsweise die Funktion einer bestimmten Internetseite nicht klar wird.

Bilden Sie zur Besprechung des Fragebogens einen Stuhlkreis. Jeder Schüler und jede Schülerin sollte den ausgefüllten Fragebogen zur Hand haben.

Besprechen des Fragebogens:

1. **Was sind Medien?** Welche Vorstellungen haben die SchülerInnen von dem Begriff „Medien"? Sammeln Sie die Ideen der SchülerInnen in einer Art Brainstorming. Sie können die Vorlage 1.2 zur Hilfe hinzuziehen. Die Aussagen der SchülerInnen können Sie anhand der Vorlage ergänzen. **V 1.2**

2. **Welche Medien nutzt du am liebsten / häufigsten?** Nachdem alle Gedanken zum Medienbegriff ausgetauscht wurden, können Sie auf die Mediennutzung der Jugendlichen eingehen. Welche Medien werden in Ihrer Klasse am häufigsten genutzt? Auch hier ist es wichtig, sich auf die Aussagen Ihrer Klasse zu konzentrieren. Dennoch haben Sie die Möglichkeit, die Mediennutzung Ihrer Klasse mit den Ergebnissen der JIM-Studie 2017 zu vergleichen. Die Rückseite der Vorlage 1.3 zeigt, dass mehr als 90 % der Kinder und Jugendlichen täglich das Smartphone nutzen. Internet und Handy nehmen hier vor dem Hören von Musik und dem Anschauen von Online-Videos Spitzenpositionen ein. Ist das in Ihrer Klasse auch so? **V 1.3**

3. **Wie viele Stunden am Tag nutzt du das Internet?** Vermutlich nutzen Ihre SchülerInnen das Internet jeden Tag. Doch wie viele Stunden verbringen sie tatsächlich mit dem Surfen (z. B. am PC zu Hause, aber auch unterwegs vom Handy oder anderen Geräten)? Zur Beantwortung dieser Frage kann sich Ihre Klasse in einer Reihe aufstellen. Lassen Sie die SchülerInnen eine Ordnung finden, die mit den Polen „weniger als 20 Minuten am Tag" bis „mehr als 5 Stunden am Tag" endet. Eine solche Aufstellung fördert den Austausch der Jugendlichen und bringt Aktivität in die Runde. Wenn Sie aber den Eindruck haben, diese Übung sei für Ihre Klasse nicht geeignet, können Sie das Ergebnis ohne Aufstellung einfach im Plenum besprechen.

4. **Welche Apps nutzt du am häufigsten?** Der Begriff „App" ist die Abkürzung des englischen Wortes „application" (dt.: Anwendung) und fungiert eher als Sammelbegriff für viele verschiedene Zusatzfunktionen, die beispielsweise auf das Smartphone heruntergeladen werden können. So können mit dem Smartphone unterwegs Musik gehört, Filme geschaut, Gedanken geteilt, Bilder aufgenommen und bearbeitet, soziale Netzwerke gepflegt oder Spiele gespielt werden. Welche Apps sind in Ihrer Klasse besonders beliebt und welchen Zwecken dienen sie? Lassen Sie Ihre SchülerInnen reihum ihre drei Lieblingsseiten nennen. In der Mitte des Stuhlkreises könnte ein DIN-A3-Plakat liegen, auf welchem die SchülerInnen jeweils die Seiten ergänzen, die noch nicht genannt wurden. Alternativ können Sie an der Tafel eine Liste führen. Hinter mehrmals genannte

Apps werden Striche gesetzt. So sollte schnell deutlich werden, welche Apps von Ihren SchülerInnen am häufigsten benutzt werden. Egal für welche Methode Sie sich entscheiden, es wird sich ein Bild von den Favoriten in Ihrer Klasse ergeben. Entspricht dieses Bild den Ergebnissen der JIM-Studie (V 1.4)? In unserer schnelllebigen Zeit stehen bei Ihren SchülerInnen vielleicht schon andere Anwendungen im Fokus.

V 1.4

5. **Auf welchen Seiten bist du im Internet am häufigsten unterwegs?** Welche Internetseiten gehören zu den meistgenutzten in Ihrer Klasse? Lassen Sie die genannten Seiten auf dem Plakat ergänzen, das auch die häufigsten Apps enthält. Unter Berücksichtigung des Posters oder des Tafelbildes kann hervorragend auf die nächste Frage übergeleitet werden, um über die Vorteile / Faszinationen / Möglichkeiten der Internetseiten zu sprechen.

6. **Was gefällt dir an der Internetseite besonders gut?** Als Nächstes stellt sich die Frage, was die SchülerInnen an den Seiten besonders gerne mögen, d. h. was eigentlich die Gründe für die Beliebtheit mancher Internetseiten sind. Die Beantwortung dieser Frage können Sie schon bei Frage 5 einbinden, indem Sie neben der Nennung der Lieblingsseite auch angeben lassen, was den SchülerInnen an der Seite gut gefällt. Beispiel: „YouTube ist meine Lieblingsseite, weil ich dort lustige Videos schauen kann." Auf dem Poster könnte man die Seiten mit Spiegelstrichen versehen, die die einzelnen Nutzungsgründe widerspiegeln. Alternativ können Sie (nach Besprechung der Frage 5) die meistgenannten Internetseiten auf Vorteile hin analysieren. Fragen Sie die SchülerInnen hierzu einfach, was auf dem Poster deutlich geworden ist. Möglicherweise zeigt sich dort, dass eine bestimmte soziale Netzwerkseite oder App mit Abstand die beliebteste Internetseite ist. In einem solchen Fall können Sie die genannte Seite, App usw. aufgreifen und nachfragen, was Ihre SchülerInnen an der Seite oder App besonders gerne mögen.

V 1.5

7. **Angenommen, es gäbe vier Typen von Internetnutzern. Welchem würdest du dich zuordnen?** Zur vertieften Bearbeitung und Kategorisierung können Sie noch die letzte Frage besprechen. Zu welchem Typ zählen sich Ihre SchülerInnen? Wozu nutzen sie das Internet hauptsächlich? Je nach Stimmung in der Klasse könnten Sie hier eine Gruppierung in vier Ecken durchführen. Jede Ecke steht dabei für einen übergeordneten Grund der Internetnutzung (eine Kategorie):

- Unterhaltung / Spaß,
- Zeitvertreib / Langeweile / Gewohnheit,
- Kommunikation,
- Informationen / bestimmte Inhalte.

Die SchülerInnen stellen sich in die Ecke, die ihren eigenen Beweggründen, das Internet zu nutzen, am ehesten entspricht. In den Ecken können die SchülerInnen sich dann kurz darüber austauschen, warum sie sich dorthin gestellt haben. Die auf Vorlage 1.5 genannten Beispiele aus der JIM-Studie „Weil ich gerne chatte" und „Und ich lerne neue Leute kennen" zählen beispielsweise zur Kategorie „Kommunikation".

> **Optionale Arbeitsmaterialien**
>
> Sie können auf Wunsch auch noch über die Aspekte und Gründe der Handynutzung mit Ihren SchülerInnen sprechen. Dazu steht Ihnen die Vorlage V 1.9 zur Verfügung.

2 Gefahren im Netz

Nachdem die SchülerInnen nun ausführlich die Gelegenheit hatten, die Vorteile neuer Medien mitzuteilen, kann jetzt übergeleitet werden zu den negativen bzw. gefährlichen Aspekten, wozu auch das Phänomen des Cybermobbings zählt. Am besten teilen Sie die Klasse in Gruppen von 4 bis 5

Abb. 6: Beispiel einer von SchülerInnen erstellten Liste

SchülerInnen ein. Jede Gruppe erhält ein Poster und einen Stift. Die Aufgabenstellung sieht vor, eine Mindmap oder Auflistung (s. Abb. 6, 7 und 8) zu den Gefahren im Internet zu gestalten.
Zu Ihrer Sicherheit können Sie die genannten Ideen mit den Gefahren, die in der JIM-Studie genannt wurden, vergleichen (V 1.6).

Leiten Sie von den Gefahren im Netz zum Thema Cybermobbing über. Was verstehen die SchülerInnen unter Cybermobbing? Kennen sie das Phänomen? Hier geht es jedoch nur um eine erste Thematisierung, eine Definition von Cybermobbing soll hier noch nicht erarbeitet werden. Aber so viel kann schon klar sein: Unter Cybermobbing versteht man allgemein das Beleidigen und Bedrohen Anderer mithilfe moderner Kommunikationsmittel.

Die Ziele dieses Schritts haben Sie nun erreicht. Es wurden sowohl die Vorteile als auch die Nachteile neuer Medien – insbesondere am Beispiel der Internetnutzung – herausgearbeitet. Zum Abschluss ist es jetzt wichtig, den SchülerInnen einen Überblick über die kommenden Module zu geben und die Stundenreflexionen einzuführen.

3 Das Medienhelden-Curriculum

Am Ende dieses Schritts erfahren die SchülerInnen, was sie während der kommenden Wochen bei der Durchführung des Medienhelden-Curriculums erwarten wird. Teilen Sie hierzu das Arbeitsblatt V 1.7 aus. Sie können an dieser Stelle auch über den Titel des Programms sprechen. Fragen Sie ruhig, warum sich ein Programm zur Prävention von Cybermobbing „Medienhelden" nennt. Was hat ein Medienheld mit Cybermobbing zu tun?

Optionale Arbeitsmaterialien

Optional können Sie auch Vorlage V 1.10 zu Ihrer Unterstützung verwenden.

Beispiele für Vorstellungen eines Medienhelden:

- Jemand, der sich heldenhaft für Betroffene von Cybermobbing einsetzt.
- Jemand, der sich super mit dem Internet auskennt und weiß, wie er sich vor Gefahren schützen kann.
- Jemand, der weiß, was Cybermobbing ist.

4 Reflexionsbogen und Ampelkarten einführen

5 min

Jeder Schritt im Medienhelden-Curriculum endet mit einem Abschlussritual, dem sog. Blitzlicht.

Das Blitzlicht gibt die Meinung ALLER SchülerInnen der Klasse zum jeweiligen Schritt wieder. Verwenden Sie hierzu die Ampelkarten. Bitten Sie die SchülerInnen darum, mithilfe dieser Ampelkarten anzuzeigen, wie ihnen die Stunde gefallen hat. Grün steht für „Hat mir gut gefallen", gelb für „Es ging so" und rot für „Es hat mir gar nicht gefallen". Bitte notieren Sie sich die Anzahl der jeweiligen Karten. Gehen Sie auf die Anzahl der Farbkarten ein. Warum gibt es z. B. so viele rote oder grüne Karten? Vielleicht möchte sich auch jemand äußern, der eine Farbe gezeigt hat, die wenig gezeigt wurde?

> Wie hat euch diese Stunde gefallen?
>
> Möchte jemand erklären, warum er gerade diese Kartenfarbe zeigt?

Ampelkarten V 1.8

Die Ampelkarten-Methode wird im Medienhelden-Curriculum öfter eingesetzt. Vor allem wenn sich die Karten auf eine Stimmungsäußerung beziehen (z. B. „Wie geht es euch jetzt?"), sollten Sie zuerst auf die roten Karten eingehen – sofern die SchülerInnen bereit sind, darüber zu sprechen. Wir empfehlen in jedem Fall, auch die SchülerInnen mit gelben und mit grünen Karten zu fragen, ob sie etwas zu der Wahl ihrer Karte sagen möchten. Es ist dabei sehr wichtig, diese Methode gleichbleibend zu verwenden und wirklich alle SchülerInnen der Klasse auf diese Weise mitwirken zu lassen. Nur so haben Sie – im Gegensatz zum Feedback, das Sie von Einzelnen erfragen – eine Rückmeldung der ganzen Klasse, und alle SchülerInnen bekommen vermittelt, dass ihre Meinung von Bedeutung ist und sie an den Gruppenprozessen partizipieren können!

Um den SchülerInnen die Möglichkeit zu geben, die Schritte im Medienhelden-Curriculum zu reflektieren, erhält jeder Schüler und jede Schülerin einen Reflexionsbogen (V 1.8). Nach jeder Stunde sollen die SchülerInnen hierauf notieren, was sie besonders wichtig fanden und was sie für sich mitgenommen haben. Es werden also wichtige Erkenntnisse aus den einzelnen Schritten des Curriculums notiert. Dies können die SchülerInnen zwar direkt nach Beendigung eines Schritts im Medienhelden-Curriculum in der Schule ausfüllen, effektiver ist es aber, wenn sie sich zu Hause 5 bis 10 Minuten Zeit nehmen. Welche Erkenntnisse und Fazits Ihre SchülerInnen ziehen, wird dann jeweils zu Beginn des darauffolgenden Schritts besprochen.

Schritt für Schritt werden so die von den SchülerInnen als zentral erachteten Aspekte gesammelt. Am Ende des Medienhelden-Curriculums wird dann gemeinsam ein Poster erstellt, auf dem die Klasse ihre wichtigsten Erkenntnisse / Schlüsse / Fazits zusammenträgt. Sie können versuchen, die Fazits verschiedener Stunden voneinander abzugrenzen, indem Sie diese mit Nummern versehen, in unterschiedlichen Farben schreiben oder indem Sie das Plakat im Uhrzeigersinn vervollständigen. Insgesamt dient diese Reflexion a) der Verfestigung der Unterrichtsinhalte und b) dem Transfer des Gelernten in die Alltagswelt der Jugendlichen.

Der Reflexionsbogen kann je nach Schritt auch Variationen aufweisen (schauen Sie sich am besten selbst die entsprechende Vorlage 1.8 an). Zusätzlich gibt es in einzelnen Schritten ergänzende oder vorbereitende Hausaufgaben.

Zur Vorbereitung von Schritt 3 sollen die SchülerInnen Erlebnisse aufschreiben, die für sie Cybermobbing-Vorfälle darstellen. Diese sollen sie zu Schritt 3 mitbringen, da diese Erlebnisse dort eine zentrale Rolle spielen werden.

Wenn Sie die nächsten beiden Schritte (Schritte 2 und 3) im Modul II im Rahmen einer 90-minütigen Doppelstunde zusammen durchführen, muss die folgende Hausaufgabe bereits jetzt nach Schritt 1 aufgegeben werden. Ansonsten reicht es aus, diese am Ende von Schritt 2 aufzugeben.

Lesen Sie in diesem Fall mehr zu dieser Hausaufgabe am Ende von Schritt 2 (S. 59).

Übersicht der Vorlagen und Arbeitsblätter für Modul I

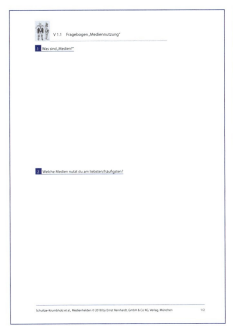
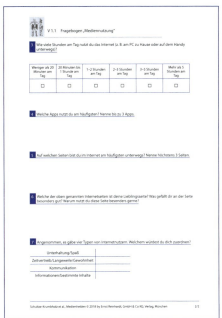

V 1.1 Handout Mediennutzung

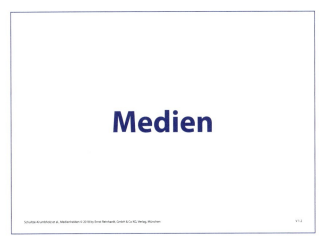

V 1.2 Folie Medien

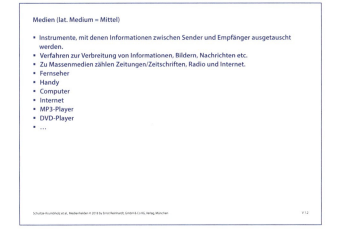

V 1.3 Folie Mediennutzung

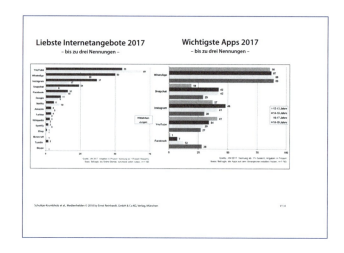

V 1.4 Folie Internetseiten

V 1.5 Folie Wichtigkeit des Internet

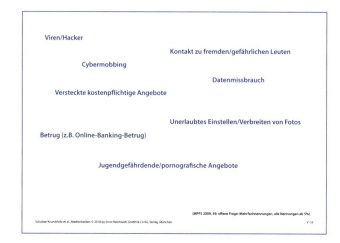

V 1.6 Folie Gefahren im Netz

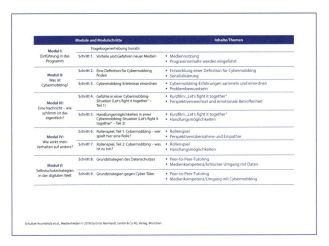
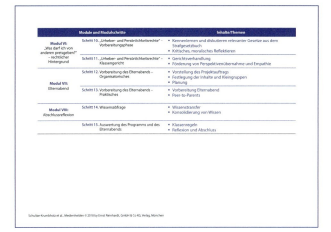

V 1.7 Folie Module

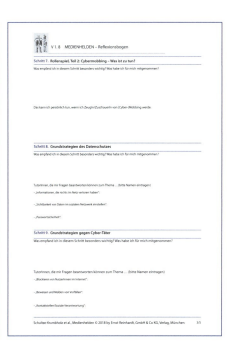
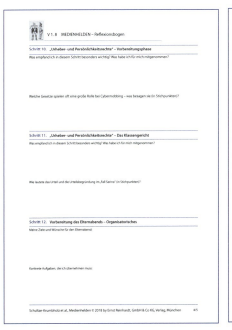

V 1.8 Handout Reflexionsbogen

Übersicht der Vorlagen und Arbeitsblätter für Modul I   **57**

V 1.9 Folie Handy

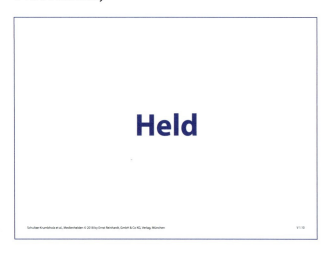
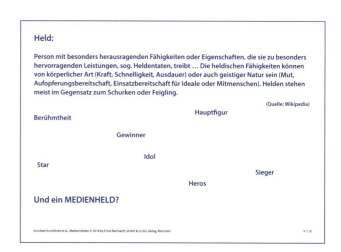

V 1.10 Folie Held

Modul II
Was ist Cybermobbing?

Das zweite Modul bildet einen thematischen Einstieg in das Programm. Dazu ist es notwendig, dass sich alle Teilnehmenden (SchülerInnen und LehrerInnen) darüber einig werden, welche Bedeutung sich hinter dem Begriff „Cybermobbing" verbirgt. Indem wir auf konstituierende Faktoren, Facetten und Abstufungen eingehen, wird eine erste Grundlage für alle folgenden Schritte gelegt. Ein Verständnis des Grundproblems sowie seiner verschärfenden Aspekte, wird den SchülerInnen im weiteren Verlauf des Curriculums dabei helfen, die Perspektive der an Cybermobbing beteiligten Personen einzunehmen und Empathie zu entwickeln. Dieses Verständnis soll in Modul II angelegt werden.

Im ersten Schritt werden die SchülerInnen in Kleingruppen Arbeitsdefinitionen für Cybermobbing entwickeln und im zweiten Schritt anhand dieser Definition eigene Erlebnisse oder Erlebnisse, von denen sie gehört haben, sammeln, einordnen und in der Klasse diskutieren. Ziel des Moduls ist es, die SchülerInnen dafür zu sensibilisieren, welche Bedingungen erfüllt sein müssen, um von Cybermobbing zu sprechen. Im Austausch mit KlassenkameradInnen und der Lehrkraft wird reflektiert, was schwerere von weniger schweren Vorfällen unterscheidet – und dass diese Einschätzung der Schwere von individuellen Perspektiven der Betroffenen abhängen kann.

Hauptziele

- Thematische Einleitung.
- Gemeinsame Definition als Ausgangsbasis festlegen.
- Problembewusstsein herstellen, Sensibilisierung.
- Förderung der Perspektivenübernahme, unterschiedliche Wahrnehmungen diskutieren.
- Verfestigung und Anwendung der Definition von Cybermobbing.

Schritt 2 – Eine Definition für Cybermobbing finden

In diesem Schritt werden sich die SchülerInnen damit befassen, was Cybermobbing überhaupt ist. Die SchülerInnen werden für diesen Problembereich sensibilisiert, und es wird eine gemeinsame Arbeitsdefinition von Cybermobbing aufgestellt, auf der die Arbeit der kommenden Wochen basieren wird. Als Experten für dieses Thema stellen die Jugendlichen die Definition (mit Unterstützung der Lehrkraft) in Kleingruppen selbst auf. Dies fördert die Motivation und die Identifikation mit der Arbeit im Medienhelden-Curriculum. Die Definitionen der Kleingruppen werden im Plenum gesammelt und zu einer gemeinsamen Definition der Klasse zusammengeführt. Somit wird zudem eine gemeinsame Ausgangsbasis geschaffen.

Teilschritte	Methoden	Material	Zeit
Rekapitulation		V 1.8 (Hausaufgabe von letzter Stunde)	5 min
Gruppendefinition finden	Brainstorming in Kleingruppen		10 min
Festlegung einer Definition im Plenum	Mindmap an der Tafel Plenumsdiskussion	Tafel Schlagwortzettel V 2.1 Klebestreifen	20 min
Aufhängen der gemeinsamen Definition	Postererstellung	Plakat Klebestreifen	5 min
Abschlussritual und Hausaufgabe	Blitzlicht	Ampelkarten	5 min

Was muss ich vorbereiten?

- Bringen Sie ein großes Plakatblatt (z. B. einen Flipchartbogen), Klebestreifen und passende Stifte zum Beschriften mit.
- Halten Sie die Schlagwortzettel V 2.1 bereit.

1 Rekapitulation

5 min

Lassen Sie zur kurzen Rekapitulation der vorherigen Stunde eine/n SchülerIn vorlesen, was er/sie in den Reflexionsbogen (V 1.8) eingetragen hat, um damit die wichtigsten Inhalte des letzten Schritts zusammenzufassen. Ergänzen Sie ggf. Aspekte, die Sie zusätzlich für wichtig halten.

Gehen Sie auf Fragen ein, die ggf. zum letzten Schritt aufgekommen sind. Beantworten Sie diese jedoch nur kurz und lassen Sie möglichst zu diesem Zeitpunkt keine Diskussion aufkommen. Denken Sie jedoch daran: Störungen haben Vorrang! Wenn ein Schüler also ein schwerwiegendes Problem mit der letzten Stunde hatte, gehen Sie darauf ein und kürzen Sie notfalls den Inhalt der heutigen Stunde.

2 Gruppendefinition finden

10 min

Teilen Sie die SchülerInnen in 4er-Gruppen ein. Wenn Sie in der Klasse eine festgelegte Vorgehensweise zur Einteilung von Gruppen haben, gehen Sie danach vor. Ansonsten können Sie eine der Methoden aus dem Theorieteil (s. Kap. 2.4, S. 33 f) wählen. Sollte von der Gesamtanzahl der SchülerInnen theoretisch eine kleinere Gruppe übrig bleiben, bilden Sie lieber mehrere 3er-Gruppen, sodass nicht eine Gruppe wie eine „Überbleibsel"-Gruppe wirkt.

In den Kleingruppen sollen sich die SchülerInnen darüber Gedanken machen und diskutieren, welche Aspekte für sie Cybermobbing ausmachen. Dabei ist es nicht notwendig, dass sie eine gemeinsame Definition bis ins kleinste Detail ausformulieren, sondern sie sollen eher gemeinsame Stichpunkte sammeln. Ziel dieses Austausches ist es noch nicht, eine „korrekte", wissenschaftlich fundierte Definition zu finden, die alle relevanten Aspekte abdeckt. Wichtiger ist, dass jeder Gruppenteilnehmer in die Diskussion einbezogen wird und im Anschluss in der Lage ist, die Arbeitsdefinition der Gruppe ins Plenum einzubringen, da aus jeder Gruppe eine zufällig ausgewählte Person die Auffassung der Gruppe darlegen soll.

Jeder Schüler und jede Schülerin aus einer Gruppe sollte prinzipiell die Chance haben, die Gruppenmeinung präsentieren zu können. Hierfür geben Sie erst unmittelbar vor der Plenumsdiskussion ein Auswahlkriterium bekannt. Ein mögliches Kriterium könnte der Geburtstag sein:

- „Diejenige, die als Nächste Geburtstag hat, stellt die Gruppenergebnisse vor."

Diese zufällige Einteilung und die Ungewissheit vor der Gruppenarbeit darüber, wer das Ergebnis vorstellt, stellen sicher, dass sich alle SchülerInnen aktiv beteiligen.

3 Festlegung einer Definition im Plenum

Wählen Sie nach der Kleingruppenarbeit einen Schüler aus, die Definition seiner Gruppe vorzustellen. Schreiben Sie die einzelnen Aspekte der Definition in Form einer Mindmap (s. Abb. 7 und 8) an die Tafel und nutzen Sie diese als Diskussionsgrundlage.

Nun können Sie Vertreter der einzelnen Gruppen befragen, was diese ergänzen oder verändern würden. Auf diese Weise soll eine „wachsende" Klassendefinition entstehen. Währenddessen kommen die SchülerInnen miteinander ins Gespräch, lernen zugleich wesentliche Aspekte des Phänomens „Cybermobbing" kennen und reflektieren diese.

Laut wissenschaftlicher Definition ist Cybermobbing „eine absichtliche aggressive Handlung eines Individuums oder einer Gruppe, unter Verwendung elektronischer Kommunikationsmedien, wiederholt und über die Zeit hinweg, gegen eine Person, die sich nicht wehren kann" (Smith et al. 2008, Übers. d. Verfass.). Diese Definition soll Ihnen als Hintergrundinformation dienen und den SchülerInnen zunächst *nicht* vorgegeben werden.

Hat jede der Gruppen ihre Meinung abgegeben und die Diskussion ebbt ab, so prüfen Sie, ob die SchülerInnendefinition die folgenden wesentlichen Aspekte enthält, die Cybermobbing von anderen Erscheinungen (z. B. Necken, traditionelles Schulmobbing oder andere aggressive Verhaltensweisen) abgrenzt:

> Glaubt ihr, es ist wichtig, ob jemand das absichtlich gemacht hat, um es Cybermobbing zu nennen?
>
> Reicht ein Mal schon aus? In welchen Fällen ist eine einmalige Handlung schon Cybermobbing?
>
> Ist es wichtig, ob der andere weiß, wie er sich verteidigen kann?
>
> Ist es kein Cybermobbing, wenn es von FreundInnen ausgeht? Was ist, wenn man nicht weiß, von wem es kommt?
>
> Ist es nur Cybermobbing, wenn viele andere es sehen können, oder wird jemand auch gemobbt, wenn er jeden Tag zu Hause fiese Nachrichten erhält?

1. **Absicht** (z. B. ob der-/diejenige, der/die mobbt, der/dem Betroffenen auch wirklich schaden wollte).
2. **Wiederholungscharakter** des Cybermobbing (z. B. immer wieder, über die Zeit hinweg).
3. **Machtungleichgewicht** (z. B. eine Person, die sich nicht wehren kann).
4. **Anonymität** (z. B. es ist unklar, wer der-/diejenige ist, der/die mobbt).
5. **Öffentlichkeit** (z. B. wenn ein peinliches Foto für alle im Internet sichtbar ist).

Wenn die SchülerInnen die genannten Aspekte nicht selbst ansprechen, verwenden Sie die Schlagwortzettel (V 2.1), indem Sie diese an die Tafel kleben oder hochhalten und die SchülerInnen fragen, was sie sich darunter vorstellen und ob sie denken, dass der jeweils dargestellte Aspekt für die Definition relevant sein könnte. Als Hilfestellung können Sie auch die Beispielfragen (s. Sprechblase) verwenden. Als Ergebnis sollte eine Definition an der Tafel stehen, die sowohl die wichtigsten Elemente enthält, die sich in der aktuellen Forschung zum Thema herauskristallisiert haben, als auch die Sicht der SchülerInnen repräsentiert. Die Mindmap könnte wie in den Abbildungen 7 und 8 gezeigt aussehen:

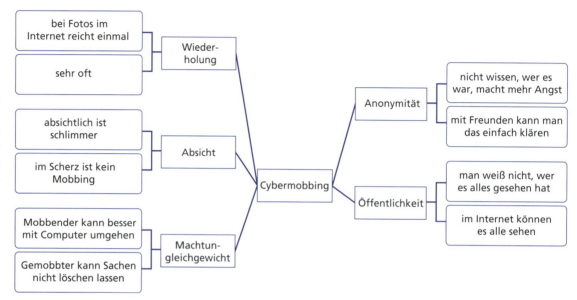

Abb. 7: Beispiel einer Mindmap zur Definition von Cybermobbing. In der Mitte befindet sich der Schlüsselbegriff. Die eckigen Kästen links und rechts enthalten Einzelaspekte mit weiteren Verzweigungen.

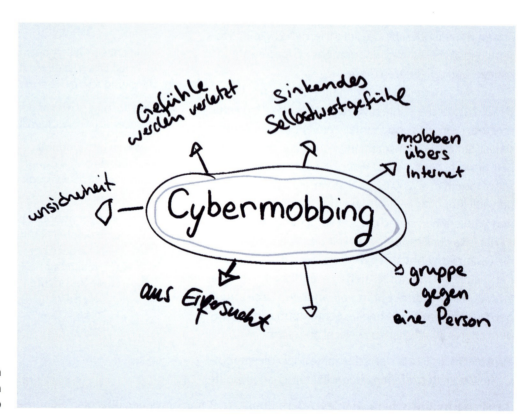

Abb. 8: Beispiel einer von SchülerInnen erstellten Mindmap

4 Aufhängen der gemeinsamen Definition

Ohne eine gemeinsame Sprache und ohne ein gemeinsames Verständnis ist es unmöglich, sich über etwas zu unterhalten – daher ist von zentraler Bedeutung, dass alle in der Klasse ein gemeinsames Verständnis des Begriffs „Cybermobbing" haben. Aus diesem Grund sollte die nun erarbeitete Definition von der Lehrkraft deutlich lesbar auf ein Plakat übertragen werden, welches mindestens während der Durchführung des Medienhelden-Curriculums in der Klasse hängt (idealerweise aber auch nach Durchführung des Curriculums hängen bleibt). Zugleich sollen die SchülerInnen die Definition für ihre eigenen Unterlagen in den Reflexionsbogen (V 1.8) eintragen.

5 Abschlussritual und Hausaufgabe

Dieser Arbeitsschritt entfällt, wenn Sie die beiden Schritte dieses Moduls direkt nacheinander durchführen.

Führen Sie – wie nach jedem Schritt – ein Blitzlicht mit den Ampelkarten durch, um zu erfassen, wie den SchülerInnen dieser Schritt gefallen hat. Dies gibt Ihnen einen Überblick darüber, wie die allgemeine Stimmungslage in der Klasse aussieht. Gehen sie ggf. auf auffällige Konstellationen (z. B. rote Karten, gehäuft gelbe Karten) ein.

Erinnern Sie die SchülerInnen daran, dass sie – wie nach jedem Schritt – die Hausaufgabe haben, die wichtigsten Erkenntnisse der heutigen Stunde in zwei bis drei Sätzen in den Reflexionsbogen (V 1.8) einzutragen.

Wenn Sie die Schritte 2 und 3 in Modul II im Rahmen einer Doppelstunde durchführen, muss die folgende Hausaufgabe bereits nach Schritt 1 aufgegeben werden!

Neben dem Reflexionsbogen erhalten die SchülerInnen dieses Mal zudem die Hausaufgabe, Erlebnisse aufzuschreiben, die für sie Cybermobbing-Vorfälle darstellen. Diese sollen sie zum nächsten Schritt (Schritt 3) mitbringen, da diese Erlebnisse im Schritt 3 eine zentrale Rolle spielen werden.

Regeln hierbei sind:

- Die SchülerInnen sollen die Erfahrungen anonym aufschreiben, also keine Namen nennen.
- Sie können entweder eigene oder Erlebnisse von FreundInnen / Bekannten / Verwandten usw. berichten.
- Es soll nur ganz kurz beschrieben werden (schriftlich), was passiert ist.
- Jeder Schüler und jede Schülerin soll nur eine Episode aufschreiben.

Schritt 3 – Cybermobbing-Erlebnisse einordnen

Im dritten Schritt wird zum einen das Problembewusstsein hinsichtlich der Frage geschärft, was Cybermobbing ist und welche Erlebnisse und Verhaltensweisen nicht als Cybermobbing zu bezeichnen sind. Auch die Einschätzung der Schwere von Vorfällen wird besprochen. Zum anderen wird herausgearbeitet, dass unterschiedliche Personen oder Gruppen eine unterschiedliche Wahrnehmung und Einschätzung haben können. Die SchülerInnen werden für sich eine Unterscheidung zwischen Cybermobbing und Vorfällen, die kein Cybermobbing darstellen, finden. Dies wird besonders bei der Einordnung auf einer Skala sowie in der Diskussion deutlich. Die bereits erarbeitete Definition von Cybermobbing wird angewendet und verfestigt.

Über einen ersten Erfahrungsaustausch werden die SchülerInnen bereits in dieser Stunde daran arbeiten, sich in die Lage anderer zu versetzen, da Perspektivenübernahme als Voraussetzung gilt, um moralisches Handeln (z. B. sich nicht über andere lustig machen) und prosoziales Verhalten (z. B. anderen zu helfen) zu ermöglichen (Gutzwiller-Helfenfinger 2008). Die Bereitschaft zur Perspektivenübernahme, gekoppelt mit Mitgefühl, ist notwendig, um Cybermobbing zu verhindern.

Teilschritte	Methoden	Material	Zeit
Rekapitulation		V 1.8 (Hausaufgabe von letzter Stunde)	5 min
Erfahrungen einordnen	Meinungslinie	Stuhlkreis Kreppklebeband, V 2.2 und V 2.3 V 2.4	15–20 min
Wirkung diskutieren	Gruppendiskussion	Stuhlkreis	15–20 min
Abschlussritual und Hausaufgabe	Blitzlicht	Ampelkarten	5 min

Was muss ich vorbereiten?

- Nach Schritt 2 (ggf. nach Schritt 1, wenn Schritt 2 und 3 in einer Doppelstunde durchgeführt werden) Aufschreiben eines Cybermobbing-Erlebnisses als Hausaufgabe aufgeben.
- V 2.4 einmal kopieren und zuschneiden.
- Plakat mit Klassendefinition aus Schritt 2 an der Wand anbringen.
- Stuhlkreis bilden.
- Mit Kreppklebeband, V 2.2 und V 2.3 eine Meinungslinie auf den Boden um Stuhlkreis kleben (die beiden Enden bilden jeweils die Vorlagenblätter, eine Linie aus Klebeband bildet die Verbindung).

1 Rekapitulation

Dieser Arbeitsschritt entfällt, wenn Sie die beiden Schritte dieses Moduls direkt nacheinander durchführen.

Lassen Sie zur kurzen Rekapitulation der vorherigen Stunde eine / n SchülerIn vorlesen, was er / sie in den Reflexionsbogen (V 1.8) eingetragen hat, um damit die wichtigsten Inhalte des letzten Schritts zusammenzufassen. Ergänzen Sie ggf. Aspekte, die Sie zusätzlich für wichtig halten.

Gehen Sie auf Fragen ein, die ggf. zum letzten Schritt aufgekommen sind. Beantworten Sie diese jedoch nur kurz und lassen Sie möglichst zu diesem Zeitpunkt keine Diskussion aufkommen. Denken Sie jedoch daran: Störungen haben Vorrang! Wenn ein Schüler also ein schwerwiegendes Problem mit der letzten Stunde hatte, gehen Sie darauf ein und kürzen Sie notfalls den Inhalt der heutigen Stunde.

2 Erfahrungen einordnen

Sammeln Sie die zusammengefalteten Zettel mit den Cybermobbing-Erlebnissen ein (s. Hausaufgabe im letzten Schritt). Die Zettel werden gut gemischt. Anschließend zieht jede Person einen Zettel. Sie können auch die vorgefertigten Beispiele (Vorlage V 2.4) mit untermischen. Dies ist besonders wichtig, wenn sich zeigt, dass nicht viele SchülerInnen mit Erlebnissen aufwarten können oder viele SchülerInnen vergessen haben, die Hausaufgabe zu machen.

15–20 min

V 2.2
V 2.3
V 2.4

Vorschlag

Die SchülerInnen nehmen Sie, als Lehrkraft, stärker als Teil der Gruppe wahr, wenn auch Sie am Stuhlkreis mit teilnehmen. Hierdurch wird das Machtgefälle verringert und das Vertrauensverhältnis gefördert. Fügen Sie ein vorgefertigtes Beispiel bei, wenn Sie auch an der Runde mit teilnehmen möchten oder schreiben Sie selbst ein Erlebnis auf. Wenn Sie sich unsicher fühlen, können Sie – statt aus den gesammelten Erlebnissen zu ziehen – eines der vorgefertigten Beispiele für sich beiseite legen und im Stuhlkreis verwenden.

Anschließend liest reihum jeder Schüler und jede Schülerin das Erlebnis auf seinem gezogenen Zettel vor und gibt an, wo er/sie es auf der Linie zwischen „Kein Cybermobbing" und „Schweres Cybermobbing" einordnen würde und warum (s. Abb. 9). Dort legt er/sie den Zettel dann hin. Fragen Sie die übrigen SchülerInnen, ob sie die Zuordnung ähnlich vorgenommen hätten.

> Sehen die anderen das genauso oder würdet ihr es anders einordnen?
>
> Warum sollte es dort (oder woanders) liegen?

Was den SchülerInnen hierbei auffallen könnte ist, dass nicht jeder die Zuordnung genauso sieht und es – je nach Perspektive – Unterschiede in der Wahrnehmung gibt.

Bei diesem Bearbeitungsschritt ist es wichtig, nicht nur einige der Beispiele zu bearbeiten, sondern möglichst alle SchülerInnen einzubeziehen und somit zu Wort kommen zu lassen. Dies stellt sicher, dass auch die weniger dominanten SchülerInnen der Klasse ihre Meinung sagen und einbezogen werden.

Abb. 9: Beispiel für die Durchführung der Meinungslinie

Beispielhafte Einordnungen einiger Beispiele

Inhalt	Einordnung
„Ein Freund plaudert auf seiner Pinnwand im sozialen Netzwerk Geheimnisse von mir aus, die ich ihm anvertraut habe."	Eher schwer, da Vertrauensmissbrauch.
„Zwei Mitschülerinnen von mir kommentieren alle meine Fotos online mit ‚Hässlich'".	Niedrig bis mittel (abfällig, eher provozierend).
„Meine Klasse richtet eine Gruppe im sozialen Netzwerk ein, um auch nach der Schule immer alle Neuigkeiten austauschen zu können. Ich bin als Einziger nicht eingeladen!"	Niedrig (viele verschiedene Gründe möglich, z. B. vergessen).
„Ein anonymer Nutzer schreibt auf meine Pinnwand im sozialen Netzwerk: ‚Ich hasse dich!'"	Mittel bis schwer (anonym und öffentlich).
„Eine Mitschülerin hat online ein Fotoalbum eröffnet, welches lauter peinliche Fotos von mir enthält."	Eher schwer, da keine Einflussmöglichkeiten und öffentlich.
„Ein Mitschüler hat eine Gruppe im sozialen Netzwerk eröffnet, die nach mir benannt ist. Da er mich nicht in die Gruppe eingeladen hat, weiß ich nicht, um was es dort geht."	Mittel bis schwer, da gezielt gegen eine Person gerichtet, aber Inhalt unklar.
„Mitschülerinnen von mir schreiben regelmäßig Beleidigungen auf meine Pinnwand im sozialen Netzwerk."	Schwer, da wiederholt und öffentlich, außerdem Bezug zur Schule.
„Jemand hat auf der letzten Party ein richtig peinliches Video von mir gedreht und es öffentlich hochgeladen."	Eher schwer, da keine Einflussmöglichkeiten und öffentlich.
„Ein Mitschüler hat unser Klassenfoto ins soziale Netzwerk gestellt und mich in einem Bildbearbeitungsprogramm vorher übermalt."	Niedrig, solange nicht deutlich wird, wer übermalt wurde (z. B. durch böse Kommentare mit namentlicher Erwähnung).
„Jemand hat ein Bild von mir in einem Bildbearbeitungsprogramm verunstaltet und dann im sozialen Netzwerk hochgeladen."	Schwer, da an Verleumdung grenzend.
„Jedesmal, wenn ich im sozialen Netzwerk eine Statusnachricht wie z. B. ‚Ich bin traurig' poste, schreibt einer meiner Mitschüler: ‚Mir doch egal!'"	Niedrig bis mittel, da keine direkte Beleidigung, aber durchaus herabwürdigend.
„Ich bin neu im sozialen Netzwerk und alle meine Klassenkameraden lehnen meine Freundschaftsanfragen ab."	Mittel, da es die Betroffenen ausschließt.
„Meine Freundinnen lästern auf ihrer Pinnwand im sozialen Netzwerk über mich."	Mittel bis schwer, da Vertrauen gebrochen und öffentlich.
„Keiner meiner Mitschüler reagiert auf meine Nachrichten."	Leicht bis gar nicht, da Intention fraglich.
„Ein Mitschüler stellt ein heimlich geschossenes Foto von mir beim Duschen nach dem Sportunterricht in ein Fotoalbum im sozialen Netzwerk."	Schwer, da Verletzung der Privatsphäre.

3 Wirkung diskutieren

Wenn jeder Schüler einmal an der Reihe war und die Erlebnisse eingeordnet sind, suchen Sie einige Erlebnisse aus der Mitte und von den Enden der Meinungslinie heraus und bitten Sie die SchülerInnen, darüber zu diskutieren, wie es den jeweils Betroffenen wohl in der Situation ging und wie die SchülerInnen sich selbst in so einer Situation fühlen würden. Wenn ein vertrauensvolles Klima in der Klasse gegeben ist, kann thematisiert werden, ob die SchülerInnen selbst schon einmal in einer ähnlichen Situation waren und wie sie sich dabei tatsächlich gefühlt haben. Nehmen Sie lieber einige wenige Beispiele, die intensiv diskutiert werden, damit deutlich wird, dass die Erlebnisse unterschiedlich wahrgenommen werden und den einen mehr, den anderen weniger verletzen können. Zudem ist es sinnvoll, mit einigen leichten Beispielen zu beginnen und mit den schwerwiegenden Beispielen zu enden. Abschließend können die Jugendlichen noch einmal die Gesamtheit reflektieren und so beispielsweise leichte Fälle im Vergleich relativieren oder realistischer betrachten.

Möglicherweise kommt die Diskussion, v. a. bei den leichten Vorfällen, an den Punkt, dass sich die SchülerInnen fragen: Ab wann ist etwas überhaupt Cybermobbing? Diese Frage ist schwierig zu beantworten, denn natürlich haben Menschen Präferenzen, was den Umgang mit Personen angeht, und natürlich muss nicht jeder mit jedem befreundet sein oder regelmäßigen Kontakt haben. Es gibt jedoch Grenzen und es geht darum, anderen Menschen gegenüber respektvoll zu sein und sich Gedanken darüber zu machen, ob die eigenen Handlungen einen anderen verletzen könnten. Mit diesem Bewusstsein sollen SchülerInnen dann stärker darauf achten, wie sie sich anderen gegenüber verhalten und was sie sagen. Jemandem deutlich zu machen, dass man mit ihm nicht befreundet sein möchte, geht auch auf höfliche und einfühlsame Weise!

Bitte verzichten Sie nicht auf die Methode des Stuhlkreises, da diese die Diskussion besonders gut anregt und ebenso aufgrund der hohen Zugewandtheit die Gruppendynamik und den Klassenzusammenhalt fördert.

15–20 min

Vorschlag

Sollten Sie etwas mehr Zeit für die Bearbeitung des Programms haben, können Sie diesen Schritt sehr gerne mehrmals durchführen. Jeweils eine volle Unterrichtsstunde könnte dann Erlebnisse aus der Perspektive einer mobbenden und eine aus der Perspektive einer gemobbten Person enthalten. In diesem Fall können Sie sich für die einzelnen Teilschritte mehr Zeit nehmen und mehr mit den SchülerInnen diskutieren.

Anstatt die gesammelten Erlebnisse lediglich zur Meinungslinie dazuzulegen, ist es auch möglich, sich die SchülerInnen selbst an der Meinungslinie aufstellen zu lassen, je nachdem, wo sie das Erlebnis einordnen würden. Dies macht die Einordnung noch anschaulicher und bringt etwas Aktivität in die Klasse. Besteht jedoch die Gefahr, dass in Ihrer Klasse dabei Unruhe und Chaos entsteht und der Inhalt in den Hintergrund rückt, verzichten Sie lieber auf diese Abwandlung der Übung.

4 Abschlussritual und Hausaufgabe

Führen Sie – wie nach jedem Schritt – ein Blitzlicht mit den Ampelkarten durch, um zu erfassen, wie den SchülerInnen dieser Schritt gefallen hat. Dies gibt Ihnen einen Überblick darüber, wie die allgemeine Stimmungslage in der Klasse aussieht. Gehen sie ggf. auf auffällige Konstellationen (z. B. rote Karten, gehäuft gelbe Karten) ein.

Erinnern Sie die SchülerInnen daran, dass sie – wie nach jedem Schritt – die Hausaufgabe haben, die wichtigsten Erkenntnisse der heutigen Stunde(n) in zwei bis drei Sätzen in den Reflexionsbogen (V 1.8) einzutragen.

5 min

Übersicht der Vorlagen und Arbeitsblätter für Modul II

V 1.8 Handout Reflexionsbogen (5 Seiten)

V 2.1 Folie Merkmale Cybermobbing

Kein Cybermobbing

Schweres Cybermobbing

V 2.2 Folie Kein Cybermobbing

V 2.3 Folie Schweres Cybermobbing

Ein Freund plaudert auf seiner Pinnwand im sozialen Netzwerk Geheimnisse von mir aus, die ich ihm anvertraut habe.

Zwei Mitschülerinnen von mir kommentieren alle meine Fotos online mit „Hässlich".

Meine Klasse richtet eine Gruppe im sozialen Netzwerk ein, um auch nach der Schule immer alle Neuigkeiten austauschen zu können. Ich bin als Einziger nicht eingeladen!

Ein anonymer Nutzer schreibt auf meine Pinnwand im sozialen Netzwerk: „Ich hasse dich!"

Ein Mitschüler hat eine Gruppe im sozialen Netzwerk eröffnet, die nach mir benannt ist. Da er mich nicht in die Gruppe eingeladen hat, weiß ich nicht, um was es dort geht.

Eine Mitschülerin hat online ein Fotoalbum eröffnet, welches lauter peinliche Fotos von mir enthält.

Mitschülerinnen von mir schreiben regelmäßig Beleidigungen auf meine Pinnwand im sozialen Netzwerk.

Jemand hat auf der letzten Party ein richtig peinliches Video von mir gedreht und es öffentlich hochgeladen.

Ein Mitschüler hat unser Klassenfoto ins soziale Netzwerk gestellt und mich in einem Bildbearbeitungsprogramm vorher übermalt.

Jemand hat ein Bild von mir in einem Bildbearbeitungsprogramm verunstaltet und dann im sozialen Netzwerk hochgeladen.

Jedes Mal wenn ich im sozialen Netzwerk eine Statusnachricht wie z.B. „Ich bin traurig" poste, schreibt einer meiner Mitschüler: „Mir doch egal!"

Ich bin neu im sozialen Netzwerk und alle meine Klassenkameraden lehnen meine Freundschaftsanfragen ab.

Meine Freundinnen lästern auf ihrer Pinnwand im sozialen Netzwerk über mich.

Keiner meiner Mitschüler reagiert auf meine Nachrichten.

Ein Mitschüler stellt ein heimlich geschossenes Foto von mir beim Duschen nach dem Sportunterricht in ein Fotoalbum im sozialen Netzwerk.

Ich vertraue meiner besten Freundin mein Passwort an. Wenige Tage später schickt sie von meiner E-Mail-Adresse Liebesmails an unseren Mathelehrer.

Im Chat tauschen ein Freund und ich aus Spaß wüste Beschimpfungen aus. Die meisten anderen Chat-Nutzer sind genervt.

Mitten in der Nacht ruft mich immer jemand mit unterdrückter Nummer auf dem Handy an. Wenn ich rangehe, höre ich nur fieses Kichern.

Ein Mitschüler überredet mich, ihm im Instant Messenger Geheimnisse zu erzählen. Am nächsten Tag erfahre ich, dass die ganze Clique dabei war und mitgelesen hat.

Einige meiner Mitschüler setzen eine Website ins Netz, die ekelhafte Gerüchte über mich und schlimme Beleidigungen enthält.

Mehrere Freundinnen sind bei mir zu Besuch. Während ich kurz weg bin, schreiben sie einigen Leuten aus meiner Kontaktliste üble Beleidigungen.

Einige Jungs machen mit einem Bildbearbeitungsprogramm meinen Kopf auf den Körper einer nackten Frau. Sie schicken mir das bearbeitete Foto per WhatsApp.

Mein Ex-Freund bzw. meine Ex-Freundin gibt private Fotos von mir, die ich ihm bzw. ihr in unserer Beziehung anvertraut habe, an andere weiter.

Per Textnachricht droht mir eine Mitschülerin, mich in der Schule zusammenzuschlagen.

Übersicht der Vorlagen und Arbeitsblätter für Modul II

In einem Internetforum von unserer Klasse steht, dass ich kiffe. Obwohl es nicht stimmt, bekomme ich deswegen großen Ärger mit meinen Eltern.	In einem Internetforum meldet mich ein Mitschüler bei einer Moderatorin. Ich werde gesperrt, obwohl ich nichts gemacht habe.	Ein gefälschtes/bearbeitetes Foto, das mich blutend und schwer verletzt zeigt, wird mir anonym zugeschickt, um mir Angst zu machen.
Eine Mitschülerin behauptet, ich würde sie im Internet belästigen, und legt unserem Lehrer gefälschte Nachrichten als Beweis vor.	Eine Schülerin hat peinliche Fotos von mir und droht, sie zu veröffentlichen, wenn ich ihr kein Geld gebe.	Auf einer Seite im Internet, wo das Aussehen bewertet wird, klicken alle Nutzer bei mir auf „hässlich".
Als ich in einem sozialen Netzwerk schreibe, dass meine Englischarbeit schlecht gelaufen ist, rät mir ein Mitschüler, ich solle mich einfach umbringen. Mehrere Mitschüler klicken auf „Gefällt mir".	Mein Profil im sozialen Netzwerk wurde von jemandem total verändert – ich weiß aber nicht von wem.	Unter mein Lieblingsfoto im sozialen Netzwerk hat ein Mitschüler einen Kommentar geschrieben: „Was für eine fette Sau."
Obwohl ich es nicht möchte, schreibt mir eine Mitschülerin immer wieder, dass sie mit mir zusammen sein will. Als ich sie im sozialen Netzwerk sperre, schreibt sie mir stattdessen private Textnachrichten.	Meine Freunde chatten nicht mehr mit mir, weil ich mich weigere, einem bestimmten sozialen Netzwerk beizutreten.	

V 2.4 Vorlage Erfahrungen einordnen

Modul III
Eine Nachricht – wie schlimm ist das eigentlich?

Oft ist SchülerInnen nicht bewusst, wie fatal die Auswirkungen von Cybermobbing sind. Es fällt ihnen schwer, sich in die Gefühlslage der Betroffenen hineinzuversetzen. Während Cybermobbing auf der Seite der Ausführenden oft als Spaß empfunden und zur Erhöhung des eigenen sozialen Status genutzt wird, hat der oder die Empfangende nicht selten mit negativen Folgen zu kämpfen.

Im Modul III werden den SchülerInnen die Gefahren und Folgen von Cybermobbing bewusst. Sie werden selbst erkennen, dass die Folgen von Cybermobbing schwerwiegend sein können. In den folgenden Schritten wird ein Film („Let's fight it together", Childnet International 2007; auch verfügbar unter www.klicksafe.de) zum Thema verwendet und v. a. in Bezug auf die Gefühle und Handlungsmotivationen der DarstellerInnen hin analysiert und besprochen. Die SchülerInnen werden angeleitet, sich in die Perspektive der Beteiligten zu versetzen. Zur Förderung von Verantwortungsübernahme und Handlungskompetenz wird herausgearbeitet, was die einzelnen DarstellerInnen tun könnten. Den SchülerInnen soll hierbei bewusst werden, dass ein Problem nicht einfach auf die Hauptakteure (Betroffene, Ausübende) abgeschoben werden kann.

Hauptziele

- Problembewusstsein schaffen.
- Übernahme von Rollen; unterschiedliche Rollen im Mobbingprozess unterscheiden können.
- Förderung von Perspektivenübernahme und Empathie.
- Förderung von Verantwortungsübernahme und Handlungskompetenz.

Die folgenden beiden Schritte eignen sich besonders zur gemeinsamen Durchführung als Doppelstunde (90 min). Sollten Sie keine Doppelstunde zur Verfügung haben, behandeln Sie die Inhalte trotzdem möglichst in einem Zeitrahmen von zwei (getrennten) Unterrichtsstunden und kürzen Sie sie nicht auf eine Unterrichtsstunde.

Schritt 4 – Gefühle in einer Cybermobbing-Situation („Let's fight it together" – Teil 1)

Im folgenden Schritt werden sich die SchülerInnen anhand eines Filmes mit den Gefahren und Folgen von Cybermobbing auseinandersetzen. Mithilfe eines Identifikationskreises (s. Janssen 2008) werden die SchülerInnen angeleitet, sich in die verschiedenen DarstellerInnen hineinzuversetzen. Durch diese Rollen- bzw. Perspektivenübernahme sollen die SchülerInnen selbst erkennen, wie schlimm die Folgen von Cybermobbing für die Betroffenen sein können. In diesem ersten Schritt zum Film geht es dabei primär um die emotionale Komponente.

Teilschritte	Methoden	Material	Zeit
Rekapitulation		V 1.8 (Hausaufgabe von letzter Stunde)	5 min
Film ansehen	Film	Abspielgeräte/Internetzugang	5 min
Eigenes Befinden	Blitzlicht	Ampelkarten	5 min
Die Darsteller	Identifikationskreis	V 3.1 Klebestreifen	25 min
Abschlussritual und Hausaufgabe	Blitzlicht	Ampelkarten	5 min

Was muss ich vorbereiten?

- Den Film „Let's fight it together" (der Initiative *klicksafe*) schon im Voraus besorgen oder Internetzugang zum Abspielen des Films von der *klicksafe*-Website vorbereiten.
- Abspielgeräte für den Film bereitstellen oder Medienraum buchen.
- Klebestreifen.
- Vorlage 3.1 bereithalten.

Anmerkung: Der Film „Let's fight it together" der Initiative *klicksafe* liegt dem Medienhelden-Manual aus rechtlichen Gründen nicht bei. Sie können ihn über die Website der Initiativen *Childnet International* (www.childnet.com), *klicksafe* (www.klicksafe.de/lets-fight-it-together), digizen.org oder auch YouTube beziehen. Wenn Sie den Film in der Klasse direkt aus dem Internet abspielen wollen, benötigen Sie neben einer Internetverbindung einen Computer und einen Beamer. Sie sollten vorab testen, ob der Film auch problemlos läuft, da es bei hoher Qualität und langsamer Internetverbindung zu Problemen kommen könnte.

Auf klicksafe.de und childnet.com finden Sie zudem Zusatzmaterialien zum Film sowie – bislang allerdings nur in englischer Sprache – weitere Unterrichtsmaterialien. Wenn Sie möchten, können Sie diese gern zusätzlich verwenden, lassen Sie jedoch *nicht* im Gegenzug dafür Teile vom Medienhelden-Curriculum aus, da sonst die Wirksamkeit des Programms gefährdet wäre.

Was ist klicksafe?

Die von der EU geförderte Initiative *klicksafe* (www.klicksafe.de) hat zur Aufgabe, Internetnutzern die kompetente und kritische Nutzung von Internet und neuen Medien zu vermitteln und ein Bewusstsein für die Chancen und Gefahren dieser Angebote zu schaffen. *klicksafe* arbeitet auf europäischer wie auf nationaler Ebene eng mit den unterschiedlichsten Netzwerkpartnern zusammen. In einer breit angelegten Kooperation mit Institutionen und Projekten wird die Aufklärung und Sensibilisierung der Bevölkerung in die Praxis umgesetzt. Konkret entwickelt *klicksafe* hierfür Konzepte und inhaltliche Materialien u. a. für PädagogInnen, LehrerInnen und Eltern sowie für Kinder und Jugendliche. Weiterhin gehören dazu Multiplikatorenfortbildungen für Schule und Elternarbeit, Unterrichtsmaterialien zu spezifischen Fragestellungen (wie z. B. Cybermobbing), Info-Flyer und die *klicksafe*-Website (www.klicksafe.de), die über verschiedene Themen und aktuelle Entwicklungen rund um das Thema Internet informiert. In einer öffentlichen Kampagne, wie dem jährlich stattfindenden Safer Internet Day, soll bei der Bevölkerung ein Bewusstsein über die Relevanz der Vermittlung von Internetkompetenz geschaffen werden.

Die Website *klicksafe* wird gemeinsam von der Landeszentrale für Medien und Kommunikation (LMK) Rheinland-Pfalz (Koordination) und der Landesanstalt für Medien Nordrhein-Westfalen (LfM) umgesetzt. *klicksafe* ist Teil des Verbundes der deutschen Partner im Safer Internet Programme der Europäischen Union. Diesem gehören neben *klicksafe* die Internet-Hotlines www.internet-beschwerdestelle.de (durchgeführt von eco und FSM) und www.jugendschutz.net sowie das Kinder- und Jugendtelefon von „Nummer gegen Kummer" (Helpline) an.

1 Rekapitulation

5 min

Lassen Sie zur kurzen Rekapitulation der vorherigen Stunde eine/n SchülerIn vorlesen, was er/sie in den Reflexionsbogen (V 1.8) eingetragen hat, um damit die wichtigsten Inhalte des letzten Schritts zusammenzufassen. Ergänzen Sie ggf. Aspekte, die Sie zusätzlich für wichtig halten.

Gehen Sie auf Fragen ein, die ggf. zum letzten Schritt aufgekommen sind. Beantworten Sie diese jedoch nur kurz und lassen Sie möglichst zu diesem Zeitpunkt keine Diskussion aufkommen. Denken Sie jedoch daran: Störungen haben Vorrang! Wenn eine Schülerin also ein schwerwiegendes Problem mit der letzten Stunde hatte, gehen Sie darauf ein und kürzen Sie notfalls den Inhalt der heutigen Stunde.

2 Film ansehen

Der Film „Let's fight it together" (auf Deutsch: „Lasst es uns zusammen bekämpfen") wird gezeigt. Der 7-minütige Film wurde 2007 von Childnet International in Großbritannien mit SchülerInnen gedreht. Anschaulich zeigt er den Ablauf und die Folgen von Cybermobbing. Der Film hat im Jahr 2008 eine Bronzemedaille in der Bildungskategorie des International Visual Communication Association Awards (IVCA) gewonnen und war ebenfalls Finalist des New York Film Festivals.

Damit die SchülerInnen den Film auf sich wirken lassen können, bekommen sie zunächst keinen Arbeitsauftrag. Der Film wird in dieser Stunde nur bis zur 5. Minute gezeigt. Bitte denken Sie daran, den Film dann zu stoppen. Der letzte Filmteil (5.00–6.30 min) wird am Ende des folgenden Schritts gezeigt (Schritt 5).

> **Vorschlag**
>
> Alternativ zum Film „Let's fight it together" können Sie auch den ebenfalls von Childnet produzierten Film „Gone too far" (Childnet 2016) verwenden. Dieser Film ist mit deutschen Untertiteln verfügbar und kann hier heruntergeladen werden: www.klicksafe.de/gone-too-far. Er richtet sich an ältere Jugendliche und thematisiert zusätzlich homophobes Mobbing. Bei den Übungen dieser Sitzungen ist dann zu beachten, dass jeweils der Name des Betroffenen geändert wird (in den Materialien „Joe", im alternativen Film „Jason"). Bitte beachten Sie zudem, dass dieser alternative Film ohne Auflösung endet. Sie können ihn also bereits beim ersten Ansehen bis zum Ende zeigen. Dafür entfällt im nächsten Schritt das Zeigen des Filmendes.

3 Eigenes Befinden

Nachdem der Film geschaut wurde, zeigen die SchülerInnen mithilfe der Ampelkarten an, wie es ihnen selbst jetzt geht. So müssen sie mit negativen Gefühlen nicht allein bleiben. Grün steht dabei für „Ich fühle mich gut", gelb für „Mittel, ich weiß es nicht genau" und rot für „Ich fühle mich nicht gut". Falls sich die Ampelkarten-Methode in Ihrer Klasse allerdings keiner großen Beliebtheit erfreut, können Sie auch alternativ vorgehen. Beispielsweise mit einer einfachen Daumenanzeige: Daumen nach oben für „Ich fühle mich gut", Daumen zur Seite für „Mittel, ich weiß es nicht genau" und Daumen nach unten für „Ich fühle mich nicht gut". Besser wäre es jedoch, die Ampelkarten-Methode einzuführen und konsequent und wiederholt einzusetzen.

Fragen Sie zunächst, ob sich jemand äußern möchte, der eine rote Karte gezeigt hat. Wenn Sie das Gefühl haben, dass jeder das Bedürfnis hat, sich zu äußern, können Sie auch reihum ein bis zwei Sätze sagen lassen. Jeder Schüler und jede Schülerin kann dabei so weit gehen, wie er möchte.

Wenn sich jemand besonders kurz äußert, Sie aber das Gefühl haben, er oder sie möchte noch etwas sagen, dann haken Sie ruhig noch einmal nach. Sie wissen am besten, wie weit Sie bei einzelnen SchülerInnen gehen können.

> **Beispiel**
>
> Markus: „Der Film hat mich traurig gemacht."
> LehrerIn: „Warum hat der Film dich traurig gestimmt?"
> Markus: „Ich kenne so etwas aus eigener Erfahrung."
> LehrerIn: „Möchtest du uns mitteilen, was für eine Erfahrung du gemacht hast?"

4 Die DarstellerInnen

Anhand eines Identifikationskreises schlüpfen die SchülerInnen in dieser Übung in die Perspektive der DarstellerInnen und überlegen, wie diese sich fühlen, was sie sich wünschen und wie sie handeln könnten. In einem Identifikationskreis stehen bestimmte Stühle für bestimmte Personen. Sobald sich eine Person auf einen der Stühle setzt, muss er / sie in die Perspektive dieser Figur(en) schlüpfen.

Ablauf

1. **Aufstellen des Identifikationskreises:** Gemeinsam mit der Klasse werden in diesem Schritt zunächst 4 Stühle aufgestellt (s. Abb. 10), vor denen ein Halbkreis gebildet wird. Halten Sie Klebestreifen und die Vorlage 3.1 (Namensschilder für die Beschriftung der Stühle) bereit. Die Stühle können Sie im Zuge der Beantwortung der Frage, welche Personen in dem Film vorkamen, aufstellen lassen. Ein Stuhl steht für Joe, einer für die MitschülerInnen, einer für die Eltern und einer für die LehrerInnen. Die Namensschilder können Sie z. B. an die Stuhllehnen kleben. Die Beschriftungen „Leh-

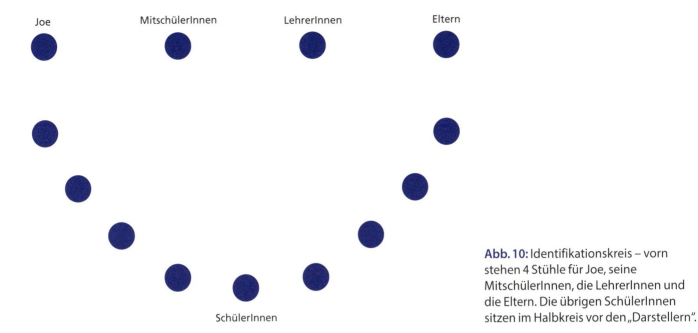

Abb. 10: Identifikationskreis – vorn stehen 4 Stühle für Joe, seine MitschülerInnen, die LehrerInnen und die Eltern. Die übrigen SchülerInnen sitzen im Halbkreis vor den „Darstellern".

rerInnen" und „Eltern" wurden bewusst anstelle von „die Lehrerin" oder „die Mutter" verwendet, damit sich sowohl Mädchen als auch Jungen mit den „Stühlen" – resp. jeweiligen Rollen – identifizieren können. Zusätzlich können sich die SchülerInnen so z. B. auf dem Stuhl der LehrerInnen auch zu den Gedanken anderer LehrerInnen äußern, die im Film keine Rolle gespielt haben.

2. **Regeln erklären:** Alle SchülerInnen setzen sich in den Halbkreis. Erklären Sie den SchülerInnen, dass sie während der Übung die Sichtweise der Person einnehmen, auf deren Stuhl sie sich setzen. Sie sollen versuchen, sich so gut wie möglich mit den DarstellerInnen zu identifizieren und daher auch aus deren Perspektive sprechen. Folgende Regeln müssen bei der Übung beachtet werden:

   – Die Stühle werden im fliegenden Wechsel besetzt und verlassen.
   – Es muss immer ein Stuhl besetzt sein – d. h. eine Schülerin darf ihren Stuhl erst verlassen, wenn sie abgelöst wird (abgelöst wird sie auch, indem sich ein Mitschüler auf einen anderen der 4 Stühle setzt).
   – Es dürfen niemals mehrere Stühle gleichzeitig besetzt sein.
   – Die SchülerInnen verwenden stets Ich-Botschaften: „Ich fühle mich klein und verlassen" oder „Ich mache mir große Sorgen um meinen Sohn".
   – Kurze Rückfragen aus dem Plenum sind erlaubt, müssen aber nicht sein.

3. **Gefühle und Motive:** Mit dem Identifikationskreis werden sowohl die Gefühle der DarstellerInnen als auch deren Gründe für ihr Verhalten bearbeitet. Stellen Sie hierfür den SchülerInnen auf den entsprechenden Stühlen u. a. folgende Fragen:

   – „Wie fühlst du dich?"

   an Joe:

   – „Wieso kannst du dich aus der Situation nicht befreien?", „Was glaubst du, warum du gemobbt worden bist?"

   an MitschülerInnen – je nachdem, auf welche MitschülerInnen sich die Schülerin auf dem Stuhl bezieht:

   – „Warum filmt ihr denjenigen, der gemobbt wird? Was habt ihr davon?" (SchülerInnen, die andere mobben, bzw. „Täter")
   – „Warum verbündet ihr euch mit dem-/derjenigen, der/die andere mobbt? Was bringt euch das?" („Assistierende")

Schritt 4 – Gefühle in einer Cybermobbing-Situation („Let's fight it together" – Teil 1)

- „Warum findet ihr die Situation gut und unterstützt sie? Welche Rolle habt ihr in der Klasse?" („Verstärkende")
- „Warum unternehmt ihr nichts?" („Außenstehende")

und abschließend an die ganze Klasse:

- „Wer oder welche dieser Verhaltensweisen sind am schädlichsten für Joe?"
- „Findet ihr die Gründe für ein solches Verhalten überzeugend?"

Achtung: Da die SchülerInnen im Identifikationskreis allein vor der Klasse sitzen, könnten diese Fragen durchaus als unangenehm oder hemmend empfunden werden. Je nachdem, wie die Klasse reagiert, sollten Sie notfalls dazu übergehen, diese Fragen verallgemeinert lieber im Plenum zu diskutieren.

Achten Sie darauf, dass alle DarstellerInnen mit einbezogen werden und es nicht nur um Joe geht. In dieser Übung soll bereits deutlich werden, dass Mobbing nicht die Sache Einzelner ist, sondern dass sich hierin der Zustand eines sozialen Systems spiegelt, in dem der Missbrauch sozialer Macht überhaupt erst möglich wird.

Beispiele für Gefühle der unterschiedlichen Personen

- Eltern: Ich mache mir große Sorgen um meinen Sohn.
- Eltern: Ich bin enttäuscht, mein Sohn scheint mir etwas zu verheimlichen.
- MitschülerIn: Mir tut Joe leid. („Außenstehender")
- MitschülerIn: Mir geht's super, ich find's total witzig, Joe zu ärgern. („Ausübender", „Assistent", „Verstärker")
- LehrerIn: Ich fühle mich schuldig, weil ich nicht eingegriffen habe.
- LehrerIn: Ich bin sauer auf meine SchülerInnen, die Joe mobben.
- Joe: Ich fühle mich klein und verlassen, am liebsten wäre ich nicht mehr hier.

Bevor Sie die Stunde nach dieser Übung beenden, verweisen Sie darauf, dass es im nächsten Schritt (Schritt 5) um Handlungsmöglichkeiten der verschiedenen Personen geht, damit diese Stunde nicht abrupt zu Ende geht und bei den SchülerInnen nicht das Gefühl entsteht, dass ihnen der Abschluss fehlt.

5 Abschlussritual und Hausaufgabe

5 min

Dieser Arbeitsschritt entfällt, wenn Sie direkt im Anschluss einen weiteren Medienhelden-Schritt durchführen.

Führen Sie – wie nach jedem Schritt – ein Blitzlicht mit den Ampelkarten durch, um zu erfassen, wie den SchülerInnen dieser Schritt gefallen hat. Dies gibt Ihnen einen Überblick darüber, wie die allgemeine Stimmungslage in der Klasse aussieht. Gehen sie ggf. auf auffällige Konstellationen (z. B. rote Karten, gehäuft gelbe Karten) ein.

Erinnern Sie die SchülerInnen daran, dass sie – wie nach jedem Schritt – die Hausaufgabe haben, die wichtigsten Erkenntnisse der heutigen Stunde(n) in zwei bis drei Sätzen in den Reflexionsbogen (V 1.8) einzutragen.

Schritt 5 – Handlungsmöglichkeiten in einer Cybermobbing-Situation („Let's fight it together" – Teil 2)

Im vorangegangenen Schritt wurden die Gefühle und Motive der einzelnen Akteure thematisiert. Im Folgenden geht es nun darum, v. a. die Handlungskompetenz der SchülerInnen zu fördern. Sie arbeiten heraus, was die einzelnen Darsteller tun könnten. Den SchülerInnen wird dabei bewusst gemacht, dass ein Problem nicht einfach auf die Hauptakteure (Betroffene, Ausübende) abgeschoben werden kann. Es werden verschiedene Handlungsmöglichkeiten erarbeitet, die die Situation für den betroffenen Hauptdarsteller im Film verbessern. Hierbei wird den SchülerInnen bewusst gemacht, dass es verschiedene Personen gibt, die in ein Cybermobbing-Szenario eingreifen könnten. Das stellt für die SchülerInnen eine wichtige Erkenntnis dar, die ihnen hilft, sich im konkreten Mobbingfall Hilfe und Unterstützung zu suchen. Denn Mobbing funktioniert nur, wenn das soziale System es zulässt.

Teilschritte	Methoden	Material	Zeit
Rekapitulation		V 1.8 (Hausaufgabe von letzter Stunde)	5 min
Zusammenfassung des Films	Kurze Zusammenfassung		5 min
Wer kann sich wie verhalten?	Kleingruppenarbeit		15 min
Auswertung der Kleingruppenarbeit	Foliensammlung im Plenum	V 3.2 Overheadprojektor / Beamer	10 min
Ende des Films anschauen	Film	Abspielgeräte / Internetzugang	5 min
Abschlussritual und Hausaufgabe	Blitzlicht	Ampelkarten	5 min

Was muss ich vorbereiten?

- Den Film „Let's fight it together" (der Initiative *klicksafe*) ab der 5. Minute bereithalten.
- Abspielgeräte für den Film bereitstellen oder Medienraum buchen.
- Vorlage 3.2 auf eine Folie kopieren.
- Overheadprojektor / Beamer.

1 Rekapitulation

Dieser Arbeitsschritt entfällt, wenn Sie die beiden Schritte dieses Moduls direkt nacheinander durchführen.

Lassen Sie zur kurzen Rekapitulation der vorherigen Stunde eine / n SchülerIn vorlesen, was er / sie in den Reflexionsbogen (V 1.8) eingetragen hat, um damit die wichtigsten Inhalte des letzten Schritts zusammenzufassen. Ergänzen Sie ggf. Aspekte, die Sie zusätzlich für wichtig halten.

Gehen Sie auf Fragen ein, die ggf. zum letzten Schritt aufgekommen sind. Beantworten Sie diese jedoch nur kurz und lassen Sie möglichst zu diesem Zeitpunkt keine Diskussion aufkommen. Denken Sie jedoch daran: Störungen haben Vorrang! Wenn ein Schüler also ein schwerwiegendes Problem mit der letzten Stunde hatte, gehen Sie darauf ein und kürzen Sie notfalls den Inhalt der heutigen Stunde.

2 Zusammenfassung des Films

5 min

Zur Auffrischung des Filminhalts, sollte der Film – am besten durch die SchülerInnen – kurz zusammengefasst werden. Um auf die zu bildenden Kleingruppen vorzubereiten (Teilschritt 3), können Sie die SchülerInnen anschließend bitten, noch einmal die Rollen zu identifizieren.

3 Wer kann sich wie verhalten?

15 min

Bilden Sie Kleingruppen für die einzelnen Darsteller im Film, also jeweils eine Gruppe für Joe, die MitschülerInnen, die LehrerInnen und die Eltern. Auch in dieser Übung schlüpfen die SchülerInnen wieder in die Perspektive der Darsteller und überlegen dieses Mal, was sie sich in der Cybermobbing-Situation wünschen würden und wie sie handeln könnten. Die Kleingruppen sollen dies zunächst innerhalb der Gruppen sammeln. Die Aufgabenstellung lautet wie folgt:

„Was wünsche ich mir?" und „Was kann ich dafür tun, damit mein Wunsch in Erfüllung geht?"

Hierbei geht es um Wünsche und Handlungsmöglichkeiten der Beteiligten. Durch die Zugehörigkeit zu einer bestimmten Kleingruppe übernehmen die SchülerInnen dieses Mal nur eine Perspektive und überlegen sich, wie dieser spezifische Beteiligte handeln könnte.

Sollten Ihnen in Ihrer Klasse SchülerInnen bekannt sein, die gemobbt werden oder andere mobben (Cybermobbing oder Mobbing), bietet sich folgende Zuteilung zu den Gruppen an: SchülerInnen, die andere mobben, können entweder der Kleingruppe für Joe, für die LehrerInnen oder die Eltern zugeteilt werden. Dies fördert die Perspektivenübernahme und das Mitgefühl mit den Betroffenen bzw. ermöglicht konstruktive Mitarbeit bei der Ausarbeitung von Präventionsstrategien. Möglicherweise müssen SchülerInnen, die andere mobben, jedoch in der Joe-Gruppe erst einmal über den Punkt hinwegkommen, dem- oder derjenigen, der/die gemobbt wird/wurde, selbst die Schuld zuzuschreiben. Dies gelingt, wenn neben den SchülerInnen, die mobben, auch unbeteiligte Personen dieser Gruppe angehören. Zudem sollen sich die SchülerInnen ernsthaft damit auseinandersetzen, was sie sich in dieser Situation wünschen würden.

SchülerInnen, die Opfer von Mobbing waren bzw. sind, sollten möglichst nicht der Joe-Gruppe, sondern einer der anderen drei Gruppen zugewiesen werden, um nicht „re-viktimisiert" zu werden. In den anderen Gruppen können sie aktiv und konstruktiv Vorschläge einbringen, wie sich Außenstehende fühlen und verhalten können.

4 Auswertung der Kleingruppenarbeit

10 min

V 3.2

Gemeinsam im Plenum werden nun die Ergebnisse für die Wünsche besprochen und im Anschluss die Handlungsmöglichkeiten auf einer Folie zusammengefasst (V 3.2). Sammeln Sie gemeinsam mit den SchülerInnen die Möglichkeiten für die einzelnen Personengruppen.

Ziel dieser Übung ist es, den SchülerInnen bewusst zu machen, dass es neben SchülerInnen, die andere mobben und SchülerInnen, die gemobbt werden auch noch andere Rollen gibt, die zum Problem, aber auch zur Lösung des Problems beitragen können. Der Ablauf, sich in der ersten Stunde mit den Emotionen und in der zweiten Stunde mit Handlungsmöglichkeiten zu befassen, ist sowohl aus theoretischen als auch aus praktischen Gründen so vorgesehen. Theoretisch entwickeln sich aus Gefühlen Wünsche und aus Wünschen Handlungsintentionen (Gefühle → Wünsche → Handlungsintentionen). Praktisch wird es den SchülerInnen vermutlich leichter fallen, über Wünsche und Handlungsmöglichkeiten nachzudenken, wenn sie die Gefühle der Darsteller bereits ausgiebig exploriert haben.

Achten Sie darauf, dass alle Darsteller mit einbezogen werden und es nicht nur um Joe geht. In dieser Übung soll bereits deutlich werden, dass Mobbing nicht die Sache Einzelner ist, sondern dass sich hierin der Zustand eines sozialen Systems spiegelt, in dem der Missbrauch sozialer Macht überhaupt erst möglich wird.

Beispiele für Teil 2 – „Was wünsche ich mir?" und „Was kann ich tun, damit mein Wunsch in Erfüllung geht?"

- Eltern: Ich wünschte, Joe würde mir sagen, was los ist → Ich sollte ihn fragen.
- Eltern: Ich möchte, dass die MitschülerInnen bestraft werden → Ich sollte die Klassenlehrerin einschalten.
- MitschülerIn: Ich würde Joe gern helfen → Am besten gehe ich zur Lehrerin.
- MitschülerIn: Ich würde Joe gern trösten → Vielleicht gehe ich hin und sage ihm, dass ich ihn mag.
- Joe: Ich wünschte, meine Mitschüler würden mir helfen → Vielleicht sollte ich sie ansprechen.

Beispiele für Handlungsmöglichkeiten

Joe	MitschülerInnen
■ FreundInnen um Hilfe bitten. ■ VertrauenslehrerIn hinzuziehen. ■ Sich an Handyanbieter wenden. ■ …	■ Den anderen SchülerInnen mitteilen, dass das Verhalten nicht richtig ist. ■ LehrerIn hinzuziehen. ■ …

LehrerIn	Eltern
■ Gespräch mit der Klasse führen. ■ Gespräch mit Joe und Hauptverantwortlichem.	■ Joe fragen, was los ist. ■ Sicherheitseinstellungen im Internet gemeinsam mit Joe verändern.

5 Ende des Films anschauen

Am Schluss des Schritts wird der letzte Teil des Filmes angeschaut (5.00–6.30 min), in welchem die tatsächlichen Handlungen der Darsteller sichtbar werden. Besprechen Sie das Ende des Filmes kurz im Plenum. Falls die Handlungen der Darsteller noch nicht auf der Folie (V 3.2) stehen, fügen Sie diese hinzu.

5 min

6 Abschlussritual und Hausaufgabe

Führen Sie – wie nach jedem Schritt – ein Blitzlicht mit den Ampelkarten durch, um zu erfassen, wie den SchülerInnen dieser Schritt gefallen hat. Dies gibt Ihnen einen Überblick darüber, wie die allgemeine Stimmungslage in der Klasse aussieht. Gehen sie ggf. auf auffällige Konstellationen (z. B. rote Karten, gehäuft gelbe Karten) ein.

Erinnern Sie die SchülerInnen daran, dass sie – wie nach jedem Schritt – die Hausaufgabe haben, die wichtigsten Erkenntnisse der heutigen Stunde(n) in zwei bis drei Sätzen in den Reflexionsbogen (V 1.8) einzutragen.

5 min

Übersicht der Vorlagen und Arbeitsblätter für Modul III

V 1.8 Handout Reflexionsbogen (5 Seiten)

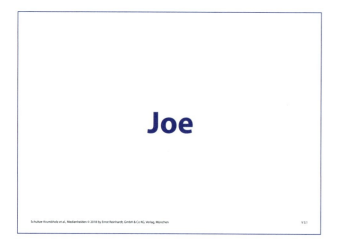

V 3.1 Folie Filmdarsteller

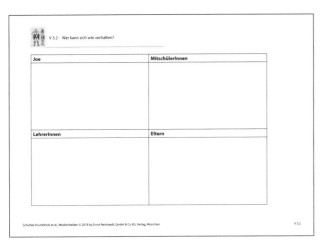

V 3.2 Folie Wer kann sich wie verhalten?

Modul IV
Wie wirkt mein Verhalten auf andere?

Mobbing findet nicht zwischen zwei Personen – dem Täter und dem Opfer – statt. Oft ist es ein ganzes System von Personen, das zur Aufrechterhaltung von Mobbingsituationen beiträgt. Auch wenn die Begriffe „Täter" und „Opfer" bestenfalls zu vermeiden sind, verwenden wir hier und an anderer Stelle diese Begriffe, da damit Rollenbezeichnungen in der wissenschaftlichen Literatur (z. B. im Rahmen einer Theorie) oder im Rollenspiel gemeint sind. Gegenüber SchülerInnen ist es aus unserer Sicht aber besser, nicht von Tätern und Opfern usw. zu sprechen, sondern das Verhalten zu beschreiben: „SchülerInnen, die andere mobben" und „SchülerInnen, die gemobbt wurden", um Stigmatisierungen zu vermeiden. Wie bereits im Theorieteil (s. Kap. 1) dargestellt, werden für Mobbingsituationen verschiedene Rollen postuliert: der Täter, der häufig Macht auf andere ausüben möchte, die Verstärker, die zusehen und den Täter durch Lachen / Zurufen ermutigen, die Assistenten, die das Opfer auch mal festhalten oder sich im Internet an fiese Nachrichten anschließen, sowie Außenstehende, die die Szene beobachten und die dem Opfer potenziell als Verteidiger zur Seite stehen könnten.

Besonders die Letztgenannten spielen bei der Prävention von Cybermobbing eine besondere Rolle. Mobbingkonstellationen sind häufig eingeschliffen: Die Täter sehen keinen Grund und die Opfer keine Möglichkeit, den Situationen zu entkommen. Die Außenstehenden oder Zuschauer hingegen hätten am ehesten die Möglichkeit einzugreifen – sie sind oft auch nicht einverstanden mit dem Mobbing. Es fehlt aber in vielen Fällen an Verantwortungsgefühl oder Handlungskompetenzen, sodass „weggeschaut" wird.

Rollenspiele eignen sich hervorragend dazu, solche Konfliktkonstellationen nachzuempfinden, alternative Handlungsmöglichkeiten zu erarbeiten und zu erproben. Speziell für den Mobbingkontext wurden Rollenspiele entwickelt, die besonders auf die beteiligten Rollen (sog. „Participant Roles" oder soziale Rollen) eingehen (z. B. Scheithauer / Walcher / Warncke / Klapprott / Bull 2018). Sie steigern die Wahrnehmung und Empfindung für Situationen und andere Rollen und fördern Empathie und Perspektivenübernahme. Die SchülerInnen können in einer Rolle Gefühle, Gedanken und Stimmungen stellvertretend erleben, gleichzeitig wird erkannt, dass sich Situationen entscheidend verändern, je nachdem welche Gruppendynamik vorliegt. Ziel ist es, anschließend besser verstehen zu können, wie andere sich in ähnlichen Situationen fühlen (z. B. wie sich Betroffene in einer solchen Situation fühlen, aber auch welche Motive mobbende SchülerInnen vorantreiben) und wie man die teilweise festgefahrenen Situationen aufbrechen könnte.

Hauptziele

- Förderung von Perspektivenübernahme und Empathie.
- Bewusstsein für unterschiedliche Wahrnehmungen und Empfindungen fördern.
- Unterstützer für Betroffene gewinnen: Mobbing funktioniert nur, wenn das soziale System es zulässt.
- Förderung von Verantwortungsübernahme und Handlungskompetenz.
- Entwickeln von Handlungsmöglichkeiten für Cybermobbing-Situationen.
- Vorspielen und Besprechen der Handlungsmöglichkeiten.
- Selbstwertgefühl und Vertrauen in die Gruppe steigern.

Schritt 6 –
Rollenspiel, Teil 1: Cybermobbing – Wer spielt hier eine Rolle?

In diesem Schritt steht die Perspektivenübernahme im Vordergrund. Die SchülerInnen sollen in verschiedene Rollen Beteiligter an Cybermobbing-Situationen schlüpfen. Ihnen soll bewusst werden, dass Mobbing nicht die Sache Einzelner ist, sondern dass ein ganzes System von Personen zur Aufrechterhaltung einer solchen Situation beiträgt. In Rollenspielen wird die Ausgangssituation bildlich dargestellt. Die Rollen, die für eine Mobbingsituation typisch sind, werden erkundet und die SchülerInnen trainieren ihre Ausdrucksfähigkeit. Sie sollen erkennen, dass Mimik und Gestik wichtige Bestandteile sind, die auch den Zuschauern helfen, die Situation richtig zu interpretieren. Mithilfe des Rollenspiels sollen die verschiedenen Perspektiven dann exploriert und erfahrbar gemacht werden. Die SchülerInnen schlüpfen in eine Rolle und erleben die damit verbundenen Gefühle, Motive, Gedanken und Stimmungen. Sie versetzen sich in die Perspektive einer anderen Person.

Teilschritte	Methoden	Material	Zeit
Rekapitulation		V 1.8 (Hausaufgabe von letzter Stunde)	5 min
Welche Rollen gibt es?	Rollenspiel	V 4.1	25 min
Auswertung des Rollenspiels	Klassengespräch		10 min
Abschlussritual und Hausaufgabe	Blitzlicht	Ampelkarten	5 min

Die beiden Schritte dieses Moduls sind auf je 45 min angelegt.

Führen Sie zum ersten Mal derartige Rollenspiele durch oder sind die SchülerInnen Ihrer Klasse noch jünger, empfehlen wir Ihnen unbedingt für jeden der vorgegebenen Teilschritte die doppelte Zeit anzusetzen und insgesamt je Schritt 90 min einzuplanen.

Was muss ich vorbereiten?

- Beobachten Sie im Vorfeld Ihre SchülerInnen: Welche Rolle spielen sie im „echten Leben"?
- Vorlage 4.1 mindestens einmal kopieren.
- Bei wiederholter Durchführung: Vorlagen 4.2 und / oder 4.3 mindestens einmal kopieren.

1 Rekapitulation

Lassen Sie zur kurzen Rekapitulation der vorherigen Stunde eine / n SchülerIn vorlesen, was er / sie in den Reflexionsbogen (V 1.8) eingetragen hat, um damit die wichtigsten Inhalte des letzten Schritts zusammenzufassen. Ergänzen Sie ggf. Aspekte, die Sie zusätzlich für wichtig halten.

Gehen Sie auf Fragen ein, die ggf. zum letzten Schritt aufgekommen sind. Beantworten Sie diese jedoch nur kurz und lassen Sie möglichst zu diesem Zeitpunkt keine Diskussion aufkommen. Denken Sie jedoch daran: Störungen haben Vorrang! Wenn eine Schülerin also ein schwerwiegendes Problem mit der letzten Stunde hatte, gehen Sie darauf ein und kürzen Sie notfalls den Inhalt der heutigen Stunde.

2 Welche Rollen gibt es?

Anstatt den SchülerInnen die Rollen für die Ausgangssituationen direkt mitzuteilen und damit offenzulegen, welche Rollen in einer Mobbingsituation von Bedeutung sind, schaffen Sie eine Situation, die den SchülerInnen dazu verhilft, die verschiedenen Rollen selbst zu entdecken. Die SchülerInnen arbeiten mit ihrer Körperhaltung (schlaff, dynamisch, stark, erhobener Gang, gesenkte Haltung), Mimik (Zusammenziehen der Augenbrauen, gespitzte Lippen), Gestik (Verschränken der Arme) und dem Abstand der Personen zueinander (z. B. Zurückweichen), auch spontan entwickelte Dialoge kommen zur Anwendung.

Ablauf

25 min

Ampelkarten V 4.1

1. **Angemessene Umgebung herstellen**: Es hat sich als hinderlich erwiesen, wenn SchülerInnen (z. B. durch Fenster auf den Schulhof) von anderen SchülerInnen beobachtet werden können. Achten Sie auf einen geschützten Rahmen und ausreichend Platz, damit das Rollenspiel sich entwickeln kann.

2. **Einführung in das Rollenspiel:** Erklären Sie den SchülerInnen, dass gleich durch alle SchülerInnen gemeinsam eine Situation dargestellt wird, bei der jeder Schauspieler zunächst nur weiß, welche Rolle er selbst spielt, und dass es das Ziel ist, dass jeder im Laufe des darstellenden Spiels erkennt, welche Rolle der jeweils andere hat.

3. **Für Sicherheit sorgen:** Erklären Sie den SchülerInnen, dass jeder, der als Schauspieler teilnimmt, seine rote Ampelkarte (z. B. in der Hosentasche) mitnehmen kann. Wird die Ampelkarte gezogen, wird das Rollenspiel sofort unterbrochen. Verzichten Sie nicht auf diese Maßnahme. Sie ist von großer Bedeutung, falls die dargestellte Rollenspielsituation einzelne SchülerInnen überfordert oder starke Assoziationen mit eigenen Erfahrungen mit Mobbing weckt.

4. **Rollen verteilen:** Geben Sie die ausgeschnittenen Rollenkarten von Vorlage 4.1 aus. Sie enthalten genaue Beschreibungen davon, wie sich einzelne Rollen („Täter", „Opfer", „Assistenten" usw.) in der Situation zu verhalten haben. **Achten Sie darauf, dass die Bezeichnung der Rolle am Rand der Beschreibungen nicht mehr zu sehen ist**, da diese von den SchülerInnen selbst erarbeitet wird. Besonders wichtig ist, dass SchülerInnen mit Erfahrungen, selbst von anderen gemobbt worden zu sein oder gemobbt zu werden, nicht erneut in die „Opferrolle" kommen. Steuern Sie vor diesem Hintergrund die Vergabe der Rollenkarten und vergeben Sie die „aktiven" Rollenkarten zuerst. Alle anderen SchülerInnen erhalten die Rollenkarte „Außenstehender", die das Sitzenbleiben und Zuschauen im Klassenraum beinhaltet. Sie werden automatisch zum Publikum der sich gleich abspielenden Szene. Führen Sie das Rollenspiel zum wiederholten Mal durch, könnten Sie auch die „paradoxe" Rollenzuteilung ausprobieren, d. h., dass SchülerInnen in eine Rolle schlüpfen, die ihrer tatsächlichen Rolle (die Sie dann natürlich kennen sollten) entgegengesetzt ist. „Opfer" schlüpfen also in die „Verteidigerrolle", „Assistenten" werden zu „Verteidigern" usw. Zu beachten ist, dass „Täter" nicht in eine „Opferrolle" zu versetzen sind – besser wären andere Rollen, wie „potenzielle Verteidiger" oder „Außenstehende" – und eine Zuordnung von SchülerInnen mit Mobbingerfahrung sehr sensibel zu erfolgen hat.

5. **Vorbereitung der Schauspieler**: Die teilnehmenden SchülerInnen lesen ihre Rollenbeschreibung. Achten Sie darauf, dass SchülerInnen sich nicht über ihre Rollen austauschen und jeder nur seine eigene Rollenkarte kennt. Ziel ist, dass sich gleich „auf der Bühne" aufgrund der Rollenbeschreibung die Rollen gegenseitig erkennen und sich die Situation daraufhin dynamisch entwickelt.

6. **Vergabe von Künstlernamen:** Fordern Sie die aktiven Rollen (die Rollenkarten enthalten ein „A" in der unteren rechten Ecke) dazu auf, nach vorn zu kommen und sich einen „Künstlernamen" zu überlegen. Dies hilft dabei, die Distanz zur Rolle zu wahren und im Anschluss besser über die Rolle

sprechen zu können, ohne die spielende Person dabei anzutasten. Es muss sich dabei um Namen handeln, die in der Klasse nicht vertreten sind.

7. **Aufstellen der Schauspieler:** Positionieren Sie die aktiven Rollen, wie Sie es für sinnvoll halten, damit sich das Rollenspiel gut entwickeln kann: Täter und Assistenten könnten in einer Ecke des Raumes zusammen stehen, Verstärker eher in der Nähe der Außenstehenden, das Opfer kann z. B. vor den Raum treten und erst mit Beginn des Rollenspiels den Klassenraum betreten.

8. **Instruktion des Publikums:** Formulieren Sie die Anweisung an die „Außenstehenden", sich über folgende Punkte Gedanken zu machen:

    a. Welche Situation wird hier dargestellt? Was passiert genau?
    b. Welche Gründe haben die Rollen, sich so zu verhalten und nicht anders?
    c. Was denken und fühlen die einzelnen Rollen?

9. **Regieanweisungen**: Erklären Sie, dass das Rollenspiel auf Ihr Kommando beginnen wird und dass es mit der Regieanweisung „Freeze" von Ihnen eingefroren werden kann. Dann müssen alle Schauspieler genau dort einhalten, wo sie sich befinden.

10. **Situationsbeschreibung**: Stellen Sie nun einen gemeinsamen Kontext her, indem Sie die Situationsbeschreibung auf Vorlage 4.1 laut vorlesen. Eröffnen Sie das Rollenspiel z. B. mit der Regieanweisung „Action!".

11. **Rollenspiel und Freeze:** Lassen Sie das Rollenspiel laufen, bis sich besonders interessante Situationen ergeben. Frieren Sie dann das Rollenspiel ein. Fragen Sie nach den Gefühlen und Gedanken einzelner Rollen. Achten Sie darauf, die Rollen stets mit dem Künstlernamen anzusprechen, den Schüler aber mit seinem eigenen Namen. Beispiel: „Thomas (SchülerInnenname), wie fühlt es sich an, in Karl-Ottos (KünstlerInnenname) Haut zu stecken? Was denkt er sich gerade?" Lassen Sie das Rollenspiel dann wieder mit „Action" weiterlaufen und frieren es dann ggf. erneut ein. Sie können das Rollenspiel nach dem Einfrieren aber auch wieder von vorn beginnen und an einer anderen Stelle einfrieren.

12. **Abschluss des Rollenspiels:** Zeichnet sich das Ende des Rollenspiels (z. B. eine zunehmende Eskalation) ab oder geht die Zeit zur Neige, frieren Sie ein letztes Mal ein, stellen ggf. nochmals Fragen an die Darsteller und beenden dann das Rollenspiel.

3 Auswertung des Rollenspiels

10 min

Gehen Sie nun dazu über, gemeinsam mit den Außenstehenden die bereits unter Punkt 8 (s. oben) formulierten Fragen zu besprechen.

   a. Welche Situation wird hier dargestellt? Was passiert genau?
   b. Welche Gründe haben die Rollen, sich so zu verhalten und nicht anders?
   c. Was denken und fühlen die einzelnen Rollen?

Halten Sie sich an die Fragenreihenfolge und lassen Sie bei der Besprechung keine der Fragen aus. Ergänzen Sie zum Schluss die zwei zentralen Fragen:

   a. Welche Rolle haben die einzelnen Schauspieler gespielt?
   b. Welche Rolle haben die „Außenstehenden" gespielt?

Vor allem die letzte Frage ist für die SchülerInnen oft überraschend.

Führen Sie das Gespräch zu der Erkenntnis, dass die Außenstehenden zwar nicht an der Entstehung der Situation mitwirken, gleichwohl aber einen großen Anteil an ihrer Aufrechterhaltung haben. Jeder, der wegsieht und nicht handelt, ist mitbeteiligt.

Schritt 6 – Rollenspiel, Teil 1: Cybermobbing – Wer spielt hier eine Rolle?

Die von den SchülerInnen verwendeten Begriffe für die Rollen können Sie an der Tafel in Anlehnung an Abbildung 1 im Theorieteil (Kap. 1) skizzieren. Es ist nicht von Bedeutung, ob die SchülerInnen dabei die von uns verwendeten Begriffe („Opfer", „Täter", „Assistent" usw.) nutzen, solange sie die Unterschiede zwischen den Rollen und ihren Anteil an der Situation zu differenzieren lernen.

Der/die SchülerIn, der/die im Rollenspiel die Opferrolle spielt hat es in diesem Schritt noch besonders schwer, denn ihm wird nicht geholfen. Zumindest ist dies noch nicht vorgesehen. Sollte in der Szene doch jemand zur Unterstützung des Opfers übergehen, könnte dies einen interessanten Prozess darstellen, auf den Sie unbedingt eingehen sollten. Sie können die Szene in solch einer Situation einfrieren und die SchülerInnen bitten, zu beschreiben, was gerade passiert. Interessant wäre hier natürlich auch zu erfahren, was den- oder diejenige dazu bewogen hat, helfend einzuschreiten. In jedem Fall sollten Sie, insbesondere, wenn Sie den nächsten Schritt nicht direkt im Anschluss durchführen, darauf hinweisen, dass es verschiedene Lösungen für die dargestellten Situationen gibt und dass es sich um ebendiese thematisch im nächsten Schritt des Medienhelden-Curriculums drehen wird.

4 Abschlussritual und Hausaufgabe

Dieser Arbeitsschritt entfällt, wenn Sie die beiden Schritte dieses Moduls direkt nacheinander durchführen.

Führen Sie – wie nach jedem Schritt – ein Blitzlicht mit den Ampelkarten durch, um zu erfassen, wie den SchülerInnen dieser Schritt gefallen hat. Dies gibt Ihnen einen Überblick darüber, wie die allgemeine Stimmungslage in der Klasse aussieht. Gehen sie ggf. auf auffällige Konstellationen (z. B. rote Karten, gehäuft gelbe Karten) ein.

Erinnern Sie die SchülerInnen daran, dass sie – wie nach jedem Schritt – die Hausaufgabe haben, die wichtigsten Erkenntnisse der heutigen Stunde in zwei bis drei Sätzen in den Reflexionsbogen (V 1.8) einzutragen.

Schritt 7 – Rollenspiel, Teil 2: Cybermobbing – Was ist zu tun?

In diesem Schritt geht es um das Entwickeln und anschließende Ausprobieren von Handlungsmöglichkeiten. Im ersten Schritt haben die SchülerInnen bereits in Rollenspielen veranschaulicht, wie eine Mobbingsituation in der Gruppe abläuft, welche Rollen und Dynamiken es dabei gibt und welche Gefühle und Motive hinter den Rollen stehen. In diesem Schritt soll der Fokus auf den Handlungsmöglichkeiten liegen. Wie können die Situationen aufgelöst werden oder sich zugunsten des/der gemobbten SchülerIn wandeln? Wer kann dafür was konkret tun? In Kleingruppen sollen die SchülerInnen Lösungsmöglichkeiten erarbeiten, die sie anschließend vorspielen. Die SchülerInnen sollen merken, dass Mobbing z. B. nicht mehr funktioniert, sobald SchülerInnen als Verteidiger dem/der gemobbten SchülerIn zur Seite stehen. Welche Verhaltensweisen was bewirken, probiert die Klasse im Rollenspiel aus.

Teilschritte	Methoden	Material	Zeit
Rekapitulation		V 1.8 (Hausaufgabe von letzter Stunde)	5 min
Handlungsmöglichkeiten erarbeiten	Gruppenarbeit		10 min
Spiel- und Auswertungsphase	Rollenspiel		25 min
Abschlussritual und Hausaufgabe	Blitzlicht	Ampelkarten	5 min

Die beiden Schritte dieses Moduls sind auf je 45 min angelegt.

Führen Sie zum ersten Mal derartige Rollenspiele durch oder sind die SchülerInnen Ihrer Klasse noch jünger, empfehlen wir Ihnen unbedingt für jeden der vorgegebenen Teilschritte die doppelte Zeit anzusetzen und insgesamt je Schritt 90 min einzuplanen.

Was muss ich vorbereiten?

- Vorlage 4.1 mindestens einmal kopieren.
- Bei wiederholter Durchführung: Vorlagen 4.2 und/oder 4.3 mindestens einmal kopieren.

1 Rekapitulation

5 min

Dieser Arbeitsschritt entfällt, wenn Sie die beiden Schritte dieses Moduls direkt nacheinander durchführen.

Lassen Sie zur kurzen Rekapitulation der vorherigen Stunde eine / n SchülerIn vorlesen, was er / sie in den Reflexionsbogen (V 1.8) eingetragen hat, um damit die wichtigsten Inhalte des letzten Schritts zusammenzufassen. Ergänzen Sie ggf. Aspekte, die Sie zusätzlich für wichtig halten.

Gehen Sie auf Fragen ein, die ggf. zum letzten Schritt aufgekommen sind. Beantworten Sie diese jedoch nur kurz und lassen Sie möglichst zu diesem Zeitpunkt keine Diskussion aufkommen. Denken Sie jedoch daran: Störungen haben Vorrang! Wenn ein Schüler oder eine Schülerin also ein schwerwiegendes Problem mit der letzten Stunde hatte, gehen Sie darauf ein und kürzen Sie notfalls den Inhalt der heutigen Stunde.

2 Handlungsmöglichkeiten erarbeiten

Die SchülerInnen sollen sich in Gruppen positive Ausgänge für die Rollenspielsituation des vorigen Schritts überlegen. Wie kann dem / der gemobbten SchülerIn geholfen werden? Wie kann derjenige sich selbst helfen? Was würde die Situation verbessern, erträglicher machen oder vielleicht sogar unterbinden?

Die SchülerInnen sollen sich in Gruppen Handlungsmöglichkeiten für die dargestellten Rollen überlegen. Bilden sie drei verschiedene Gruppen:

- „Assistierende" und „Verstärkende",
- „Außenstehende" und potenzielle „Verteidigende",
- „Opfer".

10 min

In den Gruppen überlegen die SchülerInnen gemeinsam, was die entsprechende Person bzw. entsprechenden Personen tun könnten und wie sie das im Rollenspiel umsetzen möchten. Anschließend bestimmen die SchülerInnen aus ihrer Gruppe die Person(en), die als Darsteller für die jeweilige Rolle zur Verfügung stehen.

Beispiele für Handlungsalternativen der Rollen		
„Opfer"	„Außenstehende" / „Verteidigende"	„Verstärkende" / „Assistierende"
■ Ruft: „Lass mich in Ruhe!" ■ Bleibt ruhig und sagt: „Macht, was ihr wollt, ich werde rechtliche Schritte einleiten, wenn ich das Video finde." ■ Spricht die „Außenstehenden" direkt an: „Könnt ihr mir helfen?" ■ …	■ Zwei „Außenstehende" stellen sich schweigend hinter das „Opfer" und gucken böse in die Kamera. ■ Zwei „Außenstehende" stellen sich zwischen „Täter" und „Opfer" und sagen: „Das ist überhaupt nicht lustig!" ■ …	■ Hören auf zu lachen / festzuhalten und finden die Szene immer unangenehmer, bis sie dem „Täter" sagen, er soll aufhören. ■ Einer dreht sich zu den übrigen Umherstehenden um und sagt: „Das kann man doch nicht mit ansehen, wir müssen etwas tun!" ■ …

Modul IV   Wie wirkt mein Verhalten auf andere?

3 Spiel- und Auswertungsphase

25 min

Wenn alle Gruppen fertig sind, wird wieder eine Bühne gebildet. Dort sollen die Ausgänge vorgespielt werden. Eine Gruppe beginnt: Die Rollen, mit denen sich die Gruppe befasst hat, werden von ihr besetzt, die anderen Rollen können aus den anderen Gruppen besetzt werden (diese Rollen verhalten sich dann natürlich nicht unbedingt, wie von der Gruppe geplant). So können die erarbeiteten Handlungsmöglichkeiten gleich einem Praxistest unterzogen werden: Wie werden die MitschülerInnen aus den anderen Gruppen darauf reagieren?

Ablauf:

1. **Spielphase:** Eine Gruppe spielt ihre Handlungsmöglichkeit auf der Bühne. Lassen Sie die Gruppen selbst ein Startsignal geben (z. B. „Action!"). Das Publikum beobachtet, was passiert.

2. **Auswertungsphase:** Nach jedem Schauspiel sollte kräftig applaudiert werden. Für eine kurze Besprechung bleiben die Darsteller noch auf der Bühne.
   a. Fragen Sie zunächst das Publikum, was in der Szene passiert ist.
   b. Anschließend sollten sich die Darsteller dazu äußern. Was hat sich in der Szene verändert? Wie hat sich das für ihre Rolle angefühlt? Spürt der/die „TäterIn", dass ihr/ihm Macht genommen wird, spürt das „Opfer", dass es stärker wird? War die Veränderung angenehm oder unangenehm?
   c. Stellt die dargestellte Lösung wirklich eine gute Lösung dar? **Wenn ja, warum?** Wenn nein, warum nicht?

4. **Spielphase:** Die nächste Gruppe kommt auf die Bühne und das Rollenspiel mit Auswertungsphase geht von vorn los.

Ziehen Sie anschließend gemeinsam mit der Klasse ein Fazit zu den verschiedenen Ausgängen. Gestalten Sie hierzu z. B. ein Tafelbild. Vielleicht fallen den SchülerInnen auch noch weitere Möglichkeiten ein, die im Rahmen der Szenen nicht dargestellt werden konnten.

V 4.2
V 4.3

Vorschlag

Der Effekt von Rollenspielen für die Entwicklung von Empathie und Perspektivenübernahme sowie für die Erweiterung des eigenen Handlungsrepertoires ist nicht zu unterschätzen. Doch es ist häufig nicht durch einmaliges Einüben getan. Wie ein Muskel, sollten auch die Kompetenzen der SchülerInnen regelmäßig genutzt/oder sogar trainiert werden.

Wir empfehlen Ihnen daher, dieses rollenspielfokussierte Modul wiederholt durchzuführen. Sie können dabei natürlich das Wissen um die einzelnen Rollen bei den SchülerInnen bereits voraussetzen, doch es bietet sich an, bei einem so vielfältigen Phänomen wie Cybermobbing mehrere unterschiedliche Situationen zu besprechen und alternative Verhaltensweisen einzuüben. Bei der Wiederholung können Sie auch unterschiedliche Schwerpunkte setzen (z. B. in einer Schulstunde fokussiert auf Gefühle, Gedanken und Handlungsmöglichkeiten der gemobbten SchülerInnen eingehen; in einer weiteren Schulstunde auf eine andere Rolle fokussieren).

Weitere Situationen und Rollenkarten stehen Ihnen in Form der Vorlagen 4.2 und 4.3 zur Verfügung, doch Sie können sich auch eigene Situationen überlegen oder Vorschläge von den SchülerInnen sammeln.

4 Abschlussritual und Hausaufgabe

5 min

Führen Sie – wie nach jedem Schritt – ein Blitzlicht mit den Ampelkarten durch, um zu erfassen, wie den SchülerInnen dieser Schritt gefallen hat. Dies gibt Ihnen einen Überblick über die Stimmungslage in der Klasse. Gehen Sie ggf. auf auffällige Konstellationen (z. B. rote Karten, gehäuft gelbe Karten) ein.

Erinnern Sie die SchülerInnen – wie nach jedem Schritt – an die Hausaufgabe, die wichtigsten Erkenntnisse der heutigen Stunde(n) in zwei bis drei Sätzen in den Reflexionsbogen (V 1.8) einzutragen.

Übersicht der Vorlagen und Arbeitsblätter für Modul IV

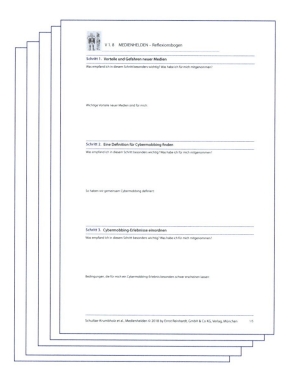

V 1.8 Handout Reflexionsbogen (5 Seiten)

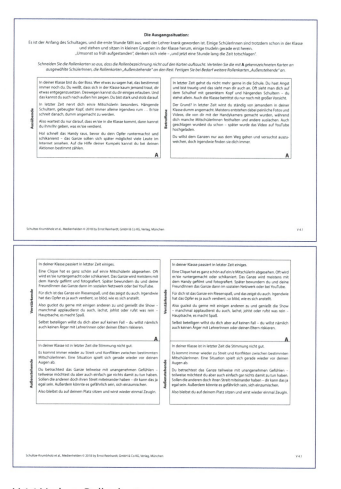
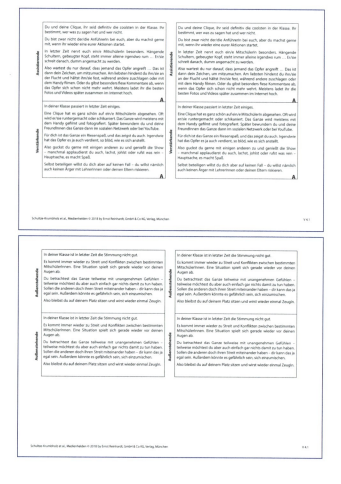

V 4.1 Vorlage Rollenkarten

92 Modul IV   Wie wirkt mein Verhalten auf andere?

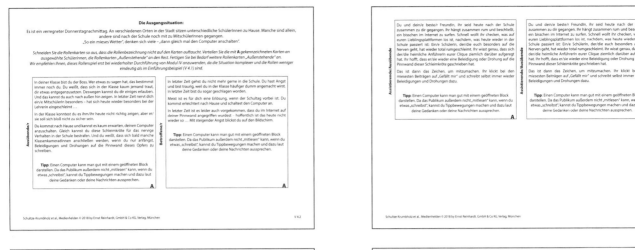

V 4.2 Vorlage Rollenkarten

Übersicht der Vorlagen und Arbeitsblätter für Modul IV

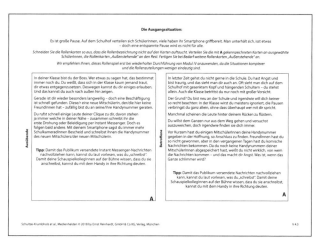
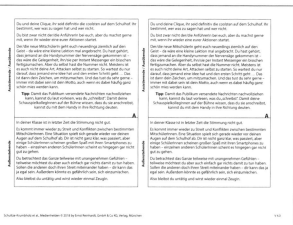

V 4.3 Vorlage Rollenkarten

Modul V
Selbstschutzstrategien in der digitalen Welt

Die heutigen Jugendlichen wachsen in einer Welt auf, in der sie immer früher mit eigenen Mobiltelefonen, dem Internet und allen damit zusammenhängenden Kommunikationskanälen konfrontiert sind. Dadurch ergibt sich eine „Reifungslücke", da häufig noch maßgebliche Erfahrungen oder kognitive, soziale und emotionale Kompetenzen fehlen, um sich in der digitalen Welt sicher und angemessen zu schützen und Gefahren angemessen abzuschätzen (s. nebenstehender Kasten).

„In Bezug auf den Schutz meiner Daten fühle ich mich in meiner WhatsApp-Community (sehr) sicher":
12- bis 13-Jährige	76 %
14- bis 15-Jährige	64 %
16- bis 17-Jährige	37 %
18- bis 19-Jährige	26 %

(MPFS 2015)

Auch gehäufte Medienberichte über anstößige oder rufschädigende Selbstdarstellungen (z. B. Fotos der eigenen Alkoholexzesse, aufreizende Fotos) verdeutlichen diesen Zusammenhang. Derartiges Verhalten bringt junge Menschen häufig in die Rolle des Betroffenen – zu leicht ist es für andere (Gleichaltrige, aber auch Erwachsene), die veröffentlichten oder leichtfertig anvertrauten Informationen gegen sie selbst zu richten. Genau in diesen Situationen offenbart sich das zweite zentrale Kompetenzdefizit, welches im unangemessenen Umgang mit aufgetretenen Problemen liegt. Viele Betroffene von Cybermobbing wissen sich nicht zu helfen, vertrauen sich selten Eltern oder LehrerInnen an und kennen mögliche Schutzmechanismen (wenn überhaupt) nur „in der Theorie".

Genau hier setzen die Schritte im Modul V an. Neben Sensibilisierung für die eigene Datensicherheit werden eine Anzahl wichtiger Handlungsmöglichkeiten besprochen und direkt „am Ort des Geschehens" – nämlich Apps, Chats oder sozialen Netzwerken – eingeübt. Dabei setzt dieses Modul auf das sog. „Peertutoring" (Kern-Scheffeldt 2005). Damit ist gemeint, dass einzelne SchülerInnen im Vorfeld Kompetenzvorsprünge erwerben, die sie dann im Rahmen der Unterrichtseinheiten als „TutorInnen" über Referate und Übungen an ihre MitschülerInnen weitergeben.

Hauptziele

- Das Internet als öffentlichen Raum wahrnehmen.

- Kritischer Umgang mit den eigenen Daten.

- Medienkompetenz entwickeln: Eigener Datenschutz und Passwortsicherheit.

- Medienkompetenz entwickeln: Beenden unerwünschter Kommunikation.

- Medienkompetenz entwickeln: Beweise bei Cybermobbing-Vorfällen sichern.

- Kenntnisse über weitere Notfallmaßnahmen erwerben.

Schritt 8 – Grundstrategien des Datenschutzes

Der erste Schritt dient der Auseinandersetzung mit den Themen Privatsphäre und Datenschutz. SchülerInnen sollen eine Sensibilität für den Wert ihrer Daten und die Verwundbarkeit, die sich durch einen unvorsichtigen Umgang mit ihnen ergibt, ausprägen.

Es soll aber in erster Linie nicht um eine grundsätzliche „Abschreckung" gehen – vielmehr werden den SchülerInnen im gleichen Atemzug Strategien und Handlungsmöglichkeiten an die Hand gegeben, die Verfügbarkeit ihrer eigenen Informationen einzuschränken und Daten *nur innerhalb der von ihnen selbst gewählten Grenzen* zur Verfügung zu stellen.

Teilschritte	Methoden	Material	Zeit
Rekapitulation		V 1.8 (Hausaufgabe von letzter Stunde)	5 min
Warum manche Dinge niemanden etwas angehen	SchülerInnenreferat	PC, Beamer	10 min
Erkennen und Verändern eigener „Datenlecks"	Übungen unter Anleitung durch PeertutorInnen	PC, Beamer	15 min
Wie man die Sichtbarkeit von Daten einschränkt	SchülerInnenreferat	PC, Beamer	10 min
Einschränken der eigenen Datenverfügbarkeit	Übungen unter Anleitung durch PeertutorInnen	PC, Beamer	15 min
Warum man gute Passwörter braucht und wie man mit ihnen umgehen sollte	SchülerInnenreferat	PC, Beamer	10 min
Wie finde ich ein gutes Passwort?	Übungen unter Anleitung durch PeertutorInnen	PC, Beamer	15 min
Abschlussritual			5–10 min

Dieser Schritt sollte im Rahmen einer Doppelstunde (90 min) durchgeführt werden.

Was muss ich vorbereiten?

In der heutigen Einheit sollen Kleingruppen von SchülerInnen als sog. „PeertutorInnen" fungieren. Das bedeutet, dass sie sich im Vorfeld der Einheit zu einem eng umschriebenen Thema kundig gemacht haben und ihren MitschülerInnen (den „Peers") einerseits theoretische Grundlagen vermitteln – andererseits als Experten praktische, themenbezogene Übungen begleiten und anleiten können. Die genauen Themen, Ziele, Maßnahmen und Materialien dieser TutorInnengruppen können Sie der Beschreibung der Abschnitte weiter unten entnehmen.

In diesem Schritt werden insgesamt **drei** derartige TutorInnengruppen benötigt. Da im nächsten Schritt weitere drei Kleingruppen erforderlich sind, bietet es sich an, jeden Schüler und jede Schülerin einer der sechs Expertengruppen zuzuweisen (je 3–5 Personen), um eine intensive Vorbereitung jedes einzelnen zu garantieren.

Denken Sie vor der Durchführung dieses Schritts daher unbedingt an die folgenden Aspekte:
- Eine angemessene Zeit vor Durchführung dieser Unterrichtseinheit die drei (bzw. 6) Themen an verschiedene Kleingruppen vergeben (3–4 Wochen vorher).
- Verfügbarkeit eines Medienraums für den Unterrichtszeitraum sichern.
- Funktionalität/Verfügbarkeit der Präsentationsgeräte (z. B. Beamer) prüfen.

Sehr empfehlenswert sind auch die folgenden vorbereitenden Maßnahmen:
- Sich die Präsentationen und Übungskonzepte der SchülerInnen bereits vorher zukommen lassen (z. B. per E-Mail; USB-Stick) und auf grobe Abweichungen von der Aufgabenstellung prüfen.
- Mit jeder der Kleingruppen eine Kurzbesprechung vor den Referaten führen (z. B. in einer großen Pause, am Ende einer Schulstunde oder während einer Freistunde), wo Sie durch Feedback und Tipps Einfluss auf die Übungen nehmen können. Mehr Informationen dazu, wie gutes Feedback gestaltet sein sollte, finden Sie in Kapitel 2.4 des Theorieteils.
- Jüngere SchülerInnen benötigen ggf. engere Betreuung. Schätzen Sie dies im Vorfeld ein oder erkundigen Sie sich nach einem Zwischenstand. Planen Sie gemeinsame und betreute Vorbereitung der Referate und Übungen während einer vorherigen Unterrichtsstunde ein, wenn dies nötig ist.

Die zwei Aufgabenbereiche der TutorInnengruppen

Alle TutorInnengruppen dieses Moduls haben also eine zweigeteilte Aufgabe vor sich. Diese Zweiteilung findet sich in der Beschreibung der Gruppenaufgaben in den folgenden Abschnitten wieder: Zum einen sollen sie Informationen vermitteln und sensibilisieren – jede Gruppe hält dazu ein **Referat**, welches den ersten Teil der Gruppenleistung bildet. Die SchülerInnen können dabei kreativ sein und zu vielfältigen Methoden (Videos, Audios, Bilder, Vorführungen) greifen. Dazu geben wir für jede TutorInnengruppe Tipps und mögliche Materialien zur Auswahl. Ziel ist die möglichst anschauliche Darstellung des Problems und seiner verfügbaren Lösungen. Es wird dringend empfohlen, dass die SchülerInnen das vermittelte Wissen „haltbar" machen, indem sie Handouts oder Poster für den Klassenraum anfertigen. Zudem ist durch jede TutorInnengruppe eine **praktische Übung** oder eine über das Referat hinausgehende Leistung zu erbringen, die für jede Gruppe getrennt beschrieben wird. Da innerhalb dieses Moduls die SchülerInnen erhebliche Eigenleistungen erbringen, bieten sich die Arbeitsergebnisse an, falls Sie im Rahmen des Medienhelden-Curriculums Zensuren vergeben möchten.

Grundsätzliches zum Peertutoring-Ansatz

Bewusst wird dieser Teil des Manuals für Sie etwas offener gestaltet. Das Manual enthält bei den einzelnen Abschnitten zwar Hinweise, welche Ziele mit den Übungen zu erreichen sind, Beispiele, wie dies erfolgen kann und Hinweise auf Materialien, die die SchülerInnen bei ihren Recherchen nutzen können. Es gilt aber, dass die SchülerInnen auch kreativ zu anderen Methoden oder Quellen greifen können – und auch sollen (sie sollen schließlich selbst die Experten sein!), solange mit den **Referaten** und **Übungen** die im Curriculum vorgesehenen Lern- und Übungsziele für die MitschülerInnen erreicht werden. Die Kontrolle darüber muss durch die Lehrerin erfolgen: Je nach Alter der SchülerInnen können Sie daher auch selektieren, wie viele und welche der von uns bereitgestellten Materialien Sie den SchülerInnen zur Verfügung stellen oder ob Sie größtenteils auf die eigenständigen Recherchen der SchülerInnen setzen. Je weniger Struktur Sie jedoch vorgeben, desto wichtiger wird, dass Sie den Arbeitsprozess begleiten und zwischenzeitlich überprüfen.

1 Rekapitulation

Lassen Sie zur kurzen Rekapitulation der vorherigen Stunde eine/n SchülerIn vorlesen, was er/sie in den Reflexionsbogen (V 1.8) eingetragen hat, um damit die wichtigsten Inhalte des letzten Schritts zusammenzufassen. Ergänzen Sie ggf. Aspekte, die Sie zusätzlich für wichtig halten.

Gehen Sie auf Fragen ein, die ggf. zum letzten Schritt aufgekommen sind. Beantworten Sie diese jedoch nur kurz und lassen Sie möglichst zu diesem Zeitpunkt keine Diskussion aufkommen. Denken Sie jedoch daran: Störungen haben Vorrang! Wenn ein Schüler also ein schwerwiegendes Problem mit der letzten Stunde hatte, gehen Sie darauf ein und kürzen Sie notfalls den Inhalt der heutigen Stunde.

2 Warum manche Daten niemanden etwas angehen (1. TutorInnenreferat)

Die erste TutorInnengruppe soll die Wertschätzung der MitschülerInnen für die eigenen Daten (inkl. Fotos, Videos, Texte und Audios) erhöhen und mögliche Gefahren von fehlendem Datenschutz beleuchten. Im Fokus steht dabei die Sensibilisierung für folgende Fragen, wobei nicht alle gleich ausführlich behandelt werden müssen:

- Welche Daten sind grundsätzlich gefährlich, wenn sie öffentlich werden?
- Wer kann ein böswilliges Interesse an den Daten der SchülerInnen haben (z. B. Unternehmen, Straftäter, feindlich gesinnte MitschülerInnen, Erwachsene im Umfeld)?
- In welchen Situationen muss ich mit der Preisgabe von personenbezogenen Daten besonders vorsichtig sein (z. B. in Messenger- und Foto-Apps, im Chat mit anonymen Nutzern)?
- Was können die negativen Folgen von freizügiger Datenbereitstellung sein?

Die folgende Tabelle gibt einige Anregungen, wie die Zielinhalte durch Referate sinnvoll vermittelt werden können. Auch andere Möglichkeiten sind denkbar. Sie können im Laufe dieses Moduls auf diese Tabellen zurückgreifen, wenn SchülerInnen Anregungen brauchen oder Sie die Arbeit der SchülerInnen lenken wollen.

Beispielhafte Methoden, die im Referat zur Anwendung kommen können	
Welche Daten sind gefährlich?	Zeigen von vorbildlich (sparsam) gefüllten Profilen in sozialen Netzwerken.
	Zeigen von negativen Beispielen (freizügiger) Profile in Foto-Apps.
Wer kann ein böswilliges Interesse an den Daten der SchülerInnen haben?	Berichten von Fallbeispielen (z. B. über den Fall des sog. „Star-Wars-Kids", dessen peinliches Video auf vielen Seiten im Internet zu finden ist).
	Darstellen von Allgemeinen Geschäftsbedingungen von Internetseiten bezüglich des Datenschutzes.
In welchen Situationen muss ich mit der Preisgabe von personenbezogenen Daten besonders vorsichtig sein?	Rollenspiele problematischer Situationen (z. B. anonyme Nutzer stellen im Chat seltsame Fragen).
	Berichten von Fallbeispielen für Vertrauensmissbrauch durch KlassenkameradInnen oder Erwachsenen aus dem Umfeld.
Was können die negativen Folgen von freizügiger Datenbereitstellung sein?	Berichten von Fallbeispielen einzelner Schicksale.
	Darstellung großer „Datenskandale" aus den Medien.

Im Rahmen des Medienhelden-Curriculums werden einige Materialien bereitgestellt, die für diese TutorInnengruppe von Interesse sein können.

Geeignete Medienhelden-Materialien TutorInnengruppe 1

V 5.1	Aufgabenblatt für diese TutorInnengruppe mit Beschreibung der Vorgehensweise und Anregungen zu Methoden.
V 5.2 – V 5.4	Verschiedene Fallbeispiele für Datenpreisgabe und ungünstige Folgen.
V 5.5	Hintergrundinformationen und Recherchetipps zum Interesse von sozialen Netzwerken an den Daten der Nutzer.
V 5.6	Negatives Beispiel einer gefährlichen Datenpreisgabe in einem Netzwerkprofil.
V 5.7	Negatives Beispiel einer Chat-Unterhaltung mit übertriebener Datenpreisgabe.

V 5.1 – V 5.7

Praktische Übungen: Erkennen und Verändern eigener „Datenlecks"

Im praktischen Teil dieses Teilschritts sind die SchülerInnen aufgefordert, Orte im Internet zu besuchen, an denen sie Daten hinterlegt haben (z. B. in einem sozialen Netzwerk, in einer App).

Nun schauen sich die SchülerInnen mithilfe der im Raum umhergehenden und unterstützenden TutorInnen die von ihnen veröffentlichten Daten an. Begleitet durch die TutorInnen sollen sie überlegen, welchen Gewinn sie von der Bereitstellung mancher Daten haben und welche Verluste ihnen drohen. In individueller Abwägung können die SchülerInnen bestimmte Informationen aus dem Netz/aus der App entfernen.

15 min

Im Sinne von zeitökonomischen Überlegungen ist es zu empfehlen, dass alle SchülerInnen die gleiche soziale Netzwerkseite oder App anschauen, da sich hier gemachte Erkenntnisse leicht auf andere Bereiche des Internets übertragen lassen.

Ist dies nicht möglich (weil z. B. in der Klasse sehr unterschiedliche Präferenzen für Apps bestehen), können auch unterschiedliche Plattformen genutzt werden – die TutorInnen müssen sich dann entsprechend aufteilen.

Tipp: Für die Referate sind 10 min und für die Übungen 15 min vorgesehen. Je nach Schwerpunkt der TutorInnengruppe können die Zeiten jedoch variieren, solange insgesamt 25–30 min nicht überschritten werden.

3 Wie man die Sichtbarkeit von Daten einschränkt (2. TutorInnenreferat)

Viele Apps, Chats und soziale Netzwerke bieten (mehr oder weniger differenzierte) Möglichkeiten zu selektieren, welche Informationen welchen Nutzern zugänglich gemacht werden und welchen nicht (welche Daten können Fremde einsehen? Welche Daten nur Verwandte oder engste FreundInnen?). Unter dem Eindruck zunehmender Konkurrenz auf dem Markt der Online-Angebote haben sich in letzter Zeit häufig Veränderungen an den Einstellungsmöglichkeiten ergeben. Das Ziel dieser TutorInnengruppe besteht darin, das Be-

10 min

Tipp: Häufig ist für die SchülerInnen offensichtlich, welches die beliebteste Seite/App ist. Falls nicht, können Sie ihnen mit den Ergebnissen aus Modul I („Fragebogen Mediennutzung" V 1.1) bei der Auswahl helfen.

wusstsein für den aktuellen Stand dieser Funktionen zu wecken, über ihren Sinn aufzuklären und zu einer rigorosen Anwendung anzuregen. Sie sollen am derzeit in der Klasse beliebtesten sozialen Netzwerk oder in der meistgenutzten App beispielhaft einige Funktionen demonstrieren.

Folgende Fragen stehen dabei im Fokus, wobei nicht alle gleich ausführlich zu behandeln sind. Der Schwerpunkt sollte auf der konkreten Plattform liegen, welche von den meisten SchülerInnen verwendet wird:

- Was sind Differenzierungseinstellungen?
- Was spricht für die Verwendung dieser Einstellungen?
- *Innerhalb der beliebtesten Seite/App*: Was können fremde Personen von den Daten der Nutzer einsehen, die keine Selektionseinstellungen vorgenommen haben? Welches Problem ergibt sich daraus?
- *Innerhalb der beliebtesten Seite/App*: Welche verschiedenen Differenzierungsmöglichkeiten gibt es und wie wendet man sie an?

Die folgende Tabelle gibt einige Anregungen, wie die Zielinhalte durch Referate sinnvoll vermittelt werden können. Auch andere Möglichkeiten sind denkbar.

Beispielhafte Methoden, die im Referat zur Anwendung kommen können	
Was sind Differenzierungseinstellungen?	Erklärung der Grundidee; Zeigen von Screenshots unterschiedlicher Varianten (z. B. in Chats, Apps, sozialen Netzwerken).
Was spricht für die Verwendung dieser Einstellungen?	Berichten von Fallbeispielen.
	Auflisten von Vorteilen, die mit den Einstellungen einhergehen (z. B. höhere Vertraulichkeit, höhere eigene Sicherheit).
Was können fremde Personen von den Daten der Nutzer einsehen, die keine Selektionseinstellungen vorgenommen haben? Welches Problem ergibt sich daraus?	Zeigen und Vergleichen von Bildschirmfotos aus Profilen aus verschiedenen Perspektiven: „Was sehen Fremde" vs. „Was sehen FreundInnen von FreundInnen" vs. „Was sehen FreundInnen?".
Welche verschiedenen Differenzierungsmöglichkeiten gibt es?	Schritt-für-Schritt-Vorführung einzelner Einstellungen.

Im Rahmen des Medienhelden-Curriculums werden einige Materialien bereitgestellt, die für diese TutorInnengruppe von Interesse sein können.

Geeignete Medienhelden-Materialien TutorInnengruppe 2		
	V 5.8	Aufgabenblatt für diese TutorInnengruppe mit Beschreibung der Vorgehensweise und Anregungen zu Methoden.
	V 5.9	Hintergrundinformationen und Recherchetipps zum Thema „Selektion der Verfügbarkeit von Daten".

V 5.8
V 5.9

Praktische Übungen: Einschränken der eigenen Datenverfügbarkeit

Nach der theoretischen Einführung in die Anwendung der Selektionseinstellungen innerhalb der beliebtesten Plattform sollen die SchülerInnen nun unter Anleitung und Begleitung durch die TutorInnen mit ihren eigenen Einstellungen experimentieren. Ziel ist das Entdecken verschiedener Möglichkeiten der Selektion und die Wahl einer möglichst restriktiven Variante, die möglichst vielen Nutzern möglichst viele Informationen vorenthält. Die TutorInnen helfen beim Auffinden der Einstellungen und beantworten Fragen, können aber auch im Einzelfall zu Veränderungen anregen.

Tipp:
Falls Ihnen nur 45-minütige Einheiten zur Verfügung stehen, können Sie die praktische Übung „Einschränken der eigenen Datenverfügbarkeit" sowie die darauffolgenden Teilschritte 4 und 5 auch in der nächsten Einheit durchführen.

4 Warum man gute Passwörter braucht und wie man mit ihnen umgehen sollte (3. TutorInnenreferat)

In den meisten Fällen sind die eigene Identität im Internet sowie die Vertraulichkeit sämtlicher Informationen lediglich durch ein – zuweilen unsicheres – Passwort geschützt. Die TutorInnengruppe 3 hat die Aufgabe, für diese Situation zu sensibilisieren. Zudem sollen Strategien für erfolgreiches Handhaben von Passwörtern vermittelt und geübt werden. Die folgenden Fragen stehen dabei im Mittelpunkt der Betrachtung, wobei der Schwerpunkt auf der Kompetenzvermittlung liegen soll:

- Wo kommen Passwörter zur Anwendung und welchen Zweck erfüllen sie?
- Wie können unsichere Passwörter Cybermobbing begünstigen?
- Welche positiven Effekte hat ein sicheres Passwort (z. B. Vertraulichkeit, Selbstschutz)?
- Welche Eigenschaften weist ein sicheres Passwort auf und warum sollte man nicht dasselbe Passwort mehrmals verwenden?
- Wie gehe ich mit meinen Passwörtern um (z. B. keine Weitergabe in Freundschaften und Beziehungen)?

Die folgende Tabelle gibt einige Anregungen, wie die Zielinhalte durch Referate sinnvoll vermittelt werden können. Auch andere Möglichkeiten sind denkbar.

Beispielhafte Methoden, die im Referat zur Anwendung kommen können	
Wo kommen Passwörter zur Anwendung und welchen Zweck erfüllen sie?	Brainstorming mit den MitschülerInnen.
	Screenshots von Websites verschiedener Anwendungsgebiete (Einkauf, Bankgeschäfte, soziale Netzwerke, Chat etc.).
Wie können unsichere Passwörter Cybermobbing begünstigen? Welche positiven Effekte gehen mit einem sicheren Passwort einher?	Fallbeispiele mit Identitätsdiebstahl.
	Gegenüberstellung von Gefahren unsicherer Passwörter und Vorteilen sicherer Passwörter.
Welche Eigenschaften weist ein sicheres Passwort auf?	Gegenüberstellung von sicheren und unsicheren Passwörtern.
	Schritt-für-Schritt-Anleitungen und Listen von Elementen sicherer Passwörter.
Wie gehe ich mit meinen Passwörtern um?	Brainstorming zu Verhaltensregeln für den Umgang mit Passwörtern (z. B. bezüglich Aufbewahrung, Einprägen, Weitergabe).

Im Rahmen des Medienhelden-Curriculums werden einige Materialien bereitgestellt, die für diese TutorInnengruppe von Interesse sein können.

Geeignete Medienhelden-Materialien TutorInnengruppe 3	
V 5.10	Aufgabenblatt für diese TutorInnengruppe mit Beschreibung der Vorgehensweise und Anregungen zu Methoden.
V 5.4	Fallbeispiel, bei welchem ein Schüler einen Identitätsdiebstahl erleidet.
V 5.11	Hintergrundinformationen und Recherchetipps zum Thema „Passwortschutz".

Praktische Übungen: Wie finde ich ein gutes Passwort?

Die erworbenen Kenntnisse sollen nun in direktes Verhalten umgesetzt werden. Während die TutorInnen Anregungen geben, wo überall Passwörter zur Verwendung kommen, überlegen die MitschülerInnen, welche Passwörter sie derzeit nutzen und ob diese den kennengelernten Kriterien genügen.

Im Anschluss haben die MitschülerInnen Gelegenheit, im Internet ihre riskanteren Passwörter zu ändern. Die TutorInnen stehen dabei mit Rat und Tat bei Rückfragen zu Elementen sicherer Passwörter zur Seite – sie können dazu auch Handouts ausgeben.

Tipp: Verhindern Sie gegenteilige Effekte! Intervenieren Sie, wenn die Gefahr besteht, dass SchülerInnen sich über konkret verwendete Passwörter austauschen oder ihre Privatsphäre gefährdet wird.

5 Abschlussritual und Hausaufgabe

Dieser Arbeitsschritt entfällt, wenn Sie die beiden Schritte dieses Moduls direkt nacheinander durchführen.

Für diesen Abschluss stehen Ihnen 5 bis 10 Minuten Zeit zur Verfügung. Der Zeitpuffer dient dazu, z. B. organisatorische Aspekte oder PC-Probleme zu besprechen, falls nötig. Führen Sie – wie nach jedem Schritt – ein Blitzlicht mit den Ampelkarten durch, um zu erfassen, wie den SchülerInnen dieser Schritt gefallen hat. Dies gibt Ihnen einen Überblick darüber, wie die allgemeine Stimmungslage in der Klasse aussieht. Gehen sie ggf. auf auffällige Konstellationen (z. B. rote Karten, gehäuft gelbe Karten) ein.

Erinnern Sie die SchülerInnen daran, dass sie – wie nach jedem Schritt – die Hausaufgabe haben, die wichtigsten Erkenntnisse der heutigen Stunde in zwei bis drei Sätzen in den Reflexionsbogen (V 1.8) einzutragen.

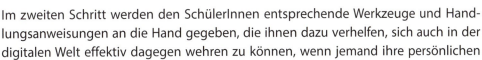

Schritt 9 – Grundstrategien gegen Cyber-Täter

Im zweiten Schritt werden den SchülerInnen entsprechende Werkzeuge und Handlungsanweisungen an die Hand gegeben, die ihnen dazu verhelfen, sich auch in der digitalen Welt effektiv dagegen wehren zu können, wenn jemand ihre persönlichen Grenzen überschreitet. Konkret geht es um das beispielhafte Besprechen von präventiven Strategien und von Strategien für den Ernstfall (z. B. Ignorieren oder Melden von aggressiven Nutzern).

Teilschritte	Methoden	Material	Zeit
Rekapitulation		V 1.8 (Hausaufgabe von letzter Stunde)	5 min
Wie Nervensägen zum Schweigen gebracht werden	SchülerInnenreferat	PC, Beamer	10 min
Einstellen und Aufheben von „Blockier"-Funktionen	Übungen unter Anleitung durch PeertutorInnen	PC, Beamer	15 min
Beweisen und Melden von Vorfällen	SchülerInnenreferat	PC, Beamer	10 min
Erstellen von Screenshots	Übungen unter Anleitung durch PeertutorInnen	PC, Beamer	15 min
Handlungsmöglichkeiten und Kontaktstellen bei intensiven Vorfällen	SchülerInnenreferat	PC, Beamer	15 min
Zusammenfassung von Strategien	Plenumsdiskussion	V 5.20	10 min
Abschlussritual und Hausaufgabe			5–10 min

Dieser Schritt sollte im Rahmen einer Doppelstunde (90 min) durchgeführt werden.

Was muss ich vorbereiten?

Im zweiten Schritt werden erneut Kleingruppen von SchülerInnen als sog. „PeertutorInnen" eingesetzt.

Beachten Sie daher die in diesem Zusammenhang notwendige Vorbereitung der Gruppen, wie sie unter „Was muss ich vorbereiten?" in Schritt 1 dieses Moduls bereits ausführlich beschrieben wurden. An dieser Stelle sei nur noch einmal an die Sicherstellung der technischen Funktionalität erinnert:

- Verfügbarkeit eines Medienraums für den Unterrichtszeitraum sichern.
- Funktionalität / Verfügbarkeit der Präsentationsgeräte (z. B. Beamer) prüfen.

1 Rekapitulation

Dieser Arbeitsschritt entfällt, wenn Sie die beiden Schritte dieses Moduls direkt nacheinander durchführen.

Lassen Sie zur kurzen Rekapitulation der vorherigen Stunde eine / n SchülerIn vorlesen, was er / sie in den Reflexionsbogen (V 1.8) eingetragen hat, um damit die wichtigsten Inhalte des letzten Schritts zusammenzufassen. Ergänzen Sie ggf. Aspekte, die Sie zusätzlich für wichtig halten.

5 min — Gehen Sie auf Fragen ein, die ggf. zum letzten Schritt aufgekommen sind. Beantworten Sie diese jedoch nur kurz und lassen Sie möglichst zu diesem Zeitpunkt keine Diskussion aufkommen. Denken Sie jedoch daran: Störungen haben Vorrang! Wenn eine Schülerin also ein schwerwiegendes Problem mit der letzten Stunde hatte, gehen Sie darauf ein und kürzen Sie notfalls den Inhalt der heutigen Stunde.

2 Wie Nervensägen zum Schweigen gebracht werden (4. TutorInnenreferat)

10 min — Grundlegend zu vermitteln, dass es technische Funktionen zum Verhindern von unerwünschter Kommunikation bestimmter Nutzer im Internet gibt, ist die Aufgabe dieser TutorInnengruppe.

Derartige Möglichkeiten sind in vielen Online-Kontexten zu finden (Apps, Chats, soziale Netzwerke) und können von der Einschränkung bestimmter Kommunikationswege (keine Möglichkeit mehr, auf die eigene Pinnwand zu schreiben) bis zum völligen Entzug der Kontaktmöglichkeiten gehen. Die TutorInnengruppe soll die Aufmerksamkeit dafür wecken, dass solche Funktionen fast immer vorhanden sind – es sollen aber am derzeit in der Klasse beliebtesten sozialen Netzwerk oder der meistgenutzten sozialen App beispielhaft einige Funktionen demonstriert werden. Folgende Fragen stehen dabei im Fokus, wobei nicht alle gleich ausführlich zu behandeln sind. Der Schwerpunkt sollte auf der konkreten Plattform liegen, welche die meisten SchülerInnen verwenden:

- Was sind Kommunikationseinschränkungsfunktionen und wie funktionieren sie?
- Was spricht für die Verwendung dieser Einstellungen?
- *Innerhalb der beliebtesten Seite / App*: Wie können unerwünschte Nutzer an der Kontaktaufnahme gehindert werden? Was können diese Nutzer dann noch tun? Was können sie dann nicht mehr tun?
- *Innerhalb der beliebtesten Seite / App*: Wie kann man diese Einschränkung der Kontaktmöglichkeiten wieder aufheben?

Die folgende Tabelle gibt einige Anregungen, wie die Zielinhalte durch Referate sinnvoll vermittelt werden können. Auch andere Möglichkeiten sind denkbar.

Beispielhafte Methoden, die im Referat zur Anwendung kommen können	
Was sind Kommunikationseinschränkungsfunktionen?	Erklärung der Grundidee; Zeigen von Screenshots unterschiedlicher Varianten (z. B. in Chats, Apps, sozialen Netzwerken).
Was spricht für die Verwendung dieser Funktion?	Berichten von Fallbeispielen.
	Auflisten von Vorteilen, die mit den Einstellungen einhergehen (Schutz vor Cybermobbing, Belästigung, unerwünschter Werbung etc.; Flexibilität – leichte Veränderbarkeit, Gefühl von Sicherheit).
Wie können unerwünschte Nutzer an der Kontaktaufnahme gehindert werden? Was können diese Nutzer dann noch tun? Was können sie dann nicht mehr tun?	Schritt-für-Schritt-Vorführung einzelner Einstellungen. Zeigen von Kommunikationsversuchen aus zwei Perspektiven („Sender" vs. „Empfänger") vor und nach der Vornahme der Einstellungen.
Wie kann man diese Einschränkung der Kontaktmöglichkeiten wieder aufheben?	Schritt-für-Schritt-Vorführung einzelner Einstellungen.

Im Rahmen des Medienhelden-Curriculums werden einige Materialien bereitgestellt, die für diese TutorInnengruppe von Interesse sein können.

Geeignete Medienhelden-Materialien TutorInnengruppe 4	
V 5.12	Aufgabenblatt für diese TutorInnengruppe mit Beschreibung der Vorgehensweise und Anregungen zu Methoden.
V 5.13	Hintergrundinformationen und Recherchetipps zum Thema „Kommunikationseinschränkungsfunktionen"

Praktische Übungen: Einstellen und Aufheben von „Blockier"-Funktionen

Nach der theoretischen Einführung in die Anwendung der „Blockier"-Funktionen innerhalb der beliebtesten Seite/App sollen die SchülerInnen nun unter Anleitung und Begleitung durch die TutorInnen mit dieser Funktion experimentieren. Empfehlenswert ist das Einüben in „Online-Rollenspielen" (Nutzer in der Klasse kommunizieren über die gewählte Plattform miteinander, „blockieren" sich gegenseitig und versuchen dann erneut, Kontakt zueinander aufzunehmen), doch auch andere Varianten sind möglich.

Tipp: Achten Sie darauf, dass die „Blockaden" noch während der Schulstunde wieder aufgehoben werden.

3 Beweisen und Melden von Vorfällen (5. TutorInnenreferat)

Nicht immer genügen die bislang geschilderten Schutzmaßnahmen, um eigene Grenzen zu wahren und nachhaltig zu schützen. Bei beharrlichen oder sehr intensiven (z. B. strafrechtlich relevanten) Vorfällen, müssen u. U. weitere Personen und Institutionen zugezogen werden. Der erste Schritt besteht dabei im Beweisen des Vorfalles, was sich bei digitaler Kommunikation schwierig gestalten kann. Nötige Kompetenzen dazu sollen von dieser TutorInnengruppe vermittelt werden. Nach der Beweissicherung bestehen innerhalb der meisten Internetplattformen „community-interne" Regulationsmechanismen, d. h. man kann Beiträge, die gegen die Regeln (zu finden häufig in den Allgemeinen Geschäftsbedingungen, „Community-Guidelines" oder der „Netiquette") verstoßen, an höhere Instanzen (Moderatoren, Seiten-Administratoren etc.) melden oder negativ bewerten (teilweise wird auch von „flaggen" gesprochen). Neben der theoretischen Einbettung dieser Funktionen vermitteln die TutorInnen im Schwerpunkt die Umsetzung derartiger Funktionen und ihre Konsequenzen in der Praxis. Empfehlenswert ist es dabei, sich erneut auf die beliebteste Seite/App zu beziehen. Die folgenden Fragen können die TutorInnen und Sie leiten:

- Wozu ist es bedeutsam, digitale Kommunikation zu speichern/zu „beweisen"?
- Welche Probleme ergeben sich bei der Speicherbarkeit digitaler Kommunikation?
- *Innerhalb der beliebtesten Seite/App*: Wie erstelle ich Screenshots? Welche anderen Möglichkeiten bestehen zur Sicherung von Daten?
- Was sind Meldefunktionen und wann sollte ich sie nutzen?
- *Innerhalb der beliebtesten Seite/App*: Wie melde ich Nutzer? Was passiert dann?
- Welche Probleme ergeben sich beim Melden?

Die folgende Tabelle gibt einige Anregungen, wie die Zielinhalte durch Referate sinnvoll vermittelt werden können. Auch andere Möglichkeiten sind denkbar.

Beispielhafte Methoden, die im Referat zur Anwendung kommen können	
Wozu ist es bedeutsam, digitale Kommunikation zu speichern / zu „beweisen"?	Erklärung der Grundidee; Illustration der Rolle von Beweisen z. B. in strafrechtlichen und zivilrechtlichen Verfahren oder schulinterner Disziplinierung.
	Arbeit mit Fallbeispielen (z. B. Selbstschutz bei Vorwürfen gegen die eigene Person).
Welche Probleme ergeben sich bei der Speicherbarkeit digitaler Kommunikation?	Brainstorming im Plenum (Aspekte z. B.: zeitliche Verfügbarkeit, Verfälschbarkeit; nicht kopierbare Textelemente; nicht eindeutige Zuordnung anonymer Einträge).
	Zeigen von Chat-Räumen (Einträge zeitlich nur sehr kurz verfügbar); Zeigen von Textkopien von Kommunikation und ihre Verfälschbarkeit (z. B. nachträgliches Einfügen von Wörtern).
Wie erstelle ich Screenshots am PC oder Handy?	Schritt-für-Schritt-Vorführung in ausgewählten Apps / sozialen Netzwerken.
Wann sollte ich Meldefunktionen (nicht) nutzen? Welche Probleme ergeben sich beim Melden?	Brainstorming; Diskussion im Plenum (Aspekte z. B.: Missbrauch der Funktion; Denunziationsvorwürfe; lange Reaktionswege und Wartezeiten beim Melden).
	Gegenüberstellung von Pro- und Contralisten bzw. von Positivkriterien (wann soll gemeldet werden) und Negativkriterien (wann kann Melden unangemessen / missbräuchlich sein).
Wie funktionieren Meldefunktionen?	Schritt-für-Schritt-Vorführung in sozialen Apps / sozialen Netzwerken.

Im Rahmen des Medienhelden-Curriculums werden einige Materialien bereitgestellt, die für diese TutorInnengruppe von Interesse sein können.

V 5.14 – V 5.16

Geeignete Medienhelden-Materialien TutorInnengruppe 5	
V 5.14	Aufgabenblatt für diese TutorInnengruppe mit Beschreibung der Vorgehensweise und Anregungen zu Methoden.
V 5.15	Anleitungen zum Anfertigen von Screenshots.
V 5.16	Hintergrundinformationen und Recherchetipps zu Beweissicherung und Meldefunktionen.

Praktische Übungen: Erstellen von Screenshots

15 min

Nach der theoretischen Einführung in die Anwendung der „Melde"-Funktion und der Erstellung von Beweisen, sollen die SchülerInnen nun unter Anleitung und Begleitung durch die TutorInnen selbst Beweise „sammeln". Empfehlenswert ist das Einüben in „Online-Rollenspielen" (Nutzer in der Klasse kommunizieren über die gewählte Plattform oder App miteinander, erstellen dann Beweise / Screenshots, der soeben durchgeführten Kommunikation), doch auch andere Varianten sind möglich. Nicht nur Screenshots an sich sollten erstellt werden – es sollte auch daran gedacht werden, sie mit Datum und Uhrzeit zu versehen.

> **Tipp:**
> Falls Ihnen nur 45-minütige Einheiten zur Verfügung stehen, können Sie die praktische Übung „Erstellen von Screenshots" sowie die darauffolgenden Teilschritte 4 und 5 auch in der nächsten Einheit durchführen.

> **Tipp:**
> Der Missbrauch der Meldefunktion kann negative Konsequenzen haben. Man kann daher keine „Übung" dazu durchführen. Auf das Prozedere kann allerdings ein Handout der TutorInnengruppe besonders detailliert eingehen.

4 Handlungsmöglichkeiten und Kontaktstellen bei intensiven Vorfällen (6. TutorInnenreferat)

15 min

Betroffene von Cybermobbing fühlen sich häufig hilflos, alleingelassen und verzweifelt. Der Verschluss nach außen führt neben einer Unkenntnis der eigenen Möglichkeiten zu einer Eskalation der Situation. Die letzte Referatsgruppe widmet sich diesem Problembereich und soll über Möglichkeiten informieren, die verbleiben, wenn sich die Attacken nicht durch technische oder „konventionelle" Maßnahmen unterbrechen lassen oder eine Intensität erreichen, die für die Betroffenen schwer erträglich ist. Thematisiert werden Handlungsmöglichkeiten, mögliche Hemmschwellen, aber auch Alternativen (z. B. „Mit wem rede ich, wenn ich mit niemandem reden kann?"). Die folgenden Fragen können hier als Orientierung dienen:

- Welche Möglichkeiten bleiben, wenn man den Eindruck hat, eine Situation nicht mehr selbst bewältigen zu können?
- Welche Vorteile hat jemand, der sich mit anderen austauscht (Verwandte, LehrerInnen, FreundInnen)?
- Was könnte SchülerInnen davon abhalten, sich jemandem anzuvertrauen?
- Welche Lösungen lassen sich für diese Hemmschwellen finden?
- Welche Alternativen habe ich, wenn die Hemmungen und Bedenken bleiben?

Die folgende Tabelle gibt einige Anregungen, wie die Zielinhalte durch Referate sinnvoll vermittelt werden können. Auch andere Möglichkeiten sind denkbar.

Beispielhafte Methoden, die im Referat zur Anwendung kommen können	
Welche Möglichkeiten bleiben, wenn man den Eindruck hat, eine Situation nicht mehr selbst bewältigen zu können?	Brainstorming, Kleingruppenarbeit oder Auflistung (mögliche Aspekte: Polizei und Anzeige, Konfrontation und Diskussion im Klassenrahmen, sich FreundInnen, Geschwistern, Eltern oder LehrerInnen anvertrauen, anonyme und externe Beratungsangebote).
Welche Vorteile hat jemand, der sich mit anderen austauscht (Verwandte, LehrerInnen, FreundInnen)	Brainstorming, Kleingruppenarbeit oder Auflistung (mögliche Aspekte: weniger Angst, weniger Trauer, man fühlt sich nicht mehr so allein; Verbesserung von Beziehung zum Gegenüber; das Gegenüber hat neue Ideen; das Gegenüber kann einen bei weiteren Schritten begleiten / helfen; das Gegenüber kann einen schützen).
Was könnte SchülerInnen davon abhalten, sich jemandem anzuvertrauen?	Brainstorming, Kleingruppenarbeit oder Auflistung (mögliche Aspekte: als „Petze" dastehen; Angst vor negativen Konsequenzen; Angst vor Rache; kein Vertrauen zu jeweiliger Personengruppe; Angst vor Internet- oder Handyverbot durch Eltern; sich einreden, dass man es ganz alleine schafft; „Schweige-Code" unter Internet-Usern oder Jugendlichen).
Welche Lösungen lassen sich für diese Hemmschwellen finden?	Brainstorming, Kleingruppenarbeit oder Auflistung (mögliche Aspekte: mit Freund zusammen zu Eltern / LehrerInnen gehen; sich vorher im Internet informieren und absichern, z. B. Gleichgesinnte suchen; sich selbst Mut zusprechen; sich selbst für Vertrauen belohnen / loben).
Welche Alternativen habe ich, wenn die Hemmungen und Bedenken bleiben?	Handout mit einigen zentralen Internet-, Telefon- und Realkontaktdaten.
	Erklärungen zu einigen oder allen davon (z. B. Was ist das Besondere an dieser Kontaktadresse? Vorteile? Nachteile? Wann kann diese Adresse besonders helfen?).

Im Rahmen des Medienhelden-Curriculums werden einige Materialien bereitgestellt, die für diese TutorInnengruppe von Interesse sein können.

V 5.17 – V 5.19

Geeignete Medienhelden-Materialien TutorInnengruppe 6	
V 5.17	Aufgabenblatt für diese TutorInnengruppe mit Beschreibung der Vorgehensweise und Anregungen zu Methoden und Recherche.
V 5.18	Recherchetipps für Kontaktstellen zum Thema „Cybermobbing".
V 5.19	Vorlage und Anleitung für einen „Vertrag zur sozialen Verantwortung".

Soziale Verantwortung wecken

Diese Gruppe hat keinen praktischen Teil anzuleiten. Im Sinne unseres Programms wird den Mitgliedern dieser Gruppe stattdessen die Aufgabe gegeben, sich innerhalb der Klasse eine Maßnahme zu überlegen, die das Gefühl sozialer Verantwortung füreinander verstärkt. Insbesondere geht es um den Umstand, dass Betroffene von Cybermobbing oft auch in Schulkontexten weniger beliebt sind und daher möglicherweise bei Sorgen und Nöten keinen gleichaltrigen Ansprechpartner haben. Die Absicht hinter dieser Maßnahme ist nicht, dass in Zukunft alle KlassenkameradInnen eng miteinander befreundet sein sollen (ein oft unerreichbarer Idealzustand), sondern dass ein Gefühl allgemeiner Solidarität in Notsituationen entsteht. Es soll zumindest einige wenige SchülerInnen geben, die bereit sind, in Sachen Cybermobbing Ansprechpartner zu sein. Das bedeutet nicht, dass diese SchülerInnen dann Krisensituationen alleine meistern sollen (es wäre gefährlich, das zu fordern). Es bedeutet lediglich, dass kein Schüler sich vollkommen alleingelassen fühlen muss.

Die so entstehenden VertrauensschülerInnen übernehmen – in eng gesteckten Grenzen und an feste Regeln geknüpft – Verantwortung für die KlassenkameradInnen. Praktisch ist das z. B. durch einen „Vertrag zur sozialen Verantwortung" erreichbar. Einzelne Mitglieder dieser TutorInnengruppe können dabei z. B. eine Wahl von speziellen Cybermobbing-VertrauensschülerInnen organisieren. Der Vertrag, den diese SchülerInnen unterzeichnen, kann Aspekte der Verschwiegenheit und Vertraulichkeit enthalten oder das Versprechen, das Anliegen ernst zu nehmen (z. B. nicht über peinliche Fotos im Internet zu lachen und die Situation zu verschärfen) oder gemeinsam zu den LehrerInnen oder Eltern zu gehen, wenn das gewünscht ist. Zu derartigen „Verträgen" kann niemand gezwungen werden, daher ist die Aufgabe der TutorInnen hier, einen solchen Vertrag auszuarbeiten und im Vorfeld dieses Moduls die Besetzung der VertrauensschülerInnenrollen in der Klasse zu organisieren. Es sollten deswegen auch nur die ausgesuchten SchülerInnen an dem Vertrag teilnehmen, weil es von Vorteil ist, wenn sich eine kleinere Gruppe von Personen wirklich *verantwortlich fühlt*, als wenn eine große Gruppe von Personen lediglich grobe Absichtsbekundungen abgibt.

Auch Sie als LehrerIn können den Vertrag unterzeichnen – in jedem Fall ist es notwendig, dass Sie diese TutorInnengruppe bei ihrer Aufgabe enger betreuen als die anderen. Am Schluss kann der Vertrag (oder das Versprechen) kopiert und an alle SchülerInnen ausgeteilt werden (z. B. am Ende des Referats zum Thema „Handlungsmöglichkeiten und Kontaktstellen bei intensiven Vorfällen", wo die TutorInnengruppe die Gelegenheit hat, die Maßnahme zu erklären) – das Zur-Verfügung-Stellen von Kontaktdaten der Mitunterzeichner (z. B. „An diese E-Mail-Adresse kannst du mir bei Bedarf schreiben" oder „Unter dieser Nummer kannst du mich erreichen") kann dabei als Option erwogen werden, falls das allgemeine Klassenklima diese Vertraulichkeit und Datenpreisgabe zulässt.

Der „Vertrag zur sozialen Verantwortung" bietet damit betroffenen SchülerInnen eine regelgebundene (und damit sicherheitsstiftende) Möglichkeit, Gleichaltrige auf mögliche Probleme anzusprechen und bei ihnen nach Unterstützung zu fragen.

> **Tipp:**
> Geschickt ist es, wenn Sie als LehrerIn diese TutorInnengruppe mit SchülerInnen besetzen, die Sie als sozial kompetent und in der Klasse beliebt einschätzen. Aus dieser Position heraus, kann es häufig leichter fallen, einem Betroffenen beizustehen, als aus einer Position, in der man in solchen Fällen um die eigene Reputation fürchten muss.

Wichtig: Die SchülerInnen sind erste „ZuhörerInnen" – keine Krisenprofis!

Unbedingt notwendig ist die Aufnahme von Bedingungen in diese Abmachungen, unter welchen die Hilfe von Erwachsenen eingeholt wird (z. B. wenn konkrete Gefahr für das körperliche Wohlergehen von Personen besteht). Formulieren Sie solche Bedingungen gemeinsam mit den SchülerInnen, am besten in Form von „Wenn … dann"-Sätzen (z. B. „Wenn ich nicht mehr weiterweiß, dann wende ich mich an eine Lehrerin"). Es geht zwar darum, möglichen Betroffenen direkt in der Klasse gleichaltrige Ansprechpartner anzubieten, diese SchülerInnen sind allerdings nicht auf mögliche Krisensituationen hin geschult, sodass unbedingt notwendig ist, den SchülerInnen, die den Vertrag zur sozialen Verantwortung unterzeichnen, eine niedrige Hemmschwelle zu vermitteln, mit den Problemen an einen Erwachsenen heranzutreten. Sorgen Sie zudem dafür, dass die SchülerInnen ggf. in ein breiteres Netz von Schulberatungsangeboten eingebunden werden können, z. B. (falls vorhanden) an die VertrauenslehrerInnen der Schule, übergeordnete VertrauensschülerInnen, die SchülerInnen-Mediation etc., sodass sie sich dort auch im Rahmen von regelmäßig stattfindenden Treffen bei Bedarf Rat holen können.

5 Zusammenfassung von Strategien

10 min

V 5.20

Teilen Sie den SchülerInnen das Arbeitsblatt V 5.20 aus. Es enthält eine bunte Zusammenstellung von Strategien, die gegen Cybermobbing wirksam sind und die (im Idealfall) im Rahmen dieses Moduls besprochen wurden. Einige davon können verhindern, dass es zu Cybermobbing kommt (präventiv, „damit nichts passiert"), und andere sind hilfreich bei mehr oder weniger ernsten Vorfällen (interventiv).

Die Jugendlichen haben nun in Einzelarbeit und als zusammenfassende Aufgabe den Arbeitsauftrag, die Maßnahmen in eine (subjektiv) richtige Reihenfolge zu bringen.

Zum einen garantiert dies eine wiederholte Auseinandersetzung mit den einzelnen Maßnahmen und zum anderen soll die Erkenntnis vertieft werden, dass es Strategien gibt, die bereits vorbeugend eingesetzt werden können.

„Was könnt ihr sofort tun?"
„Was würdet ihr erst später tun?"
„Was würdet ihr als Letztes tun?"

Abgesehen von der Tatsache, dass die präventiven Strategien zuerst eingesetzt werden sollten, gibt es bei dieser Aufgabe keine „richtige" Reihenfolge.

Dennoch wird im Anschluss eine Beispiellösung im Plenum gesammelt und auf Overheadfolie eingetragen, sodass eventuell bestehende Unsicherheiten bei den Jugendlichen ausgeräumt werden können und die Möglichkeit besteht, Unklarheiten anzusprechen.

Beispiellösung für das Arbeitsblatt (Abweichungen sind möglich)

1. „Profil: Mit Sicherheit"
2. „Bombensicheres Passwort"
3. „Wer bist du eigentlich?"
4. „Geht dich nix an!"
5. „Kontakt abbrechen"
6. „Beweise sichern"
7. „Zack – Abgeblockt"
8. „Mit anderen reden"

Sollten SchülerInnen anderer Meinung sein, gehen Sie ruhig auf die Diskussion ein, sodass die Klasse eine Reihenfolge finden kann, die sie als Gesamtgruppe sinnvoll findet. Wenn SchülerInnen diese Reihenfolge selbst erarbeiten, ist die Wahrscheinlichkeit höher, dass sie sich im Ernstfall an diese erinnern.

6 Abschlussritual und Hausaufgabe

5–10 min

Für diesen Abschluss stehen Ihnen 5 bis 10 Minuten Zeit zur Verfügung. Der Zeitpuffer dient dazu, z. B. organisatorische Aspekte oder PC-Probleme zu besprechen, falls nötig.

Führen Sie – wie nach jedem Schritt – ein Blitzlicht mit den Ampelkarten durch, um zu erfassen, wie den SchülerInnen dieser Schritt gefallen hat. Dies gibt Ihnen einen Überblick darüber, wie die allgemeine Stimmungslage in der Klasse aussieht. Gehen Sie ggf. auf auffällige Konstellationen (z. B. rote Karten, gehäuft gelbe Karten) ein.

Erinnern Sie die SchülerInnen daran, dass sie – wie nach jedem Schritt – die Hausaufgabe haben, die wichtigsten Erkenntnisse der heutigen Stunde in zwei bis drei Sätzen in den Reflexionsbogen (V 1.8) einzutragen.

Übersicht der Vorlagen und Arbeitsblätter für Modul V

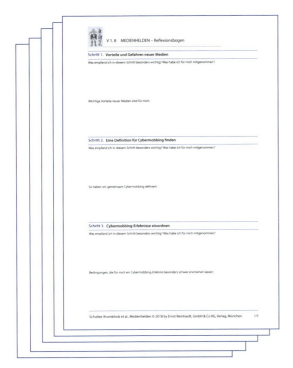

V 1.8 Handout Reflexionsbogen (5 Seiten)

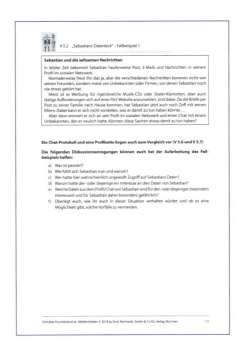

V 5.2 Handout Sebastians Datenleck 1

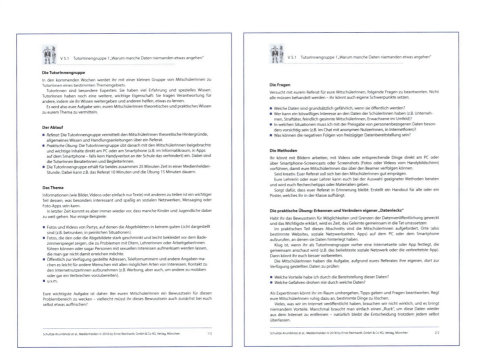

V 5.1 Handout TutorInnengruppe

V 5.3 Handout Sebastians Datenleck 2

V 5.4 Handout Sebastians Datenleck 3

V 5.5. Handout Soziale Netzwerke

V 5.6 Handout Sebastians Profil

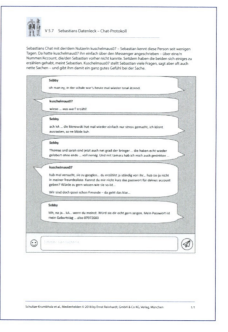

V 5.7 Handout Chatprotokoll

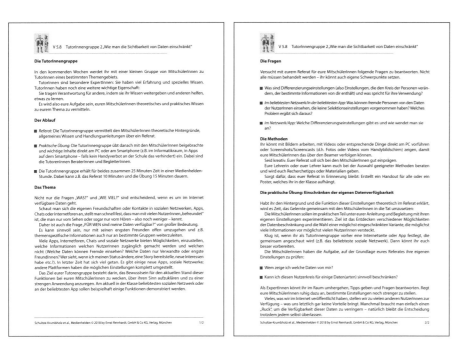

V 5.8 Handout TutorInnengruppe 2

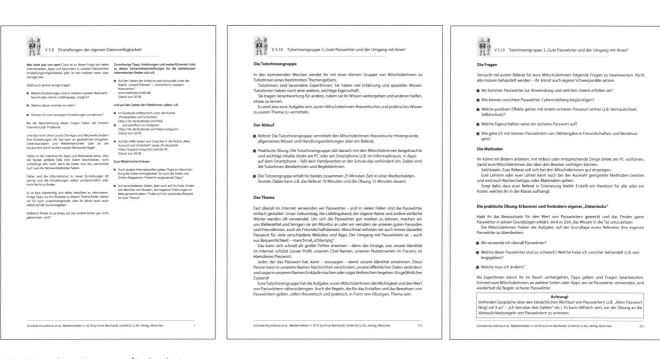

V 5.9 Handout Datenverfügbarkeit

V 5.10 Handout TutorInnengruppe 3

V 5.11 Handout sichere Passwörter

V 5.12 Handout TutorInnengruppe 4

V 5.13 Handout Einschränkungsfunktionen

V 5.14 Handout TutorInnengruppe 5

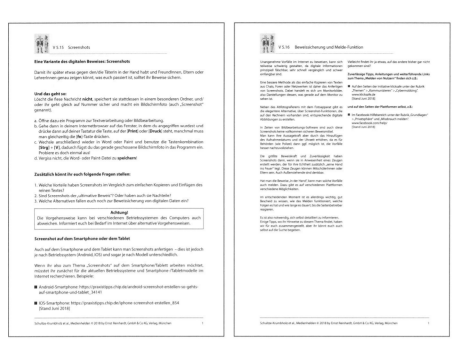

V 5.15 Handout Screenshots

V 5.16 Handout Beweissicherung

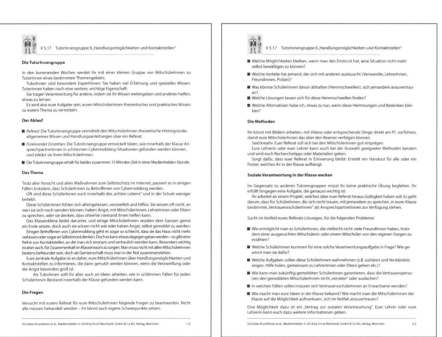

V 5.17 Handout TutorInnengruppe 6

Übersicht der Vorlagen und Arbeitsblätter für Modul V

V 5.18 Handout Intensive Vorfälle

V 5.19 Handout soziale Verantwortung

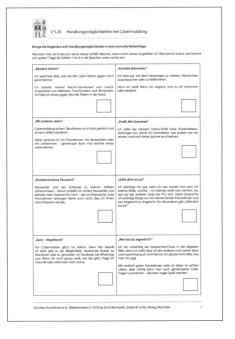

V 5.20 Handout Handlungsmöglichkeiten

Modul VI „Was darf ich von anderen preisgeben?" – rechtlicher Hintergrund

In diesem Modul werden die Übungen noch komplexer und die SchülerInnen sollen das bislang Gelernte gezielt einsetzen.

Anhand eines konkreten Cybermobbing-Falls, der für die beteiligten Parteien sichtbare Folgen hat, werden die SchülerInnen mit den unterschiedlichen relevanten gesetzlichen Rahmenbedingungen vertraut gemacht. Dies geschieht durch eine Debatte, die vor dem Klassengericht geführt wird und den SchülerInnen exemplarisch relevante Gesetze nahebringt, die auch auf Cybermobbing anwendbar sind. Durch diese Methode wird das kritische moralische Reflektieren der SchülerInnen gefördert.

Cybermobbing geschieht nicht im rechtsfreien Raum. In anderen Ländern gab es aufgrund von Cybermobbing bereits die ersten Klagen vor Gericht. Täter wurden in derartigen Prozessen bereits zu Strafen verurteilt, Schulen sogar zu Schadensersatz. Dies bedeutet, dass auch die Gesetzeslage eine relevante Rolle in diesem Bereich spielt.

Hauptziele

- Aufklärung über die gesetzlichen Rahmenbedingungen.
- Kritisches moralisches Reflektieren fördern.
- Kritischer Umgang mit den Daten Anderer.
- Förderung von Perspektivenübernahme und Empathie.

Die folgenden beiden Schritte eignen sich besonders zur gemeinsamen Durchführung als Doppelstunde (90 min). Sollten Sie keine Doppelstunde zur Verfügung haben, behandeln Sie die Inhalte trotzdem möglichst in einem Zeitrahmen von zwei (getrennten) Unterrichtsstunden und kürzen Sie sie nicht auf eine Unterrichtsstunde.

Schritt 10 – „Urheber- und Persönlichkeitsrechte" – Vorbereitungsphase

In diesem Schritt sollen die SchülerInnen den rechtlichen Hintergrund im Umgang mit Daten anderer Personen verstehen lernen. Im Fokus stehen hierbei das Recht auf freie Meinungsäußerung nach dem Grundgesetz und relevante Gesetze aus dem Strafgesetzbuch. Dass das Grundgesetz zwar freie Meinungsäußerung unter Schutz stellt, dies aber dahingehend einschränkt, dass dadurch die Ehre anderer Personen nicht verletzt werden darf, ist vielen nicht bekannt, die im Internet oft mit freier Meinungsäußerung argumentieren. Dies soll den SchülerInnen bewusst werden. Auch wissen viele nicht, dass etliche der Cybermobbing-Handlungen tatsächlich auch gegen das Strafgesetz verstoßen (z. B. Verleumdung oder Beleidigung). SchülerInnen soll vor Augen geführt werden, dass Handlungen im Internet nicht ohne Folgen bleiben. Sie sollen sich auch hier wieder in verschiedene Positionen hineinversetzen und in die eine oder andere Richtung argumentieren. Hierbei lernen sie die Sichtweisen der anderen Beteiligten kennen.

Schritt 10 dient primär der Vorbereitung und der Auseinandersetzung mit den Arbeitsmaterialien. Inhaltliches Ziel ist hier die Wissensvermittlung der relevanten Gesetze. Im anschließenden Schritt 11 wird die Gerichtsverhandlung (auch „Debatte"; s. Sächsischer Bildungsserver o. J.) durchgeführt und die Argumente der einzelnen Gruppen vorgetragen.

Teilschritte	Methoden	Material	Zeit
Rekapitulation		V 1.8 (Hausaufgabe von letzter Stunde)	5 min
Falldarstellung und Verteilung der Rollen		V 6.1 V 6.2	15 min
Vorbereitungsphase	Kleingruppenarbeit	–	20 min
Abschlussritual und Hausaufgabe	Blitzlicht	Ampelkarten	5 min

Was muss ich vorbereiten?

- Für alle SchülerInnen das Arbeitsblatt „Der Fall Sarina" (V 6.1) kopieren.
- Rollenkarten (V 6.2) kopieren.
- Auswertungsbogen (V 6.3) kopieren.

1 Rekapitulation

5 min

Lassen Sie zur kurzen Rekapitulation der vorherigen Stunde eine/n SchülerIn vorlesen, was er/sie in den Reflexionsbogen (V 1.8) eingetragen hat, um damit die wichtigsten Inhalte des letzten Schritts zusammenzufassen. Ergänzen Sie ggf. Aspekte, die Sie zusätzlich für wichtig halten.

Gehen Sie auf Fragen ein, die ggf. zum letzten Schritt aufgekommen sind. Beantworten Sie diese jedoch nur kurz und lassen Sie möglichst zu diesem Zeitpunkt keine Diskussion aufkommen. Denken Sie jedoch daran: Störungen haben Vorrang! Wenn ein Schüler also ein schwerwiegendes Problem mit der letzten Stunde hatte, gehen Sie darauf ein und kürzen Sie notfalls den Inhalt der heutigen Stunde.

2 Falldarstellung und Verteilung der Rollen

15 min

V 6.1

Teilen Sie der Klasse das Arbeitsblatt V 6.1 zum „Fall Sarina" aus. Lassen Sie eine der SchülerInnen den Text laut vorlesen und stellen Sie sicher, dass alle SchülerInnen den Text verstanden haben. Klären Sie notfalls Verständnisprobleme auf.

Stellen Sie anschließend die Ausgangssituation für die Übungen dieses und des nächsten Schrittes (Schritt 11) dar:

In der Klasse gibt es ein Klassengericht, das von den Vorfällen erfahren hat. Nun soll dieses Klassengericht entscheiden, ob Sarina so schwere Schuld auf sich geladen hat, dass sie bei der Polizei angezeigt werden sollte.

Sowohl Sarina als auch Aileen werden vor dem Klassengericht durch „AnwältInnen" vertreten, die jeweils deren Interesse wahren sollen. Es gibt jedoch auch neutrale Beteiligte, die das „Gericht" auf verschiedene Rechte und Gesetze aufmerksam machen, die es bei einer Entscheidung abzuwägen gilt. Zum Schluss soll eine moralisch gut reflektierte Entscheidung darüber stehen, wie mit Sarina zu verfahren ist. Bilden Sie nun insgesamt fünf Gruppen (5–6 SchülerInnen pro Gruppe):

- Eine Gruppe soll Sarinas Interessen vertreten und sie möglichst heil aus der Angelegenheit herausholen.
- Die zweite Gruppe vertritt Aileen und befürwortet eine Anzeige bei der Polizei.
- „Nebenkläger" sind die AnwältInnen der Meinungsfreiheit, die dieses Recht vertreten und die Sache neutral behandeln sollten. Sie sollen dem Gericht nur Argumente für eine Entscheidung liefern.
- Ebenfalls „Nebenkläger" sind die AnwältInnen der Privatsphäre, die dieses Recht vertreten und die Sache neutral behandeln sollten. Sie sollen dem Gericht nur Argumente für eine Entscheidung liefern.
- Die fünfte Gruppe stellt schließlich das Geschworenengericht der Klasse dar.

Teilen Sie die jeweiligen Gruppen ein. Die Rollenkarten werden später verteilt. Besonders wirksam ist diese Übung, wenn Personen einen anderen als den tatsächlichen eigenen Standpunkt vertreten sollen. Wenn sich in Ihrer Klasse also jemand befindet, der durch Angriffe auf andere (im Cyberspace oder normalen Schulalltag) auffällig wurde, macht es Sinn, diese Person beispielsweise der Gruppe von Aileens AnwältInnen oder den AnwältInnen der Privatsphäre zuzuteilen. Ansonsten sollte insgesamt eine zufällige Zuteilung bevorzugt werden, da sich sonst überwiegend Personen in den Gruppen befinden, die sich mit dem jeweiligen Standpunkt auch persönlich identifizieren, und somit kaum Perspektivenübernahme stattfindet.

Sie selbst können auch an der Debatte teilnehmen und in der Gruppe des Klassengerichts integriert sein. Achten Sie hier jedoch darauf, dass Sie möglichst nur beratend, jedoch nicht entscheidend auf die Gruppe einwirken.

Was vertreten die einzelnen Gruppen?

Aileens AnwältInnen

- Sind für eine Anzeige bei der Polizei.
- Sarina hat § 185 StGB *verletzt*: Beleidigung – Jemanden mit Worten oder Taten in seiner Ehre verletzen.
- Sarina hat § 187 StGB *verletzt*: Verleumdung – Lügen über andere verbreiten, um ihrem Ruf zu schaden.

Sarinas AnwältInnen

- Sarina unbeschadet aus der Sache herausholen.
- Sarina hat § 185 StGB nicht verletzt: Beleidigung – Jemanden mit Worten oder Taten in seiner Ehre verletzen.
- Sarina hat § 187 StGB nicht verletzt: Verleumdung – Lügen über andere verbreiten, um ihrem Ruf zu schaden.

AnwältInnen der Privatsphäre

- Vertreten die Privatsphäre hinsichtlich der Veröffentlichung von Bildmaterial.
- Vertreten § 22 KunstUrhG: Es ist verboten, Bilder (Fotos / Videos) von anderen ohne ihre Zustimmung zu veröffentlichen.
- Vertreten § 201a StGB: Es wird bestraft, wenn man intime Bilder oder Videos aus der Privatsphäre von Personen (z. B. in der Wohnung) veröffentlicht, auch wenn diese Bilder mit Einverständnis des Fotografierten geschossen wurden.

AnwältInnen der Meinungsfreiheit

- Vertreten die Meinungsfreiheit hinsichtlich der Veröffentlichung von Sarinas Meinung.
- Vertreten Art. 5 GG: „Jeder hat das Recht, seine Meinung in Wort, Schrift und Bild frei zu äußern und zu verbreiten." Aber das Recht endet, wo Gesetze und die persönliche Ehre von Menschen verletzt werden.

Gericht

- Vertreter des Gerichts sind neutral,
- bewerten und wägen die Argumente ab,
- haben Kenntnis aller vertretenen Gesetze,
- fällen ein Urteil dahingehend, welche Gruppe sie am meisten überzeugt hat.

Im Idealfall ist das Urteil ein Kompromiss.

Die folgenden Regeln gelten für den Ablauf der Debatte bzw. Verhandlung. Es ist wichtig, diese den SchülerInnen schon in der Vorbereitungsphase zu erläutern, damit sie sie in ihre Planung einbeziehen können.

Regeln für die Debatte

- Jede Gruppe bereitet zwei Argumente vor, denn es wird zwei Runden geben.
- Außerdem soll eine abschließende Zusammenfassung vorbereitet werden (Schlussplädoyer; 3. Runde).
- Die Argumente und Schlussplädoyers werden zwischen den Gruppen abwechselnd vorgetragen.
- Für jeden dieser Redebeiträge stehen der Gruppe 90 Sekunden Zeit zur Verfügung. Das Gericht wird die Zeit genau messen und bei Überziehen der Zeitbegrenzung den Redebeitrag abbrechen.
- Nicht jeder in der Gruppe muss etwas sagen, die SchülerInnen dürfen sich die Redebeiträge aber teilen. Jeder Redebeitrag darf trotzdem nur 90 Sekunden dauern.
- Der jeweilige Redner soll auf die vorhergehenden Redebeiträge der Gegenseite eingehen und deren Argumente nicht völlig ignorieren.
- Die Argumente sollen klar verständlich sein, nachvollziehbar, überzeugend und gut begründet.
- Die Redebeiträge sollen sachlich bleiben und niemanden angreifen.
- Am Ende zieht sich das Gericht zurück, beschließt ein Urteil und begründet es vor der Klasse. Außerdem gibt es den Gruppen mithilfe eines Auswertungsbogens eine Rückmeldung über deren Leistungen.

3 Vorbereitungsphase

20 min

Die Gruppen sollen sich an Gruppentischen zusammenfinden.

Teilen Sie nun die Rollenkarten (V 6.2) aus. Auf den Rollenkarten befinden sich neben der Aufgabenstellung auch noch relevante rechtliche Hintergründe.

In den nächsten 20 Minuten sollen die Gruppen sich zwei stichhaltige Argumente überlegen, die sie anbringen wollen, aber auch vorausschauend darüber nachdenken, welche Argumente die gegnerische Seite anführen wird und wie sie darauf reagieren könnten. Zudem sollen sie die Redebeiträge untereinander verteilen, sodass mindestens eine Person in Runde 1 spricht, eine andere in Runde 2 und eine dritte Person in Runde 3 das Schlussplädoyer hält (s. Schritt 11).

Da die Gruppe des Geschworenengerichts in dieser Phase selbst wenig vorzubereiten hat, geben Sie ihnen die Aufgabe, im Text „Der Fall Sarina" Sarinas Fehler rot und Aileens Fehler blau zu unterstreichen. Zudem soll sie bereits jemanden bestimmen, der die Redezeiten stoppt, und auch darüber diskutieren, wie sie einheitlich die einzelnen Bewertungsaspekte handhaben wollen. Geben Sie hierfür der Gruppe bereits die Auswertungsbögen (V 6.3). Wichtig ist, dass diese Gruppe wirklich von Beginn an neutral eingestellt ist. Darauf kann sich die Gruppe noch einmal einschwören.

V 6.2

V 6.3

4 Abschlussritual und Hausaufgabe

5 min

Dieser Arbeitsschritt entfällt, wenn Sie die beiden Schritte dieses Moduls direkt nacheinander durchführen.

Führen Sie – wie nach jedem Schritt – ein Blitzlicht mit den Ampelkarten durch, um zu erfassen, wie den SchülerInnen dieser Schritt gefallen hat. Dies gibt Ihnen einen Überblick darüber, wie die allgemeine Stimmungslage in der Klasse aussieht. Gehen sie ggf. auf auffällige Konstellationen (z. B. rote Karten, gehäuft gelbe Karten) ein.

Erinnern Sie die SchülerInnen daran, dass sie – wie nach jedem Schritt – die Hausaufgabe haben, die wichtigsten Erkenntnisse der heutigen Stunde in zwei bis drei Sätzen in den Reflexionsbogen (V 1.8) einzutragen.

Schritt 11 – „Urheber- und Persönlichkeitsrechte" – Klassengericht

In diesem Schritt wird praktisch umgesetzt, was sich die Kleingruppen im vorangegangenen Schritt erarbeitet haben. Stand in Schritt 10 v. a. die Wissensvermittlung im Vordergrund, so geht es in Schritt 11 besonders um kritisches moralisches Reflektieren in Form einer Gerichtsverhandlung, die unterschiedliche Seiten abwägt. Durch die Darlegung verschiedener Sichtweisen (unterschiedliche Parteien) werden Perspektivenübernahme und Empathie gefördert.

Teilschritte	Methoden	Material	Zeit
Rekapitulation		V 1.8 (Hausaufgabe von letzter Stunde)	5 min
Verhandlung	Debatte	V 6.4 Klebestreifen Stoppuhr	25 min
Urteilsfindung	Auswertung, Punktevergabe	V 6.3	10 min
Abschlussritual und Hausaufgabe	Blitzlicht	Ampelkarten	5 min

Was muss ich vorbereiten?

- Fünf Tische entsprechend der Abbildung unter Teilschritt 2 anordnen.
- Tische mit den Zetteln für die einzelnen Parteien kennzeichnen (V 6.4, Klebestreifen).

1 Rekapitulation

Dieser Arbeitsschritt entfällt, wenn Sie die beiden Schritte dieses Moduls direkt nacheinander durchführen.

5 min

Lassen Sie zur kurzen Rekapitulation der vorherigen Stunde eine/n SchülerIn vorlesen, was er/sie in den Reflexionsbogen (V 1.8) eingetragen hat, um damit die wichtigsten Inhalte des letzten Schritts zusammenzufassen. Ergänzen Sie ggf. Aspekte, die Sie zusätzlich für wichtig halten.

Gehen Sie auf Fragen ein, die ggf. zum letzten Schritt aufgekommen sind. Beantworten Sie diese jedoch nur kurz und lassen Sie möglichst zu diesem Zeitpunkt keine Diskussion aufkommen. Denken Sie jedoch daran: Störungen haben Vorrang! Wenn eine Schülerin also ein schwerwiegendes Problem mit der letzten Stunde hatte, gehen Sie darauf ein und kürzen Sie notfalls den Inhalt der heutigen Stunde.

2 Verhandlung

Die Kleingruppen aus Schritt 10 kommen an ihrem jeweiligen Tisch zusammen und treffen kurz letzte Absprachen, beispielsweise wer in welcher Runde den Redebeitrag leistet, falls dies noch nicht abgesprochen ist. Nun kann die Verhandlung vor dem Klassengericht beginnen.

25 min

V 6.4

Ablauf

1. **Aufstellung der Tische:** Bereits vor Beginn der Stunde werden die Tische aufgestellt (s. Abb. 11). Wenn Sie Schritt 10 und 11 als Doppelstunde durchführen, können Sie die Gerichtsgruppe bitten, Ihnen zu helfen. Es reicht ein Tisch pro Gruppe. Die Redner sollten am Tisch, die Gruppenmitglieder ohne Redebeitrag hinter den Rednern sitzen, wenn am Tisch kein Platz mehr ist. Auf diese Weise werden fünf Kleingruppen deutlich. Kleben Sie mit Klebeband jeweils die Namensschilder der einzelnen Parteien vorn an den Tisch (V 6.4).

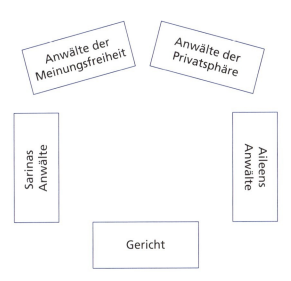

Abb. 11: Verhandlung vor dem Klassengericht mit Anordnung aller Parteien.

2. **Vorstellung der Gruppen:** Alle Gruppen sollen sich kurz vorstellen – wen sie vertreten und was ihr Anliegen ist. Dabei sollen sie noch nichts über ihre Argumente verraten. Beispiel: *„Wir sind Sarinas AnwältInnen und wollen Sarina verteidigen. Wir wollen zeigen, dass Sarina das Gesetz gegen Beleidigung, also jemanden mit Worten oder Taten in seiner Ehre zu verletzen, nicht gebrochen hat"* oder *„Wir sind die AnwältInnen der Meinungsfreiheit und wollen heute hier vertreten, dass jeder das Recht hat, seine Meinung frei zu äußern und zu verbreiten"*.

3. **Redebeiträge (Runde 1 und 2):** Es beginnen die AnwältInnen von Aileen, die mit ihrem ersten Redebeitrag Sarina etwas zur Last legen. Der Redebeitrag ist auf 90 Sekunden begrenzt. Als Nächstes antworten Sarinas AnwältInnen, die im Idealfall erst auf das angebrachte erste Argument eingehen und dann ihr eigenes erstes Argument anbringen. Auch diese Gruppe darf nur insgesamt 90 Sekunden sprechen. Diesem Prinzip folgend sind nun zuerst die AnwältInnen der Privatsphäre und danach die der Meinungsfreiheit an der Reihe. Wenn alle Gruppen ein Mal an der Reihe waren, beginnt es von vorn, wiederum in der Reihenfolge: 1. Aileens AnwältInnen, 2. Sarinas AnwältInnen, 3. AnwältInnen der Privatsphäre, 4. AnwältInnen der Meinungsfreiheit. Während der gesamten Zeit hört das Gericht zu und füllt während der Beiträge den Auswertungsbogen (V 6.3) aus. Außerdem stoppt das Gericht die Zeit und bricht Redebeiträge ab, die länger als 90 Sekunden dauern.

4. **Schlussplädoyers (Runde 3):** In der abschließenden Runde fasst jede Gruppe ihre dargelegten Argumente noch einmal zusammen sowie ihre Erwiderungen auf die Argumente der anderen Gruppen. Die Reihenfolge der Redebeiträge bleibt die gleiche wie in den ersten beiden Runden. Auch hier stehen jeder Gruppe nur 90 Sekunden zur Verfügung, d. h. für den Abschluss sollten Personen gewählt werden, die Inhalte auf den Punkt bringen können und gleichzeitig flexibel genug sind, spontan Inhalte einzubringen, die erst während der Debatte entwickelt wurden.

3 Urteilsfindung

Nach den Schlussplädoyers zieht sich das Gericht in eine Ecke des Klassenzimmers zurück und berät über das Urteil, zu dem es kommen möchte, und die entsprechenden Gründe dafür. Das Urteil sollte von einer Mehrheit, im Idealfall von allen Angehörigen der Gerichtsgruppe, getragen werden.

Es geht in dieser Stunde nicht um eine unnötige Kriminalisierung der Jugendlichen, sondern lediglich um das Bewusstsein, dass einige ihrer Online-Verhaltensweisen strafrechtliche Relevanz aufweisen. Daher sollte Sarina auch nicht unnötig und unrealistisch bestraft werden, sondern im Sinne der Verhältnismäßigkeit beispielsweise eine Verwarnung durch das Klassengericht ausgesprochen oder Wiedergutmachung (z. B. ein Täter-Opfer-Ausgleich) angeregt werden. Alle Standpunkte sollten sorgfältig abgewogen werden. Ihre Aufgabe besteht darin, regulierend auf das Gericht einzuwirken, wenn sich abzeichnet, dass beispielsweise ein Exempel statuiert werden soll.

Wenn das Gericht ein Urteil gefällt hat, wird dieses verkündet und begründet. Hierzu sollte das Gericht genau sagen, welche Argumente die SchülerInnen überzeugt haben. Es kann auch auf das Allgemeinwohl der SchülerInnen an der Schule und die Signalwirkung der Entscheidung eingegangen werden.

Zum Abschluss gibt das Gericht den einzelnen Gruppen noch Feedback zu ihren Leistungen mithilfe des Auswertungsbogens, z. B. „Sarinas AnwältInnen hatten zwar in allen Runden Schwierigkeiten, sich an die Zeitvorgaben zu halten, aber die Argumente waren sehr überzeugend und gut durchdacht". Das Feedback soll in jedem Falle sachlich bleiben und nicht persönlich werden (s. Kap. 2.4 des Theorieteils).

Hinweis: Es sollte deutlich werden, dass ein moralischer Konflikt besteht zwischen Meinungsfreiheit und Privatsphäre, dass jedoch zugunsten der Privatsphäre und des Schutzes der Ehre eines anderen das Recht auf freie Meinungsäußerung zurückstehen muss. Zudem sollte den SchülerInnen klar werden, dass sie für ihr Handeln und die Konsequenzen einem anderen gegenüber verantwortlich sind. Sarinas Handeln sollte nicht mit Verweis auf die freie Meinungsäußerung glorifiziert werden.

Wichtig ist, dass den SchülerInnen am Ende bewusst ist, welche Gesetze im Zusammenhang mit Cybermobbing beispielsweise zur Anwendung kommen können und wofür Privatsphäre und Meinungsfreiheit stehen.

> **Tipp:**
> Wenn die SchülerInnen es möchten, kann auch eine Gewinnergruppe gekürt werden. Dies sollten Sie im Hinblick auf die Atmosphäre in der Klasse entscheiden. Wenn die SchülerInnen mehr Spaß haben, ohne dabei an den Wettbewerb denken zu müssen, sollte am Ende keine Gewinnergruppe genannt werden.

> **Tipp:**
> Wenn Sie über die technischen Möglichkeiten verfügen und die SchülerInnen es wollen, können Sie diese Übung auch als Video aufzeichnen. So haben die SchülerInnen ein konkretes Arbeitsergebnis der letzten zwei Schritte. Erfahrungsgemäß macht es SchülerInnen sehr viel Spaß, derartige Aktivitäten multimedial zu gestalten und festzuhalten.

4 Abschlussritual und Hausaufgabe

5 min

Führen Sie – wie nach jedem Schritt – ein Blitzlicht mit den Ampelkarten durch, um zu erfassen, wie den SchülerInnen dieser Schritt gefallen hat. Dies gibt Ihnen einen Überblick darüber, wie die allgemeine Stimmungslage in der Klasse aussieht. Gehen sie ggf. auf auffällige Konstellationen (z. B. rote Karten, gehäuft gelbe Karten) ein.

Erinnern Sie die SchülerInnen daran, dass sie – wie nach jedem Schritt – die Hausaufgabe haben, die wichtigsten Erkenntnisse der heutigen Stunde in zwei bis drei Sätzen in den Reflexionsbogen (V 1.8) einzutragen.

Übersicht der Vorlagen und Arbeitsblätter für Modul VI

V 1.8 Handout Reflexionsbogen (5 Seiten)

V 6.1 Handout Klassengericht: Ausgangssituation

V 6.2 Handout Klassengericht: Rollenkarten 1/5 2/5 3/5

Modul VI „Was darf ich von anderen preisgeben?" – rechtlicher Hintergrund

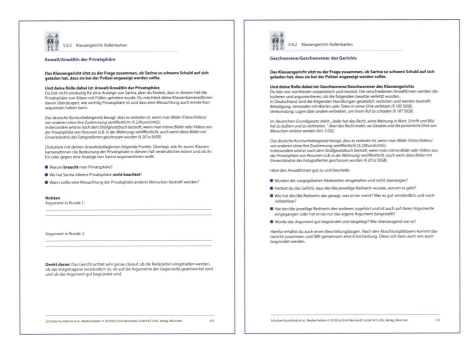

V 6.2 Handout Klassengericht: Rollenkarten 4/5 5/5

V 6.3 Handout Klassengericht: Bewertungsbogen

Übersicht der Vorlagen und Arbeitsblätter für Modul VI

Sarinas Anwälte	**Aileens Anwälte**
Anwälte der Meinungsfreiheit	**Anwälte der Privatsphäre**
Gericht	

V 6.4 Folie Anwälte

Modul VII
Elternabend

Die beiden folgenden Module (VII und VIII) sind die letzten Module des Medienhelden-Curriculums. Sie fördern beide die Integration des Gelernten in den Alltag. Zu diesem Zweck gestalten und organisieren die SchülerInnen in Modul VII selbst einen Elternabend.

Der Elternabend dient einer ersten Reflexion der Inhalte. Dieser Ansatz zeichnet sich besonders durch seine Methodik aus: Zum einen bestehen die folgenden Unterrichtsstunden aus Projektarbeit, die die SchülerInnen selbst gestalten, zum anderen vermitteln sie ihren Eltern in einem Student-to-Parent-Ansatz (SchülerInnen bringen Eltern etwas bei) wichtige Inhalte, wirken Vorurteilen vor und fördern die Eltern-Kind-Kommunikation. Dadurch wird ihre „Expertenstellung" bezüglich moderner Medien erneut unterstrichen, und sie erfahren ein Gefühl von Selbstwirksamkeit.

Hauptziele

- Elternabend: vorbesprechen und Vorbereitungen starten.
- Eltern einbinden, und Wissens- und Fertigkeitentransfer, Anwendung des Gelernten.
- Anerkennung der Kompetenzen der SchülerInnen, Selbstwirksamkeit steigern.
- Verbesserung medienbezogener Kommunikation in den Familien, Abbau von Vorurteilen der Eltern, Verbesserung des Vertrauens zwischen Eltern und Kind.
- Zusammenarbeit im Klassenverband verbessern.

Schritt 12 –
Vorbereitung des Elternabends – Organisatorisches

In den folgenden Unterrichtsstunden bereiten die SchülerInnen den Elternabend vor. In Schritt 12 reflektieren die SchülerInnen über die Stunden hinweg, was sie gelernt haben, und entscheiden, was sie davon für relevant halten und in den Alltag integrieren möchten. Sie setzen sich noch einmal mit den Inhalten des Programms auseinander und identifizieren Kernthemen, die den Inhalt des Elternabends bilden. Ziel ist es, den SchülerInnen zu vermitteln, dass sie die eigentlichen Experten auf dem Gebiet der neuen Kommunikationsmedien sind und ihren Mitmenschen Kompetenzen vermitteln können.

In diesem Schritt sollen v. a. Planung und Organisation stattfinden und beendet werden. Die SchülerInnen legen die Themen und Gruppenaufteilungen fest und entscheiden sich innerhalb der Gruppen schon für Methoden. Sie sollen auch planen, was innerhalb welchen Zeitrahmens geschehen muss, um die Arbeiten bis zum Elternabend erfolgreich abschließen zu können.

Ziel dieses und des folgenden Schrittes ist es, die Selbstwirksamkeit der SchülerInnen zu fördern, indem sie entscheiden, was sie ihren Eltern beibringen wollen, und die Medienrezeption ihrer Eltern somit steuern. Gleichzeitig lassen sie Revue passieren, was sie in den letzten Wochen inhaltlich behandelt haben. Daraus filtern sie das für sie Wichtige heraus. Durch die Bearbeitung der Inhalte in Form eines letzten gemeinsamen Projektes finden eine Integration in ein Gesamtkonzept und der Transfer in den Alltag statt.

Teilschritte	Methoden	Material	Zeit
Rekapitulation		V 1.8 (Hausaufgabe von letzter Stunde)	5 min
Themenfindung	Brainstorming, Tafelbild	Tafel / Folie	10 min
Gruppenzuteilung / Aufgabenverteilung			10 min
Beginn der Arbeiten	Gruppenarbeit	V 7.1	15 min
Abschlussritual und Hausaufgabe	Blitzlicht	Ampelkarten	5 min

Sie als Lehrkraft benötigen nun einen zeitnahen Termin für den Elternabend.

Was muss ich vorbereiten?

- Arbeitsblatt „Vorbereitung des Elternabends" (V 7.1) kopieren.
- Termin für den Elternabend festlegen und bekanntgeben.

Anmerkung: Der Termin für den Elternabend sollte möglichst zeitnah sein, da sich der letzte Schritt erst an die tatsächliche Durchführung anschließt. Zudem ist die Wirkung größer, wenn die SchülerInnen einen unmittelbaren Erfolg erleben.

Vorschlag

Die Teilnahmebereitschaft der Eltern steigt, wenn die SchülerInnen aktiv in den Einladungsprozess einbezogen werden und beispielsweise selbst eine Einladung entwerfen.

1 Rekapitulation

5 min

Lassen Sie zur kurzen Rekapitulation der vorherigen Stunde eine/n SchülerIn vorlesen, was er/sie in den Reflexionsbogen (V 1.8) eingetragen hat, um damit die wichtigsten Inhalte des letzten Schritts zusammenzufassen. Ergänzen Sie ggf. Aspekte, die Sie zusätzlich für wichtig halten.

Gehen Sie auf Fragen ein, die ggf. zum letzten Schritt aufgekommen sind. Beantworten Sie diese jedoch nur kurz und lassen Sie möglichst zu diesem Zeitpunkt keine Diskussion aufkommen. Denken Sie jedoch daran: Störungen haben Vorrang! Wenn ein Schüler also ein schwerwiegendes Problem mit der letzten Stunde hatte, gehen Sie darauf ein und kürzen Sie notfalls den Inhalt der heutigen Stunde.

2 Themenfindung

Regeln für das SchülerInnenprojekt „Elternabend"

Die SchülerInnen sollen selbst einen Elternabend gestalten und mit Inhalten füllen. Die Inhalte legen sie selbst fest. Sie sollen sich jedoch auf die Inhalte der letzten Wochen mit dem Medienhelden-Curriculum beziehen. Die Inhalte sollten das widerspiegeln, was die SchülerInnen ihren Eltern mitgeben möchten.

Nachdem die SchülerInnen einige Themen festgelegt haben, werden diese in Kleingruppen ausgearbeitet.

Den SchülerInnen ist – in Abhängigkeit von den Möglichkeiten an Ihrer Schule – freigestellt, ob sie den Eltern ein Poster präsentieren, einen Vortrag halten, Übungen im Medienraum am Computer anleiten möchten oder vieles andere mehr. Die Gruppen sollten sich jedoch keine zu großen Aufgaben stellen, da als Vorbereitungszeit lediglich diese sowie zwei weitere Stunden vorgesehen sind. Es steht Ihnen jedoch frei, den SchülerInnen dieses Projekt als Hausaufgabe mitzugeben. Die einzelnen Präsentationen sollten nicht länger als 10 bis 15 Minuten dauern.

Um den Elternabend sorgfältig vorbereiten zu können, orientieren Sie sich an dem folgenden Ablauf:

- Festlegung eines Themas,
- Identifizierung der zu bearbeitenden Fragestellung(en),
- Recherche,
- Festlegung der Präsentationsmethode,
- Aufstellung eines Zeitplans,
- Durchführung der Arbeiten,
- Präsentation des Ergebnisses (Elternabend).

Warum organisieren die Jugendlichen einen Elternabend?

Im Bereich der neuen Kommunikationstechnologien gibt es keine besseren Experten als die Jugendlichen selbst. Oft ist es jedoch so, dass über ihren Kopf hinweg agiert wird und Wissenschaftler, die selbst oft nur „digitale Immigranten" (Prensky 2001) sind, Theorien über sie aufstellen und Strategien entwerfen, ohne die Jugendlichen einzubeziehen. Eltern- und Lehrerratgeber sind meist von anderen Erwachsenen geschrieben und wenn es um moderne Kommunikation geht, wird selten das Expertenwissen der Jugendlichen herangezogen. Oft genug werden sie noch als Kinder wahrgenommen. Das Ziel dieses Moduls ist es, Jugendliche als Experten zu nutzen und in die Kommunikation und die Präventionsarbeit einzubeziehen. Deshalb sollen die Jugendlichen selbst einen Elternabend gestalten, der ihre zentralen Erkenntnisse aus den vergangenen Wochen in der Arbeit mit dem Medienhelden-Curriculum reflektiert. Dabei können sie über die Inhalte, die Präsentationsart und die Aufteilung selbst entscheiden. Dies soll ihre Selbstwirksamkeit steigern und im besten Fall sogar die Kommunikation mit den Eltern verbessern.

Welche Rolle haben Sie als Lehrkraft?

Wirken Sie bei der Durchführung der kommenden Schritte moderierend und organisierend auf die Jugendlichen ein, geben Sie Ihnen aber inhaltlich möglichst wenig vor. Die Inhalte des Elternabends sollen das Wesen der Klasse und jedes Einzelnen widerspiegeln. Unterstützen Sie die Jugendlichen in organisatorischen Belangen (z. B. Brief an die Eltern mit der Einladung zum Elternabend, Organisation eines Raums, der nötigen Materialien etc.). Die Jugendlichen sollen sich auch selbst als Experten wahrnehmen, Wertschätzung erfahren und die Basis für Kommunikation über moderne Medien innerhalb ihrer Familien legen.

Sammeln Sie die Ideen der SchülerInnen in einem Brainstorming. Achten Sie darauf, dass die Vorschläge thematisch relevant bleiben. Die SchülerInnen sollten die Themen danach auswählen, was sie selbst wichtig finden. Die Ideensammlung können Sie an der Tafel oder auf einer Folie festhalten.

Die Klasse soll sich überlegen, welche Inhalte des Medienhelden-Curriculums sie besonders wichtig findet und was sie von dem, was sie gelernt hat, gern an die Eltern weitervermitteln möchte. Dies können auch Themen sein, die im Medienhelden-Curriculum nicht explizit behandelt wurden, z. B. der Abbau von Vorurteilen gegenüber modernen Medien, indem SchülerInnen darstellen, was ihnen an der Mediennutzung großen Spaß bereitet, während sie gleichzeitig deutlich machen, dass sie sich der Gefahren bewusst sind und damit umzugehen wissen. Die SchülerInnen können auch beschließen, ein Theaterstück aufzuführen oder ein eigenes Video zu drehen, in dem sie ein Rollenspiel aus dem Programm verwenden. Sie könnten eine eigene Klassen-Website zum Thema Cybermobbing initiieren oder einen Klassen-Blog schreiben. Den SchülerInnen sind in ihrem Einfallsreichtum (fast) keine Grenzen gesetzt.

Beispiele für Inhalte des Elternabends

Thema	Umsetzung
Vor- und Nachteile von modernen Medien	Die SchülerInnen präsentieren ihren Eltern, welche positiven Nutzungsweisen moderner Kommunikationsmedien es gibt (z. B. Informationssuche, mit FreundInnen in Kontakt bleiben). Sie zeigen ihnen aber auch, dass sie sich der Gefahren bewusst sind, indem sie sie nennen und erklären, wie man damit umgehen kann.
Wissensvermittlung	Die SchülerInnen wählen eine der Übungen aus, die ihnen im Medienhelden-Curriculum gut gefallen hat, und führen diese mit ihren Eltern durch.
Eltern über Cybermobbing aufklären	Die SchülerInnen recherchieren noch weiter zu Cybermobbing und stellen ihre Erkenntnisse in einem Vortrag vor.
Eltern über Apps und soziale Netzwerke aufklären	Die SchülerInnen zeigen ihren Eltern live im Medienraum, was ihr Lieblings-Netzwerk oder ihre Lieblings-App ist, wie man damit umgeht und was ihnen daran so viel Spaß macht.
Datenschutz der eigenen Daten	Die SchülerInnen zeigen ihren Eltern im Medienraum live am Computer, wie man die Datenschutzeinstellungen in sozialen Netzwerken oder Apps ändert.

Handlungsmöglichkeiten	Die SchülerInnen erklären ihren Eltern, welche Reaktion sie sich von ihnen wünschen, wenn im Internet oder per Handy etwas Negatives passiert (z. B. nicht gleich das Handy / Internet wegnehmen) und was Eltern dann tun oder wie sie ihr Kind unterstützen können.
	Die SchülerInnen halten einen Vortrag darüber, was sie selbst tun können, um Cybermobbing zu unterbinden oder zu verhindern. Die SchülerInnen spielen eines der Rollenspiele mit Handlungsmöglichkeiten bei Cybermobbing als Theaterstück vor oder denken sich ein neues Stück zu diesem Thema aus

3 Gruppenzuteilung / Aufgabenverteilung

Wie beliebt die Themen sind, wird sich nun zeigen. Die SchülerInnen können sich für die Themen melden, die sie in der Gruppenarbeit bearbeiten möchten. Es sollten insgesamt nicht mehr als drei bis vier Gruppen entstehen. Erfahrungsgemäß werden einige Themen kaum besetzt sein. Andere Themen werden großen Zuspruch erhalten. Wenn diese sehr breit gefächert sind, könnten sie noch weiter unterteilt werden. Der Arbeitsaufwand sollte in der kurzen Zeit bewältigbar sein. Die SchülerInnen könnten entscheiden, nur einige Teilaspekte eines größeren Themas bearbeiten zu wollen. Die Gruppen sollten zahlenmäßig gleichmäßig besetzt sein.

4 Beginn der Arbeiten

Die SchülerInnen sollten im Idealfall in diesem Schritt mit der Planung ihrer Arbeit abschließen, sodass sie in der nächsten Stunde direkt mit der Umsetzung beginnen können.

Teilen Sie das Arbeitsblatt V 7.1 aus. Dieses Blatt soll den SchülerInnen helfen, sich zu organisieren. Sie sollen zunächst überlegen, welche Teilfragestellungen („Unterthemen") das Thema beinhaltet. Als Nächstes folgt die Überlegung, was sie noch weiterführend recherchieren müssen. Die SchülerInnen sollen festlegen, welche Präsentationsform sie wählen möchten (z. B. Theaterstück, Vortrag, Poster, Video o. Ä.) und überlegen, welche Materialien sie noch benötigen. Zudem soll eine Zeitplanung und Aufgabenverteilung innerhalb der Gruppe erfolgen. Dieses Arbeitsblatt folgt den Teilaspekten, die in Teilschritt 2 bereits erwähnt wurden.

Sie als LehrerIn sollten in dieser Arbeitsphase für die SchülerInnen ansprechbar sein und ihnen für Nachfragen und bei Problemen zur Seite stehen.

5 Abschlussritual und Hausaufgabe

Führen Sie – wie nach jedem Schritt – ein Blitzlicht mit den Ampelkarten durch, um zu erfassen, wie den SchülerInnen dieser Schritt gefallen hat. Dies gibt Ihnen einen Überblick darüber, wie die allgemeine Stimmungslage in der Klasse aussieht. Gehen sie ggf. auf auffällige Konstellationen (z. B. rote Karten, gehäuft gelbe Karten) ein.

Erinnern Sie die SchülerInnen daran, dass sie – wie nach jedem Schritt – die Hausaufgabe haben, die wichtigsten Erkenntnisse der heutigen Stunde in zwei bis drei Sätzen in den Reflexionsbogen (V 1.8) einzutragen.

Schritt 13 –
Vorbereitung des Elternabends – Praktisches

In diesem Schritt bereiten die SchülerInnen die Inhalte für den Elternabend in Kleingruppen vor. Zunächst sollen sie einen „Statusbericht" abgeben, damit notfalls lenkend eingegriffen werden kann, wenn abzusehen ist, dass die Inhalte zu umfangreich sind. Diese Stunde widmet sich voll und ganz der Projektarbeit und ist daher wenig strukturiert vorgegeben. Auch die Anzahl der aufzuwendenden Unterrichtsstunden ist hier nicht vorab festgelegt. Es empfiehlt sich, mindestens 3 Unterrichtsstunden für die Projektarbeit einzuplanen. Gehen Sie dabei in jeder Stunde wie im Folgenden beschrieben vor.

Teilschritte	Methoden	Material	Zeit
Rekapitulation / Lagebesprechung	Kurze Zusammenfassung / Statusbericht		10 min
Fortsetzung der Arbeiten	Gruppenarbeit		30 min
Abschluss der Arbeiten und Abschlussritual	Blitzlicht	Ampelkarten	5 min

Was muss ich vorbereiten?

- Bei Bedarf Reservierung des Medienraums.

1 Rekapitulation / Lagebesprechung

10 min

Lassen Sie die einzelnen Gruppen kurz zusammenfassen, welche Aufgabe sie haben, wie weit sie mit den Vorbereitungen gekommen sind, was noch gemacht werden muss und was sie davon beabsichtigen, in dieser Stunde fertigzustellen. Die Gruppen können zudem vorstellen, was ihre Ideen sind und wie sie sie umsetzen wollen. Möglicherweise möchte die Klasse dazu noch Rückmeldung oder Anregungen geben. Achten Sie noch einmal darauf, dass die Inhalte für die SchülerInnen vom Umfang her zu bewältigen sind und die einzelnen Präsentationen, Aktionen usw. nicht länger als 10 bis 15 Minuten dauern.

2 Fortsetzung der Arbeiten

30 min

Die SchülerInnen setzen ihre Arbeiten fort und versuchen, die gesetzten Ziele hinsichtlich dessen, was in dieser Stunde fertiggestellt werden soll, zu erreichen. Bei Bedarf, beispielsweise wenn die SchülerInnen etwas Grafisches mithilfe des Computers erstellen wollen, sollte der Medienraum genutzt werden.

Seien Sie präsent und ansprechbar und greifen Sie notfalls unterstützend oder direktiv ein, wenn Sie feststellen, dass eine Gruppe das Ziel aus den Augen verliert.

Sollte absehbar sein, dass die SchülerInnen die Inhalte zeitlich nicht bewältigen können, sollten Sie zusammen mit den SchülerInnen über Kürzungen nachdenken oder bei Bedarf die Fertigstellung einzelner Teilaspekte als Hausaufgabe geben.

3 Abschluss der Arbeiten und Abschlussritual

5 min

Idealerweise sollten die Arbeiten der SchülerInnen vor dem Elternabend mit der Klasse besprochen werden. Lassen Sie die Präsentationen eventuell in einer weiteren Schulstunde vorstellen und geben Sie letzte Verbesserungstipps. Gehen Sie gemeinsam mit den SchülerInnen den Ablauf des Elternabends durch:

- Gibt es ein Moderatorenteam?
- Reihenfolge der Präsentationen?
- …

Erstellen Sie mit den SchülerInnen einen genauen Ablaufplan.

Machen Sie zum Abschluss kurz das Blitzlicht mit den Ampelkarten, um sicherzustellen, dass alle SchülerInnen mit dem Fortgang der Arbeiten zufrieden sind und ihnen diese Schulstunde gefallen hat.

Übersicht der Vorlagen und Arbeitsblätter für Modul VII

V 1.8 Handout Reflexionsbogen (5 Seiten)

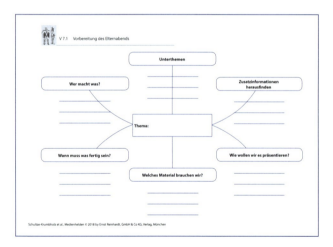

V 7.1 Handout Elternabend

Modul VIII
Abschlussreflexion

Dies ist das letzte Modul im Medienhelden-Curriculum. Es bietet Zeit für Reflexion und einen angemessenen Abschluss des Programms, was für den Transfer in den Alltag besonders wichtig ist. Die Jugendlichen diskutieren, was sie für den Umgang mit und zur Verhinderung von Cybermobbing gelernt haben und was sie davon in ihren Alltag übernehmen möchten. In der Abschlussreflexion werden sowohl der Erfolg des Elternabends als auch des gesamten Curriculums ausgewertet. Für Nachhaltigkeit sorgen Klassenregeln, die die SchülerInnen zum Schluss für den Umgang miteinander aufstellen, basierend auf dem, was sie mithilfe des Curriculums gelernt haben.

Ein runder Abschluss ist wichtig, um die Inhalte, Übungen und erarbeiteten Kompetenzen zusammenzubringen. Verständnis und Sensibilisierung werden gefördert, wenn das Gesamtbild für die Jugendlichen klar wird.

Hauptziele

- Rückblick auf das Programm mithilfe der Reflexionsbögen.
- Konsolidierung von Wissen und Fertigkeiten.
- Transfer in den Alltag.
- Festlegen von Klassenregeln.

Schritt 14 – Wissensabfrage

Der erste Schritt des Abschlussmoduls widmet sich der Überprüfung des gewonnenen Wissens und dessen Transfer auf andere Situationen. Dies geschieht zum einen mittels eines Kurzaufsatzes zu konkreten Fragen und zum anderen in Form eines Buchstabensalats s. Abb. 12. Wissen lässt sich am besten konsolidieren, wenn bereits beim Erwerb der Transfer auf andere Formen geübt wird. Findet diese Förderung nicht statt, wird erlerntes Wissen nur in Situationen angewandt, die der Lernsituation sehr ähnlich sind. Schritt 14 dient dazu, über die bisherigen Lernsituationen hinauszugehen.

Teilschritte	Methoden	Material	Zeit
Rekapitulation / Lagebesprechung	Kurze Zusammenfassung / Statusbericht		5 min
Kurzaufsatz	Einzelarbeit	V 8.1	20 min
Wissensquiz	Partnerarbeit	V 8.2	15 min
Abschlussritual	Blitzlicht	Ampelkarten	5 min

Was muss ich vorbereiten?

- Arbeitsblatt V 8.1 kopieren.
- Arbeitsblatt V 8.2 kopieren.
- Inhaltliche korrekte Antworten für V 8.1 festlegen (anhand der im Curriculum erarbeiteten Materialien).

Vorschlag

Sollten Sie das Medienhelden-Curriculum in den Unterricht integriert haben und für diesen eine Bewertung benötigen (beispielsweise für das Fach Ethik), können Sie sowohl das Wissensquiz als auch den Kurzaufsatz zu diesem Zweck verwenden. Passen Sie hierfür die Art der Durchführung mit diesen Materialien Ihren Bedürfnissen an.

1 Rekapitulation / Lagebesprechung

5 min

Sollte der Elternabend noch nicht stattgefunden haben, klären Sie mit den SchülerInnen kurz den Stand der Vorbereitungen. Hat der Elternabend bereits stattgefunden, teilen Sie den SchülerInnen mit, dass die Auswertung des Elternabends im letzten Schritt (Schritt 15) stattfinden wird. Gibt es jedoch Kommentare oder Rückmeldungen hierzu, die dringend thematisiert werden müssen, gehen Sie darauf kurz ein, lassen Sie jedoch möglichst zu diesem Zeitpunkt noch keine Diskussion aufkommen. Denken Sie andererseits daran: Störungen haben Vorrang! Wenn ein Schüler also nach der letzten Stunde auf ein schwerwiegendes Problem hinweisen sollte, gehen Sie darauf ein und kürzen Sie notfalls den Inhalt der heutigen Stunde.

2 Kurzaufsatz

Teilen Sie in der Klasse das Arbeitsblatt V 8.1 aus. Die SchülerInnen sollen dies in Stillarbeit allein bearbeiten. Es handelt sich bei dem Arbeitsblatt um drei kurze Fragen, die die konkrete Anwendung des Gelernten erfordern und das Nachdenken und Auseinandersetzen mit dem Thema überprüfen und fördern. Werten Sie den Kurzaufsatz nach einer Bearbeitungszeit von ca. 15 Minuten kurz in der Klasse aus.

3 Wissensquiz

Teilen Sie in der Klasse das Arbeitsblatt V 8.2 aus. Die SchülerInnen sollen dies in Zusammenarbeit mit ihrem Sitznachbarn bearbeiten. Es handelt sich bei dem Arbeitsblatt um ein abschließendes Wissensquiz, das überprüft, welches Wissen die SchülerInnen in den letzten Wochen explizit erworben haben, bzw. das auf dieses Wissen Bezug nimmt. Zum einen soll hierdurch eine Wissensprüfung stattfinden, zum anderen sollen die verschiedenen Begriffe jedoch auch in einem neuen Kontext präsentiert und dadurch der Transfer in den Alltag gefördert werden.

Im präsentierten Buchstabensalat sind 20 medienbezogene Begriffe und Begriffe, die in Zusammenhang mit dem Programm stehen, versteckt. Die SchülerInnen sollen innerhalb der Bearbeitungszeit so viele wie möglich davon finden.

Nach einer Bearbeitungszeit von ca. 8 bis 10 Minuten wird die Übung beendet und in der Klasse einzeln durchgegangen, welche Antwort zu welchem Hinweis gehört und wo das jeweilige Wort zu finden ist. Hierbei kann bereits eine Diskussion zu den Inhalten des Programms aufkommen, die dann an den nächsten Schritt anknüpfen kann, in dem es darum geht, was den Jugendlichen gefallen hat und was nicht und was sich durch das Programm bei ihnen und in der Klasse geändert hat.

E	H	A	P	P	Y	S	L	A	P	P	I	N	G	U	R	V	O
M	R	B	M	E	I	C	H	A	T	V	C	F	D	T	Z	E	T
E	N	S	E	S	S	R	T	N	L	L	E	H	R	E	R	R	U
D	S	I	L	M	A	E	Z	G	A	W	A	S	B	O	R	L	Z
I	T	C	D	A	T	E	N	S	C	H	U	T	Z	A	G	E	U
E	L	H	E	R	R	N	W	T	L	E	Y	A	I	P	S	U	S
N	A	T	N	T	A	S	K	B	M	S	F	N	R	R	F	M	C
H	S	D	F	P	G	H	I	U	H	P	R	O	F	I	L	D	H
E	F	A	Q	H	S	O	A	L	D	A	E	N	A	V	D	U	A
L	G	R	U	O	H	T	S	O	A	E	U	Y	S	A	Q	N	U
D	A	P	I	N	N	W	A	N	D	N	N	M	Z	T	I	G	E
F	E	L	T	E	R	N	N	Z	W	A	D	E	X	A	H	J	N

Abb. 12: Lösungsschema für den Buchstabensalat

Lösungen für den Buchstabensalat

Frage	Antwort
Sollte man im Internet beachten; Substantiv für „persönliche Informationen nicht preisgeben".	Datenschutz
Eine Form des schnellen Austauschs von Texten, bei dem man mit vielen Nutzern gleichzeitig kommunizieren kann und vorsichtig sein muss, weil man oft nicht weiß, wer die anderen sind.	Chat
Etwas, das man in Internetforen und sozialen Netzwerken tun kann, wenn man angegriffen wird. Dann kümmern sich Moderatoren oder Administratoren um die Sache.	Melden
Wenn Leute körperlich angegriffen und dabei gefilmt werden.	Happy Slapping
Adjektiv, welches Handlungen beschreibt, bei denen man vermeintlich nicht weiß, wer dahintersteckt.	Anonym
Gefühl, das bei Betroffenen von Cybermobbing aufkommen kann.	Angst
Jemand, der sich im Internet richtig gut auskennt, sicher unterwegs ist und für andere eintritt, wenn diese dort gemobbt werden.	Medienheld
Dies muss eine Handlung sein, damit es sich um Cybermobbing handelt.	Absicht
So sollten Daten wie Geburtsdatum und Adresse, aber auch Passwörter sein.	Privat
Gerät mit Internetzugang.	Smartphone
Jemand, an den man sich wenden kann, wenn man im Internet gemobbt wird.	Freund
Etwas, wo man im Internet Nachrichten für andere hinterlassen kann und die meistens von allen gelesen werden können.	Pinnwand
Eine Möglichkeit, Beweise von Chat-Unterhaltungen zu sichern.	Screenshot
Auch an diese Personen, die meist bei einem zu Hause wohnen, kann man sich wenden, wenn man im Internet unschöne Dinge erlebt.	Eltern
Etwas, das man im Internet hat, um sich zu präsentieren, auf dem man aber wenig persönliche Daten haben sollte.	Profil
Eine Handlung, die im „wahren Leben" und im Internet strafbar ist.	Verleumdung
Verb für etwas, was Cybermobbing nicht verursacht, aber dafür sorgt, dass es weitergeht, statt aufzuhören.	Zuschauen
Jemand, der am Medienhelden-Programm mit teilgenommen hat, jetzt auch über Cybermobbing Bescheid weiß und wie sich Jugendliche dabei fühlen und der einem bei einem solchen Problem helfen kann.	Lehrer

4 Abschlussritual

Führen Sie – wie nach jedem Schritt – ein Blitzlicht mit den Ampelkarten durch, um zu erfassen, wie den SchülerInnen dieser Schritt gefallen hat. Dies gibt Ihnen einen Überblick darüber, wie die allgemeine Stimmungslage in der Klasse aussieht. Gehen sie ggf. auf auffällige Konstellationen (z. B. rote Karten, gehäuft gelbe Karten) ein.

Schritt 15 – Auswertung des Programms und des Elternabends

Dies ist der letzte Schritt des Medienhelden-Curriculums. Er bietet die Möglichkeit, das Curriculum in seiner Gesamtheit noch einmal zu besprechen. Mithilfe eines Tafelbildes kann sich die Klasse noch einmal vergegenwärtigen, was sie in den letzten Wochen genau gemacht hat und was der Sinn dessen war. Die SchülerInnen überlegen, was sie aus dem Programm mitnehmen und was sie zukünftig anders machen wollen.

Dieser Schritt dient außerdem dazu, den Elternabend nachzubesprechen und den SchülerInnen Feedback zu geben. Fragen Sie die SchülerInnen auch, wie ihnen der Elternabend gefallen hat.

Teilschritte	Methoden	Material	Zeit
Gesamtrekapitulation und Klassenregeln	Plenumsdiskussion, Tafelbild	V 1.8 V 1.7 Poster, Marker	25 min
Auswertung des Elternabends	Plenumsdiskussion		15 min
Abschlussritual	Blitzlicht	Ampelkarten	5 min

Was muss ich vorbereiten?

- Programmübersicht aus Modul I (V 1.7) mitbringen, ggf. kopieren.
- Flipchartbogen / Poster und Marker.

1 Gesamtrekapitulation und Klassenregeln

25 min

Anstatt der üblichen Zusammenfassung der letzten Unterrichtsstunden wird in diesem Teilschritt gesammelt, was im Curriculum gemacht wurde, was die SchülerInnen dabei gelernt haben und was die Klasse mitnehmen möchte. Sammeln sie die von den SchülerInnen genannten Punkte auf der Tafel. Zunächst sollten Sie gemeinsam die wichtigsten Inhalte aller Schritte sammeln. Zur Hilfe können Sie die Programmübersicht aus Modul I zur Hand nehmen. Neben dem Auflisten von Lerninhalten wie „Schutz im Internet", „Screenshots" usw. sollten unbedingt auch die Erkenntnisse und Reflexionen der SchülerInnen gesammelt werden. Hier kommt der Reflexionsbogen wieder ins Spiel, den die SchülerInnen im Idealfall nach jedem Schritt zu Hause ausgefüllt haben. Da der Bogen privat ist, sollten Sie ihn nicht einsammeln, Sie können Ihre SchülerInnen aber fragen, was sie sich notiert haben.

Anschließend sollte sich die Klasse auf einige zentrale Aspekte einigen, die sie für die Klasse – als Regeln zum Umgang miteinander – mitnehmen möchte. Die SchülerInnen sollen drei bis vier prägnante Regeln festlegen, die sie in Zukunft berücksichtigen wollen. Beispiele für diese Regeln sind „Wir gehen im Internet respektvoll miteinander um" oder „Wir helfen Betroffenen, wenn wir sehen, dass sie im Internet gemobbt werden". Diese Intentionen festzuhalten ist sehr wichtig, da Verhaltensänderungen dadurch erreicht werden, dass zunächst Einstellungen und Werte verändert werden, die sich auf zukünftige Handlungsabsichten auswirken. Wenn diese neuen Handlungsabsichten in die Tat umgesetzt werden, konnte eine konkrete Verhaltensänderung erreicht werden. In erster Linie müssen hierfür jedoch die Motivation und das Bewusstsein für Veränderungen gefördert werden, welche sich in Absichten widerspiegeln.

Wenn Sie die gerade genannten Punkte mit der Klasse besprechen, ergibt sich folgender Dreischritt, der im Tafelbild wie folgt aussehen könnte:

Beispielhaftes Tafelbild zum Abschluss des Medienhelden-Curriculums

INHALTE Was haben wir gemacht?	ERKENNTNISSE Was haben wir gelernt?	REGELN Was nehmen wir als Klasse mit?
■ Film ■ Screenshots ■ Gerichtsverhandlung ■ Definition ■ Meinungslinie ■ Rollenspiele ■ …	Wir wissen jetzt, … ■ wie wir uns schützen können. ■ was wir tun können / wie wir helfen können. ■ mehr über Cybermobbing. ■ dass Cybermobbing schlimme Folgen für Betroffene haben kann. ■ dass Cybermobbing strafbar ist. ■ …	■ Wir gehen im Internet respektvoll miteinander um. ■ Wir schreiten ein und passen auf. ■ Wenn jemand gemobbt wird, gehen wir dagegen vor. ■ …

Schreiben Sie die Etappen und Elemente zunächst an die Tafel. Damit diese Erkenntnisse aber für die ganze Klasse sichtbar bleiben, sollte das Tafelbild anschließend auf ein oder mehrere Poster übertragen werden.

Im Plenum können die SchülerInnen darüber hinaus diskutieren, was sich durch das Medienhelden-Curriculum geändert haben könnte oder welche Veränderungen sie selbst schon konkret wahrnehmen konnten. Dies kann mithilfe einer „Gedankenreise" geschehen, bei der sich die SchülerInnen zurückversetzen und versuchen, sich vorzustellen, wie es zu Beginn des Curriculums in der Klasse war und was sich seitdem geändert hat. Zudem sollten die SchülerInnen darüber nachdenken, was sie gut fanden und was sie gern weiterführend und eigeninitiativ noch erfahren würden. Überlegen Sie zusätzlich zu den Klassenregeln noch mit Ihrer Klasse, wie sich Nachhaltigkeit umsetzen lässt, z. B. ob Sie medienbezogene Themen regelmäßig zum Gegenstand Ihres Unterrichts machen wollen. Will die Klasse sich weiter mit dem Thema beschäftigen oder es mit Beendigung des Curriculums abschließen? Welche Rolle können die PeertutorInnen und ihr angesammeltes Wissen bzw. der „Vertrag zur sozialen Verantwortung" in Zukunft spielen?

> Was hat sich geändert?
>
> Was hat euch gefallen? Was fandet ihr gut?
>
> Was würdet ihr gern noch erfahren?

2 Auswertung des Elternabends

Die abschließende Plenumsdiskussion bietet den SchülerInnen nun die Gelegenheit, ihre Erfahrungen mit dem Elternabend loszuwerden. Geben Sie den SchülerInnen Feedback zu ihren Präsentationen und Leistungen und fragen Sie sie, wie ihnen der Elternabend gefallen hat. Diese Diskussion sollte relativ frei gestaltet werden, damit die SchülerInnen positive Erfahrungen noch einmal voll auskosten können. Bei negativen Erfahrungen versuchen Sie, die Ursachen zu ergründen.

3 Abschlussritual

Machen Sie ein letztes Mal das Blitzlicht mit den Ampelkarten und fragen Sie die SchülerInnen, wie ihnen dieser Schritt gefallen hat. Sie können abschließend noch eine zweite Runde durchführen und die SchülerInnen danach befragen, wie ihnen das gesamte Curriculum gefallen hat.

Übersicht der Vorlagen und Arbeitsblätter für Modul VIII

V 8.1 Handout Kurzaufsatz

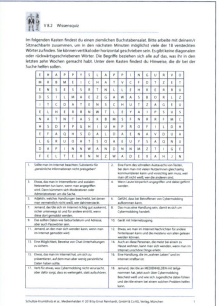

V 8.2 Handout Wissensquiz

5 Medienhelden-Projekttag

Themenblock 1
Unsere Medien – Nutzen und Gefahren

Der erste Themenblock soll einen leichten Einstieg in das Thema Cybermobbing ermöglichen, indem zunächst die positive Mediennutzung der SchülerInnen exploriert wird. Vor allem Nutzen und Gefahren des Mediums „Internet" werden vor dem Hintergrund der Erfahrungen der SchülerInnen diskutiert. Warum nutzen die SchülerInnen Handy und Internet? Welches sind ihre Lieblingsnetzwerke und warum? Was fasziniert sie an der Cyber-Welt? Diese Fragen helfen, den aktuellen Stand in der Klasse aufzuzeigen, und ermöglichen es den SchülerInnen zugleich, etwas über ihre Faszinationen und Kenntnisse mitzuteilen.

Von den positiven Nutzungsweisen neuer Medien wird übergeleitet zu den möglichen Gefahren, die eine Nutzung dieser Medien mit sich bringen kann, zu denen natürlich auch das Phänomen des Cybermobbings zählt. Doch was genau verstehen die SchülerInnen eigentlich unter Cybermobbing? Kennen die SchülerInnen das Phänomen und worin unterscheidet es sich ihrer Ansicht nach vom traditionellen Schulmobbing? Natürlich können hier eigene Erfahrungen der SchülerInnen ins Spiel kommen, vordergründig soll es aber darum gehen, die Klasse auf einen gemeinsamen Kenntnisstand zu bringen, indem sich die SchülerInnen gemeinsam über den Begriff Cybermobbing austauschen. Ohne Information funktioniert auch keine Kommunikation. Das heißt, bevor das Thema gemeinsam reflektiert und in seinen Tiefen bearbeitet werden kann, muss ein einheitliches Begriffsverständnis gesichert sein.

Zunächst werden die SchülerInnen aber mit der Grundstruktur des Projekttages vertraut gemacht und formulieren ihre Erwartungen an den Medienhelden-Projekttag. Zudem reflektieren sie, was es genau mit dem Begriff „Medienhelden" auf sich hat.

Hauptziele

- Kennenlernen des Programms.
- Exploration der Internetnutzung der SchülerInnen.
- Problembewusstsein schaffen.
- Gemeinsame Definition von Cybermobbing erarbeiten.

Themenblock 1 – Überblick

Teilschritte	Methoden	Material	Zeit
Fragebogen	Als Hausaufgabe vorziehen (einige Tage zuvor)	V 1.1	
Einführung in das Programm	Stuhlkreis	V 1.2 Poster/Flipchartbogen, Marker	10 min
Einstiegsrunde	Brainstorming	Wollknäuel	10 min
Das Internet und dessen Bedeutung für die SchülerInnen	Brainstorming Gruppierungen	V 1.3 V 1.4 V 1.5 V 1.6	25 min
Gefahren im Netz	Brainstorming	V 1.7	10 min
Definition von Cybermobbing	Mindmap	V 1.8	20 min
Abschluss des ersten Themenblocks	Blitzlicht	Ampelkarten	5 min

Was muss ich vorbereiten?

- V 1.1 vorab als Hausaufgabe vergeben.
- Overheadprojektor/Beamer und Flipchart/Poster bereitstellen.
- V 1.2 für alle SchülerInnen kopieren.
- V 1.3 bis V 1.7 auf Folie kopieren.
- V 1.8 einmalig ausdrucken (zum Vorzeigen/an die Tafel kleben).
- Klebestreifen für die Definitionskriterien vorbereiten.
- Ampelkarten zuschneiden.

Tipp:
In vielen Fällen bietet es sich an, den Projekttag zu „entzerren" und den ersten Themenblock als Vorbereitung auf den Projekttag bereits in einer vorherigen Unterrichtseinheit durchzuführen. Das bietet Ihnen die Möglichkeit, mehr Zeit für Übung während des Projekttags vorzusehen bzw. einen etwas kürzeren Projekttag zu veranstalten.

Fragebogen
Bevor der Projekttag in der Klasse durchgeführt und über die Mediennutzung der SchülerInnen gesprochen wird, sollte jeder Schüler und jede Schülerin zu Hause vorab (z. B. einige Tage zuvor) den Fragebogen V 1.1 ausgefüllt haben.

1 Einführung in das Programm

Bevor die SchülerInnen erfahren, wie der Projekttag aufgebaut ist, werden ihre Erwartungen an das Programm erfragt. Bilden Sie dazu einen Stuhlkreis. Sie werden im weiteren Verlauf dieses Themenblocks weiterhin im Stuhlkreis sitzen. Dies ist für die folgenden Aufgaben von Vorteil, denn so kann leichter mit der ganzen Gruppe kommuniziert und diskutiert werden. Außerdem wird den SchülerInnen signalisiert, dass der Themenblock anders gestaltet wird als ein ganz normaler Schultag – und damit etwas Besonderes ist. Lassen Sie die SchülerInnen im Kreis herum nacheinander ganz kurz sagen, was ihre Erwartungen an den Projekttag sind. Zudem sollen sie den Satz vervollständigen „Ich glaube, ein Medienheld ist …". Halten Sie die Antworten kurz und prägnant auf einem Poster/Flipchart fest. Dieses dient am Ende des Tages zum Abgleich mit dem tatsächlichen Inhalt des Projekttages.

Beispiele für Vorstellungen von einem Medienhelden

Im Sinne der SchülerInnen:
- Ein Fernsehstar.
- Einer, der super zocken kann.

In unserem Sinne:
- Jemand, der sich für Betroffene von Cybermobbing einsetzt.
- Jemand, der sich super mit dem Internet auskennt und weiß, wie er sich vor Gefahren schützen kann.
- Jemand, der weiß, was Cybermobbing ist und was man macht, wenn man von Cybermobbing betroffen ist.

Am Ende des Projekttages werden die ursprünglichen Erwartungen und Vorstellungen erneut aufgegriffen. Anhand des Posters/Flipcharts können die SchülerInnen leichter reflektieren, wie ihnen der Tag gefallen hat und ob er ihren Erwartungen entsprochen hat. Außerdem kann deutlich werden, dass zu Beginn des Tages nur eine vage und vielleicht noch ganz andere Vorstellung bestand als nach dem Projekttag.

Teilen Sie anschließend die Programmübersicht (V 1.2) aus, damit die SchülerInnen wissen, was an diesem Tag auf sie zukommt. Die Erarbeitung der Vorstellungen von einem Medienhelden sollen nicht von der Kenntnis der Programminhalte beeinflusst werden, daher geschieht dies erst an dieser Stelle.

2 Einstiegsrunde

Im Stuhlkreis nennt jeder seine Lieblingsseite im Internet oder seine Lieblings-App und gibt an, wie oft er das jeweilige nutzt. Damit dies in lockerer Atmosphäre geschieht, wird ein Wollknäuel in die Runde gegeben. Diejenige, die beginnt, wirft das Knäuel anschließend einer anderen Person im Stuhlkreis zu. Dabei hält sie den Faden allerdings fest. So bildet sich im Laufe der Vorstellungsrunde eine Art Netz, das alle SchülerInnen kreuz und quer miteinander verbindet. Das macht Spaß und erinnert zugleich an das „Inter-Net(z)", über das wir alle miteinander verbunden sind.

Sprechen Sie das so gewebte Netz an. Ihren SchülerInnen wird sicher aufgefallen sein, dass sie durch ein Netz verbunden sind. Auch unter den soeben von den SchülerInnen genannten Internetseiten befinden sich wahrscheinlich jede Menge soziale Netzwerkseiten, die die SchülerInnen miteinander vernetzen – passend zu diesem Bild. Wenn Ihnen nicht klar wird, was für Seiten oder Apps von den SchülerInnen angesprochen wurden, fragen Sie ruhig nach. Was ist das für eine Seite / App und was kann man da machen?

3 Das Internet und dessen Bedeutung für die SchülerInnen

Der nächste Schritt wird der Internetnutzung der SchülerInnen gewidmet. In Anlehnung an die Einstiegsrunde soll hier der vorab als Hausaufgabe verteilte Fragebogen besprochen werden. Das Wissen um die Internetnutzung in der Klasse stellt eine wichtige Ausgangsbasis für den Medienhelden-Projekttag dar, denn hier wird deutlich, wie vieler Erklärungen es noch bedarf und inwiefern der Projekttag reine Präventionsarbeit oder schon Intervention darstellt. Zudem können wir den SchülerInnen bei konkreten Cybermobbing-Vorfällen nur helfen, wenn wir ihre Onlineaktivitäten besser verstehen. Für das Thema Cybermobbing ist es zentral, die Wissenslücke zwischen Erwachsenen und Jugendlichen zu verkleinern, denn so erhöht sich die Wahrscheinlichkeit, dass sich Jugendliche im Ernstfall einem Erwachsenen anvertrauen. Zudem soll die Arbeit mit dem Medienhelden-Programm nicht mit einem „bösen Zeigefinger" auf das Internetverhalten Jugendlicher weisen. Es sollen auch die positiven Seiten der modernen Kommunikationsmittel herausgearbeitet werden.

Besprechen Sie hier die Antworten auf die Fragen in der Einstiegsrunde und den von den SchülerInnen bereits ausgefüllten Fragebogen. Durch die Besprechung des Fragebogens wird ein Austausch in der Klasse stattfinden, der den SchülerInnen die Möglichkeit gibt, ihre Faszination und Begeisterung für die neuen Medien auszudrücken. Für Sie als LehrerIn kann der Austausch sehr informativ sein. Er zeigt Ihnen, was Ihre SchülerInnen im Internet machen, welche Seiten und Apps hauptsächlich genutzt werden und warum diese Seiten so beliebt sind. Versuchen Sie, die Faszination zu verstehen, und trauen Sie sich nachzufragen, wenn Ihnen beispielsweise die Funktion einer bestimmten Internetseite oder App nicht klar wird.

Bleiben Sie zur Besprechung des Fragebogens im Stuhlkreis. Jeder Schüler und jede Schülerin sollte den ausgefüllten Fragebogen zur Hand haben.

Besprechen des Fragebogens:

1. **Was sind Medien?** Welche Vorstellungen haben die SchülerInnen von dem Begriff „Medien"? Sammeln Sie die Ideen der SchülerInnen in einer Art Brainstorming. Zur Hilfe können Sie die Vorlage 1.3 hinzuziehen. Die Aussagen der SchülerInnen können Sie anhand der Vorlage ergänzen.

2. **Welche Medien nutzt du am liebsten / häufigsten?** Nachdem alle Gedanken zum Medienbegriff ausgetauscht wurden, können Sie auf die Mediennutzung der Jugendlichen eingehen. Welche Medien werden in Ihrer Klasse am häufigsten genutzt? Auch hier ist es wichtig, sich auf die Aussagen Ihrer Klasse zu konzentrieren. Dennoch haben Sie die Möglichkeit, die Mediennutzung Ihrer Klasse mit den Ergebnissen der JIM-Studie 2017 zu vergleichen. Die Rückseite der Vorlage 1.4 zeigt, dass mehr als 90 % der Kinder und Jugendlichen täglich das Smartphone nutzen. Internet und Handy nehmen hier vor dem Hören von Musik und dem Anschauen von Online-Videos Spitzenpositionen ein. Ist das in Ihrer Klasse auch so?

3. **Wie viele Stunden am Tag nutzt du das Internet?** Vermutlich nutzen Ihre SchülerInnen das Internet jeden Tag. Doch wie viele Stunden verbringen sie tatsächlich mit dem Surfen (z. B. am PC zu Hause, aber auch unterwegs vom Handy oder anderen Geräten)? Zur Beantwortung dieser Frage kann sich Ihre Klasse in einer Reihe aufstellen. Lassen Sie die SchülerInnen eine Ordnung finden, die mit den Polen „weniger als 20 minuten am Tag" bis „mehr als 5 Stunden am Tag" endet. Eine solche Aufstellung fördert den Austausch der Jugendlichen und bringt Aktivität in die Stunde. Wenn Sie aber den Eindruck haben, diese Übung sei für Ihre Klasse nicht geeignet, können Sie das Ergebnis zur Frage 4 ohne Aufstellung einfach im Plenum besprechen.

4. **Welche Apps nutzt du am häufigsten?** Der Begriff „App" ist die Abkürzung des englischen Wortes „application" (dt.: Anwendung) und fungiert eher als Sammelbegriff für viele verschiedene Zusatzfunktionen, die beispielsweise auf das Smartphone heruntergeladen werden können. So können mit dem Smartphone unterwegs Musik gehört, Filme geschaut, Gedanken geteilt, Bilder aufgenommen und bearbeitet, soziale Netzwerke gepflegt oder Spiele gespielt werden. Welche Apps sind in Ihrer Klasse besonders beliebt und welchen Zwecken dienen sie? Sammeln Sie diese hier noch einmal gemeinsam auf einem Plakat. Hinter mehrmals genannte Apps können Sie Striche setzen. So sollte schnell deutlich werden, welche Apps von Ihren SchülerInnen am häufigsten genutzt werden. Egal für welche Methode Sie sich entscheiden, es wird sich ein Bild von den Favoriten in Ihrer Klasse ergeben. Entspricht dieses Bild den Ergebnissen der JIM-Studie (V 1.5)? In unserer schnelllebigen Zeit stehen bei Ihren SchülerInnen vielleicht schon andere Anwendungen im Fokus.

5. **Auf welchen Seiten bist du im Internet am häufigsten unterwegs?** Welche Internetseiten gehören zu den meistgenutzten in Ihrer Klasse? In der Einstiegsrunde haben Ihre SchülerInnen bereits einige Internetseiten genannt. Ergänzen Sie die genannten Seiten auf dem Poster, das auch die häufigsten Apps enthält. Unter Berücksichtigung des Posters oder des Tafelbildes kann hervorragend auf die nächste Frage übergeleitet werden, um über die Vorteile / Faszinationen / Möglichkeiten der Seiten zu sprechen.

> V 1.5

6. **Was gefällt dir an der Seite besonders gut?** Als Nächstes stellt sich die Frage, was die SchülerInnen an den Seiten besonders gerne mögen, d.h. was eigentlich die Gründe für die Beliebtheit mancher Seiten sind. Die Beantwortung dieser Frage können Sie schon bei Frage 5 einbinden, indem Sie neben der Nennung der Lieblingsseite auch angeben lassen, was den SchülerInnen an der Seite gut gefällt. Beispiel: „*YouTube* ist meine Lieblingsseite, weil ich dort lustige Videos schauen kann." Auf dem Poster könnte man die Seiten mit Spiegelstrichen versehen, die die einzelnen Nutzungsgründe widerspiegeln. Alternativ können Sie (nach Besprechung der Frage 5) die meistgenannten Internetseiten auf Vorteile hin analysieren. Fragen Sie die SchülerInnen hierzu einfach, was auf dem Poster deutlich geworden ist. Möglicherweise zeigt sich dort, dass eine bestimmte soziale Netzwerkseite oder App mit Abstand die beliebteste Internetseite ist. In einem solchen Fall können Sie die genannte Seite, App usw. aufgreifen und nachfragen, was Ihre SchülerInnen an der Seite oder App besonders gerne mögen.

7. **Angenommen, es gäbe vier Typen von Internetnutzern. Welchem würdest du dich zuordnen?**
Zur vertieften Bearbeitung und Kategorisierung können Sie noch die letzte Frage besprechen. Zu welchem Typ zählen sich Ihre SchülerInnen? Wozu nutzen sie das Internet hauptsächlich? Je nach Stimmung in der Klasse könnten Sie hier eine Gruppierung in vier Ecken durchführen. Jede Ecke steht dabei für einen übergeordneten Grund der Internetnutzung (eine Kategorie):

> V 1.6

– Unterhaltung / Spaß,
– Zeitvertreib / Langweile / Gewohnheit,
– Kommunikation,
– Informationen / bestimmte Inhalte.

Die SchülerInnen stellen sich in die Ecke, die ihren eigenen Beweggründen, das Internet zu benutzen, am ehesten entspricht. In den Ecken können die SchülerInnen sich dann kurz darüber austauschen, warum sie sich dorthin gestellt haben. Die auf Vorlage 1.6 genannten Beispiele aus der JIM-Studie „Weil ich gerne chatte" und „Und ich lerne neue Leute kennen" zählen beispielsweise zur Kategorie Kommunikation.

Themenblock 1   Unsere Medien – Nutzen und Gefahren

4 Gefahren im Netz

Nachdem die SchülerInnen nun ausführlich die Gelegenheit hatten, positive Aspekte der Nutzung des Internets mitzuteilen, kann jetzt übergeleitet werden zu den negativen bzw. gefährlichen Aspekten, wozu auch das Phänomen des Cybermobbings zählt.

Am besten teilen Sie die Klasse in Gruppen von 4 bis 5 SchülerInnen ein. Jede Gruppe erhält ein Poster und einen Stift. Die Aufgabenstellung sieht vor, eine Mindmap (s. weiter unten für ein Beispiel) oder Auflistung (s. folgende Abb. 13) zu den Gefahren im Internet zu gestalten. Zu Ihrer Sicherheit, können Sie die genannten Gefahren mit denen, die in der JIM-Studie genannt wurden, vergleichen (V 1.7).

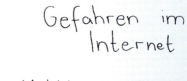

Abb. 13: Beispiel einer von SchülerInnen erstellten Liste

Leiten Sie von den Gefahren im Netz zum Thema Cybermobbing über. Was verstehen die SchülerInnen unter Cybermobbing? Kennen sie das Phänomen? Hier geht es jedoch nur um eine erste Thematisierung, eine Definition von Cybermobbing soll hier noch nicht erarbeitet werden. Aber so viel kann schon hier klar sein: Unter Cybermobbing versteht man allgemein das Beleidigen und Bedrohen anderer mithilfe moderner Kommunikationsmittel.

Das Ziel der ersten 50 Minuten haben Sie nun erreicht. Es wurden sowohl die Vorteile als auch die Nachteile der Internetnutzung herausgearbeitet. Gehen Sie nach einer kurzen Pause in die nächsten 30 bis 40 Minuten über.

5 Definition von Cybermobbing

An der Tafel wird eine Mindmap (s. Abb. 14) zum Thema Cybermobbing gestaltet. In diesem Falle wird keine wissenschaftliche Definition vorgegeben. Die Definition soll von den SchülerInnen selbst kommen, da diese eigene Erfahrungen mit dem Thema machen, die von wissenschaftlichen Definitionen abweichen können und eher der jugendlichen Lebenswirklichkeit entsprechen. Nachdem eine Schülerin ein sinnvolles Definitionskriterium genannt hat, kann sie dieses an der Tafel notieren. Eine Hilfe könnte den SchülerInnen ein Vergleich mit traditionellem Schulmobbing sein. Was ist das Besondere an bzw. das Entscheidende bei Cyber- in Abgrenzung zu traditionellem Schulmobbing?

Alternativ können die SchülerInnen in Gruppen eine Definition für Cybermobbing erarbeiten, die sie im Nachhinein besprechen. Die wichtigsten Punkte aus den verschiedenen Gruppen werden dann an der Tafel notiert.

Es sollten so viele Punkte gesammelt werden, bis klar wird, dass man unter Cybermobbing das Belästigen und Beleidigen anderer mithilfe moderner Kommunikationsmedien versteht. Laut wissenschaftlicher Definition versteht man unter Cybermobbing generell „eine *absichtliche* aggressive

Handlung eines Individuums oder einer Gruppe, unter Verwendung elektronischer Kommunikationsmedien, *wiederholt* und über einen längeren Zeitraum, *gegen eine Person, die sich nicht wehren kann*" (Smith et al. 2008, Übers. und Hervorhebung d. Verfass.). Die folgenden fünf Kriterien sollen im Anschluss genauer betrachtet werden:

1. Absicht,
2. Wiederholung,
3. Machtungleichgewicht,
4. Anonymität und
5. Öffentlichkeit.

Unter Wissenschaftlern werden diese Punkte teilweise noch diskutiert (z. B. ist unklar, ob negatives Verhalten wiederholt aufgetreten sein muss, um als Cybermobbing bezeichnet zu werden). Das macht es besonders interessant, die Sichtweise der SchülerInnen diesbezüglich kennenzulernen. Für jedes Kriterium gibt es eine Vorlage, die an die Tafel geheftet werden kann (V 1.8). Möglicherweise wurde das eine oder andere Kriterium bereits von den SchülerInnen genannt. In einem solchen Fall kann der Zettel einfach zu dem bereits bestehenden Ast in die Mindmap geheftet werden. Nacheinander werden die einzelnen Kriterien kurz besprochen. Die SchülerInnen sollten zunächst gefragt werden, was sie unter diesem Begriff verstehen, um anschließend reflektieren zu können, inwiefern dieses Kriterium für Cybermobbing von Bedeutung ist. In der folgenden Tabelle sind für die fünf Definitionskriterien Beispielfragen (als Hilfestellung für die SchülerInnen) sowie Antworten, die von den SchülerInnen kommen könnten, aufgezählt.

Absicht

Muss Cybermobbing mit Absicht betrieben werden? Ist eine absichtliche Beleidigung wichtig für Cybermobbing? Was, wenn die Person nur einen Witz machen wollte oder ein Foto, welches er ins Netz stellt, gar nicht peinlich findet, der Betroffene empfindet es aber als unangenehm?	Es ist nur schlimm, wenn Mobbing mit böser Absicht ausgeführt wird, nicht wenn es nur aus Spaß ausgeführt und vom Betroffenen auch so verstanden wird. Wichtig ist eher die Perspektive des Betroffenen.

Wiederholung

Wie oft muss etwas passieren, damit man es als Cybermobbing bezeichnen kann? In welchen Fällen versteht ihr unter einer einmaligen Handlung schon Cybermobbing?	Bei Fotos im Internet reicht es, wenn sie dort einmal erscheinen. Bei SMS muss es häufiger passieren.

Machtungleichgewicht

Was bedeutet Macht? Inwiefern muss der-/diejenige, der/die mobbt, mächtiger sein als der/die Betroffene?	Der/die Mobbende muss Computerkenner sein. Wenn der/die Betroffene weiß, wie er/sie sich verteidigt, kann er/sie nicht so schnell gemobbt werden. Der/die Mobbende hat höheren Rang in der Gruppe. Macht durch Anonymität.

Anonymität

Ist es kein Cybermobbing, wenn es von FreundInnen kommt? Was ist, wenn man nicht weiß, von wem es kommt?	Cybermobbing kann sowohl von FreundInnen als auch von Unbekannten kommen. FreundInnen verletzen, Unbekannte machen Angst.

Öffentlichkeit

Ist es nur Cybermobbing, wenn viele andere es sehen können, oder wird jemand auch gemobbt, wenn er/sie jeden Tag privat fiese E-Mails erhält?	Jeder kann es sehen, das führt zum Kontrollverlust.

Eine Mindmap, in der lediglich die fünf Kriterien aufgegriffen werden (ohne alle vorherigen Überlegungen der SchülerInnen) könnte wie in Abb. 14 aussehen.

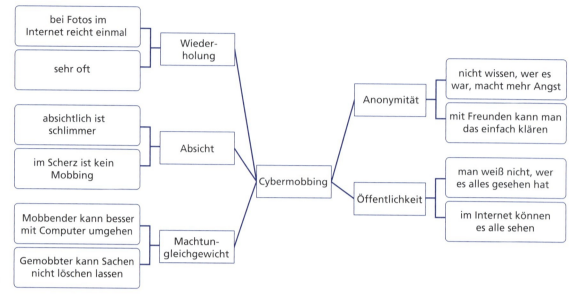

Abb. 14: Beispiel einer Mindmap zur Definiton von Cybermobbing. In der Mitte befindet sich der Schlüsselbegriff. Die eckigen Kästen links und rechts enthalten Einzelaspekte mit weiteren Verzweigungen.

Um zu überlegen, inwiefern etwas zu Cybermobbing zählt bzw. für Cybermobbing von Bedeutung ist, müssen die SchülerInnen sich bereits in die Perspektive von Betroffenen hineinversetzen: Wie würde es sich für mich anfühlen, wenn ich eine fiese Nachricht bekäme? Wäre das für mich schon Mobbing? Wie würde ich mich fühlen, wenn jemand ein Foto von mir ins soziale Netzwerk setzt, auf dem ich „total blöd", also sehr unvorteilhaft, aussehe? Wäre das für mich schon Mobbing? Es ist auch im Laufe des Projekttages immer wieder nützlich, die SchülerInnen aufzufordern, sich zu überlegen, wie sie sich selbst in einer bestimmten Situation fühlen würden.

Zur Ergebnissicherung könnten die SchülerInnen die Mindmap abschreiben.

6 Abschluss des ersten Themenblocks

Jeder Themenblock am Medienhelden-Projekttag endet mit einem kurzen Abschlussritual, dem sog. **Blitzlicht**. Anhand von Farbkarten soll ein kurzes Meinungsbild der Klasse erhoben werden. Jeder Schüler und jede Schülerin erhält eine rote, eine grüne und eine gelbe Karte. Bitten Sie die SchülerInnen darum, mithilfe dieser Ampelkarten anzuzeigen, wie ihnen der Block gefallen hat. Grün steht für „Hat mir gut gefallen", gelb für „Es ging so" und rot für „Es hat mir gar nicht gefallen". Es wäre in jedem Fall gut, wenn sich die SchülerInnen zu Ihren gezeigten Farbkarten äußern könnten. Warum gibt es z. B. so viele rote oder grüne Karten? Vielleicht möchte sich auch jemand äußern, der eine Kartenfarbe gezeigt hat, die nur von wenigen MitschülerInnen gezeigt wurde?

Insbesondere in Klassen, in denen häufig gemobbt wird oder wurde, kann die thematische Auseinandersetzung mit dem Thema Cybermobbing auf große Abwehr stoßen. Möglicherweise boykottieren einige SchülerInnen die Unterrichtseinheit und ziehen das Thema ins Lächerliche. Das kann in der Abschlussrunde ebenfalls angesprochen werden.

Übersicht der Vorlagen und Arbeitsblätter für Themenblock 1

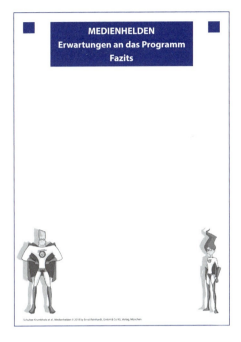

Poster „Erwartungen an das Programm"

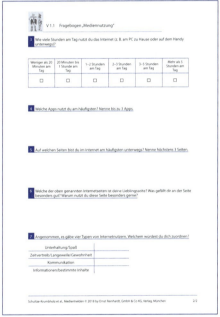

V 1.1 Handout Mediennutzung

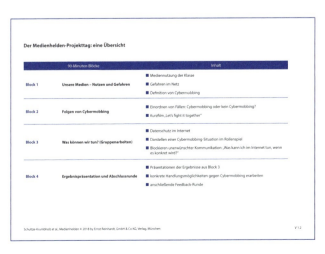

V 1.2 Folie Projekttag Übersicht

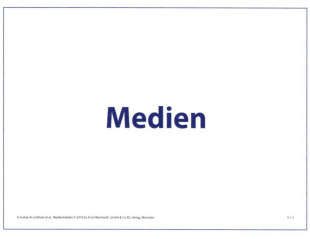
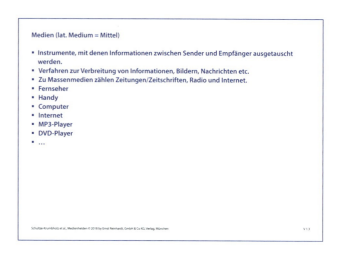

V 1.3 Folie Medien

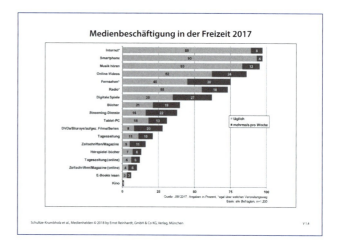

V 1.4 Folie Mediennutzung

V 1.5 Folie Internetseiten

V 1.6 Folie Wichtigkeit des Internet

V 1.7 Folie Gefahren im Netz

Übersicht der Vorlagen und Arbeitsblätter für Themenblock 1

V 1.8 Folie Merkmale Cybermobbing

Themenblock 2
Folgen von Cybermobbing

Die Klasse steigt direkt thematisch in die Inhalte ein, indem die SchülerInnen vorgefertigte Cybermobbing-Erlebnisse auf einem Kontinuum zwischen „schweres Cybermobbing" und „kein Cybermobbing" einordnen und diskutieren. Abschließend überlegen die SchülerInnen, wie sich das zum einen für den Betroffenen angefühlt haben könnte, zum anderen wie das für die Person war, die gemobbt hat und welche Vorteile sie sich von seinem Verhalten verspricht. Wenn das Klima in der Klasse positiv ist und vertrauensvolle Mitteilungen zulässt, können die SchülerInnen auch darüber sprechen, ob ihnen selbst schon einmal etwas Ähnliches passiert ist und wie sie sich dabei gefühlt haben. Diese Übung stellt eine weitere Auseinandersetzung mit dem Thema Cybermobbing dar und zielt neben einer Förderung der Perspektivenübernahme auf eine erhöhte Sensibilität für unterschiedliche Wahrnehmungen und Interpretationen von Situationen ab. Vielleicht bezeichnen einige SchülerInnen eine bestimmte Handlung als schweres Cybermobbing, während andere dies noch als harmlos empfinden.

Anschließend wird der Kurzfilm „Let's fight it together" (Childnet International 2007; auch verfügbar unter www.klicksafe.de) bearbeitet. Die SchülerInnen versetzen sich in die Perspektive der Darsteller hinein und versuchen, deren Gefühle nachzuvollziehen. Danach werden verschiedene Handlungsmöglichkeiten erarbeitet, die die Situation für den betroffenen Hauptdarsteller im Film verbessern würden. Hierbei soll den SchülerInnen bewusst werden, dass es verschiedene Personen gibt, die in ein Cybermobbing-Szenario eingreifen könnten, und dass Mobbing nur funktioniert, wenn das soziale System es zulässt. Diese Erkenntnis fördert Verantwortungsübernahme (z. B. den Einsatz für betroffene MitschülerInnen) und Handlungskompetenz (z. B. das Aufsuchen von Hilfe und Unterstützung im konkreten Mobbingfall).

Hauptziele

- Problembewusstsein schaffen.

- Übernahme von Rollen; unterschiedliche Rollen im Mobbingprozess unterscheiden können.

- Förderung von Perspektivenübernahme und Empathie.

- Förderung von Verantwortungsübernahme und Handlungskompetenz.

Anmerkung: Der Film „Let's fight it together" der Initiative *klicksafe* liegt dem Medienhelden-Manual aus rechtlichen Gründen nicht bei. Sie können ihn über die Website der Initiativen *Childnet International* (www.childnet.com), *klicksafe* (www.klicksafe.de / lets-fight-it-together), *digizen.org* oder auch YouTube beziehen. Wenn Sie den Film in der Klasse direkt aus dem Internet abspielen wollen, benötigen Sie neben einer Internetverbindung einen Computer und einen Beamer. Sie sollten vorab testen, ob der Film auch problemlos läuft, da es bei hoher Qualität und langsamer Internetverbindung zu Problemen kommen könnte.

Auf klicksafe.de und childnet.com finden Sie zudem Zusatzmaterialien zum Film sowie – bislang allerdings nur in englischer Sprache – weitere Unterrichtsmaterialien. Wenn Sie möchten, können Sie diese gern zusätzlich verwenden, lassen Sie jedoch *nicht* im Gegenzug dafür Teile vom Medienhelden-Projekttag aus, da sonst die Wirksamkeit des Programms gefährdet wäre.

Was ist klicksafe?

Die von der EU geförderte Initiative *klicksafe* (www.klicksafe.de) hat zur Aufgabe, Internetnutzern die kompetente und kritische Nutzung von Internet und neuen Medien zu vermitteln und ein Bewusstsein für die Chancen und Gefahren dieser Angebote zu schaffen. *klicksafe* arbeitet auf europäischer wie auf nationaler Ebene eng mit den unterschiedlichsten Netzwerkpartnern zusammen. In einer breit angelegten Kooperation mit Institutionen und Projekten wird die Aufklärung und Sensibilisierung der Bevölkerung in die Praxis umgesetzt. Konkret entwickelt *klicksafe* hierfür Konzepte und inhaltliche Materialien u. a. für PädagogInnen, LehrerInnen und Eltern sowie für Kinder und Jugendliche. Weiterhin gehören dazu Multiplikatorenfortbildungen für Schule und Elternarbeit, Unterrichtsmaterialien zu spezifischen Fragestellungen (wie z. B. Cybermobbing), Info-Flyer und die *klicksafe*-Website (www.klicksafe.de), die über verschiedene Themen und aktuelle Entwicklungen rund um das Thema Internet informiert. In einer öffentlichen Kampagne, wie dem jährlich stattfindenden Safer Internet Day, soll bei der Bevölkerung ein Bewusstsein über die Relevanz der Vermittlung von Internetkompetenz geschaffen werden.

Die Website *klicksafe* wird gemeinsam von der Landeszentrale für Medien und Kommunikation (LMK) Rheinland-Pfalz (Koordination) und der Landesanstalt für Medien Nordrhein-Westfalen (LfM) umgesetzt. *klicksafe* ist Teil des Verbundes der deutschen Partner im Safer Internet Programme der Europäischen Union. Diesem gehören neben *klicksafe* die Internet-Hotlines www.internet-beschwerdestelle.de (durchgeführt von eco und FSM) und www.jugendschutz.net sowie das Kinder- und Jugendtelefon von „Nummer gegen Kummer" (Helpline) an.

Themenblock 2 – Überblick

Teilschritte	Methoden	Material	Zeit
Erfahrungen einordnen und reflektieren	Meinungslinie	V 2.1 / V 2.2 V 2.3	ca. 30 min
Film: „Let's fight it together"		Abspielgeräte / Internetzugang	5 min
Eigenes Befinden	Blitzlicht	Ampelkarten	5 min
Die Darsteller	Identifikationskreis	V 2.4 Klebeband	25 min
Wer kann sich wie verhalten? – Ergebnissammlung	Foliensammlung im Plenum	V 2.5 Overheadprojektor / Beamer	15 min
Ende des Filmes		Abspielgeräte / Internetzugang	5 min
Abschluss des zweiten Themenblocks	Blitzlicht	Ampelkarten	5 min

Was muss ich vorbereiten?

- V 2.1 / 2.2 einmal kopieren und die Meinungslinie erstellen; V 2.3 einmal kopieren und zuschneiden.
- V 2.5 auf Folie kopieren.
- Abspielgeräte / Internetzugang und Overheadprojektor / Beamer bereitstellen.

1 Erfahrungen einordnen und reflektieren

ca. 30 min

V 2.1
V 2.2

V 2.3

Legen Sie die Meinungslinie (V 2.1 / 2.2) in die Mitte des Stuhlkreises. Die Vignetten (V 2.3) werden gut gemischt und verdeckt auf einen Stapel neben die Meinungslinie gelegt. Wenn die Gruppe sehr groß ist oder viel Unruhe entsteht, kann diese Übung alternativ auch in Kleingruppen durchgeführt werden.

Reihum soll nun jede Person einen Zettel ziehen (V 2.3) und das darauf genannte Erlebnis an einer für sie passenden Stelle auf der Linie zwischen „Kein Cybermobbing" und „Schweres Cybermobbing" einordnen. Anschließend teilt sie der Klasse mit, aus welchem Grund das Erlebnis an diese Stelle passt. Die anderen SchülerInnen können sich daraufhin zu der Position äußern. Gegebenenfalls wird der Zettel an eine andere Position innerhalb der Meinungslinie verschoben. Sie können auch an der Runde teilnehmen, indem Sie ebenfalls eine Vignette hinzufügen. Generell erfüllen Sie hier jedoch eher eine moderierende Rolle.

An dieser Stelle ist es besonders wichtig, auf die Auswirkungen und Folgen dieser Fälle einzugehen. Die Folgen für den Betroffenen können den SchülerInnen eine Hilfe bei der Einordnung sein und trainieren die Perspektivenübernahme. Vor allem wenn unklar ist, wo auf dem Kontinuum ein Fall eingeordnet werden soll, hilft es, sich vorzustellen, wie gravierend die Situation für die Betroffenen ist: „Versucht euch mal vorzustellen, wie sich die Situation für euch anfühlen würde. Wie wäre das, wenn euch das passieren würde? Wäre das sehr schlimm oder weniger schlimm?" Dies ist besonders wichtig, wenn die Meinung vorherrscht, der / die Betroffene müsse über den Geschehnissen stehen, oder wenn eine Mentalität entsteht, dass Betroffene selbst Schuld an der Situation tragen. In diesem Fall könnten Sie nachhaken, was Betroffene getan haben könnten, um dies zu „verdienen", oder ob ein derartiges Verhalten durch irgendetwas zu rechtfertigen ist. Diese Aspekte werden jedoch in den folgenden Teilschritten des Themenblocks zentral sein.

Die Frage, ab wann etwas zu Cybermobbing zählt, ist nicht immer leicht zu beantworten. Natürlich muss nicht jeder mit jedem befreundet sein oder regelmäßigen Kontakt haben. Es geht jedoch darum, anderen Menschen gegenüber respektvoll zu sein und sich Gedanken darüber zu machen, ob die eigenen Handlungen einen anderen verletzen könnten. Mit diesem Bewusstsein sollen SchülerInnen dann stärker darauf achten, wie sie sich im Umgang mit anderen verhalten.

Falls die Einordnung der Erfahrungen weniger als 30 Minuten gedauert hat, können im Anschluss einige Fälle aus der Mitte und den Enden der Meinungslinie herausgenommen werden. Gemeinsam sollte noch einmal darüber nachgedacht werden, wie es den Betroffenen damit ging. Nehmen Sie lieber einige wenige Beispiele, die intensiv diskutiert werden, damit deutlich wird, dass die Erlebnisse unterschiedlich wahrgenommen werden und den einen mehr, den anderen weniger verletzen können.

Wenn ein vertrauensvolles Klima in der Klasse gegeben ist, können auch eigene Erfahrungen besprochen werden. Gibt es SchülerInnen, die sich schon einmal in einer ähnlichen Situation befanden, und wie haben sie sich dabei gefühlt?

Beispielhafte Einordnungen einiger vorgefertigter Beispiele

Inhalt	Einordnung
„Ein Freund plaudert auf seiner Pinnwand im sozialen Netzwerk Geheimnisse von mir aus, die ich ihm anvertraut habe."	Eher schwer, da Vertrauensmissbrauch.
„Zwei MitschülerInnen von mir kommentieren alle meine Fotos online mit ‚Hässlich'".	Niedrig bis mittel (abfällig, eher provozierend).
„Meine Klasse richtet eine Gruppe im sozialen Netzwerk ein, um auch nach der Schule immer alle Neuigkeiten austauschen zu können. Ich bin als Einziger nicht eingeladen!"	Niedrig (viele verschiedene Gründe möglich, z. B. vergessen).
„Ein anonymer Nutzer schreibt auf meine Pinnwand im sozialen Netzwerk: ‚Ich hasse dich!'"	Mittel bis schwer (anonym und öffentlich).
„Eine Mitschülerin hat online ein Fotoalbum eröffnet, welches lauter peinliche Fotos von mir enthält."	Eher schwer, da keine Einflussmöglichkeiten und öffentlich.
„Ein Mitschüler hat eine Gruppe im sozialen Netzwerk eröffnet, die nach mir benannt ist. Da er mich nicht in die Gruppe eingeladen hat, weiß ich nicht, um was es dort geht."	Mittel bis schwer, da gezielt gegen eine Person gerichtet, aber Inhalt unklar.
„Mitschülerinnen von mir schreiben regelmäßig Beleidigungen auf meine Pinnwand im sozialen Netzwerk."	Schwer, da wiederholt und öffentlich, außerdem Bezug zur Schule.
„Jemand hat auf der letzten Party ein richtig peinliches Video von mir gedreht und es öffentlich hochgeladen."	Eher schwer, da keine Einflussmöglichkeiten und öffentlich.
„Ein Mitschüler hat unser Klassenfoto ins soziale Netzwerk gestellt und mich in einem Bildbearbeitungsprogramm vorher übermalt."	Niedrig, solange nicht deutlich wird, wer übermalt wurde (beispielsweise durch böse Kommentare mit namentlicher Erwähnung).
„Jemand hat ein Bild von mir in einem Bildbearbeitungsprogramm verunstaltet und dann im sozialen Netzwerk hochgeladen."	Schwer, da an Verleumdung grenzend.
„Jedesmal, wenn ich im sozialen Netzwerk eine Statusnachricht wie z. B. ‚Ich bin traurig' poste, schreibt einer meiner Mitschüler: ‚Mir doch egal!'"	Niedrig bis mittel, da keine direkte Beleidigung, aber durchaus herabwürdigend.
„Ich bin neu im sozialen Netzwerk und alle meine Klassenkameraden lehnen meine Freundschaftsanfragen ab."	Mittel, da es die Betroffenen ausschließt.
„Meine Freundinnen lästern auf ihrer Pinnwand im sozialen Netzwerk über mich."	Mittel bis schwer, da Vertrauen gebrochen und öffentlich.
„Keiner meiner Mitschüler reagiert auf meine Nachrichten."	Leicht bis gar nicht, da Intention fraglich.
„Ein Mitschüler stellt ein heimlich geschossenes Foto von mir beim Duschen nach dem Sportunterricht in ein Fotoalbum im sozialen Netzwerk."	Schwer, da Verletzung der Privatsphäre.

2 Film „Let's fight it together"

5 min

Der Film „Let's fight it together" (auf Deutsch: „Lasst es uns zusammen bekämpfen") wird gezeigt. Der 7-minütige Film wurde 2007 von Childnet International in Großbritannien mit SchülerInnen gedreht. Anschaulich zeigt er den Ablauf und die Folgen von Cybermobbing. Der Film hat im Jahr 2008 eine Bronzemedaille in der Bildungskategorie des International Visual Communication Association Awards (IVCA) gewonnen und war ebenfalls Finalist des New York Film Festivals.

Damit die SchülerInnen den Film auf sich wirken lassen können, bekommen sie zunächst keinen Arbeitsauftrag. Der Film wird in dieser Stunde nur bis zur 5. Minute gezeigt. Bitte denken Sie daran, den Film dann zu stoppen. Der letzte Filmteil (5.00–6.30 min) wird am Ende des Themenblocks gezeigt.

Vorschlag

Alternativ zum Film „Let's fight it together" können Sie auch den ebenfalls von Childnet produzierten Film „Gone too far" (Childnet 2016) verwenden. Dieser Film ist mit deutschen Untertiteln verfügbar und kann hier heruntergeladen werden: www.klicksafe.de/gone-too-far. Er richtet sich an ältere Jugendliche und thematisiert zusätzlich homophobes Mobbing. Bei den Übungen dieser Sitzungen ist dann zu beachten, dass jeweils der Name des Betroffenen geändert wird (in den Materialien „Joe", im alternativen Film „Jason"). Bitte beachten Sie zudem, dass dieser alternative Film ohne Auflösung endet. Sie können ihn also bereits beim ersten Ansehen bis zum Ende zeigen. Dafür entfällt im nächsten Schritt das Zeigen des Filmendes.

3 Eigenes Befinden

5 min

Nachdem der Film angesehen wurde, zeigen die SchülerInnen mithilfe der Ampelkarten an, wie es ihnen selbst jetzt geht. So bleiben sie mit negativen Gefühlen nicht alleine. Grün steht dabei für „Ich fühle mich gut", gelb für „Mittel, ich weiß es nicht genau" und rot für „Ich fühle mich nicht gut". Falls sich die Farbkarten-Methode bei Ihrer Klasse allerdings keiner großen Beliebtheit erfreut, können Sie auch alternativ vorgehen. Beispielsweise mit einer einfachen Daumenanzeige: Daumen nach oben für „Ich fühle mich gut", Daumen zur Seite für „Mittel, ich weiß es nicht genau" und Daumen nach unten für „Ich fühle mich nicht gut". Besser wäre es jedoch, die Ampelkarten-Methode konsequent und wiederholt einzusetzen.

Fragen Sie zunächst, ob sich jemand äußern möchte, der eine rote Karte gezeigt hat. Wenn Sie das Gefühl haben, dass jeder das Bedürfnis hat, sich zu äußern, können Sie auch reihum ein bis zwei Sätze sagen lassen. Jeder Schüler und jede Schülerin kann dabei so weit gehen, wie er / sie möchte. Wenn sich jemand besonders kurz äußert, Sie aber das Gefühl haben, sie möchte noch etwas loswerden, dann haken Sie ruhig noch einmal nach. Sie wissen am besten, wie weit Sie bei einzelnen SchülerInnen gehen können.

Beispiel

Markus: „Der Film hat mich traurig gemacht."
LehrerIn: „Warum hat der Film dich traurig gestimmt?"
Markus: „Ich kenne so etwas aus eigener Erfahrung."
LehrerIn: „Möchtest du uns mitteilen, was für eine Erfahrung du gemacht hast?"

4 Die DarstellerInnen

Anhand eines Identifikationskreises schlüpfen die SchülerInnen in dieser Übung in die Perspektive der DarstellerInnen und überlegen, wie diese sich fühlen, was sie sich wünschen und wie sie handeln könnten. In einem Identifikationskreis stehen bestimmte Stühle für bestimmte Personen. Sobald sich eine Person auf einen der Stühle setzt, muss sie in die Perspektive dieser Figur(en) schlüpfen.

25 min

V 2.4

Ablauf

1. **Aufstellen des Identifikationskreises:** Gemeinsam mit der Klasse werden in diesem Schritt zunächst 4 Stühle aufgestellt (Abb. 15), vor denen ein Halbkreis gebildet wird (alternativ kann der Identifikationskreis auch in Kleingruppen durchgeführt werden). Halten Sie Klebestreifen und die Vorlage 2.4 (Namensschilder für die Beschriftung der Stühle) bereit. Die Stühle können Sie im Zuge der Beantwortung der Frage, welche Personen in dem Film vorkamen, aufstellen lassen. Ein Stuhl steht für Joe, einer für die MitschülerInnen, einer für die Eltern und einer für die LehrerInnen. Die Namensschilder können Sie z.B. an die Stuhllehnen kleben. Die Beschriftungen „LehrerIn" und „Eltern" wurden bewusst anstelle von „die Lehrerin" oder „die Mutter" verwendet, damit sich sowohl Mädchen als auch Jungen mit den Stühlen identifizieren können. Zusätzlich können sich die SchülerInnen so z.B. auf dem Stuhl der LehrerInnen auch zu den Gedanken anderer LehrerInnen äußern, die im Film keine Rolle gespielt haben.

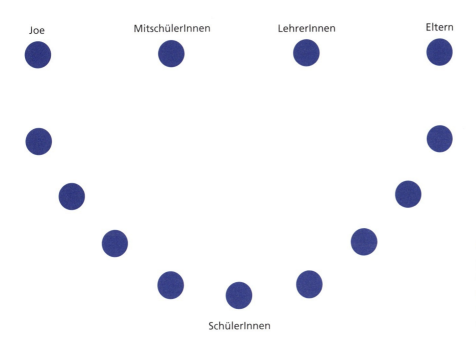

Abb. 15: Identifikationskreis: Vorn stehen 4 Stühle für Joe, seine MitschülerInnen, die LehrerInnen und die Eltern. Die übrigen SchülerInnen sitzen im Halbkreis vor den „Darstellern".

2. **Regeln erklären:** Alle SchülerInnen setzen sich in den Halbkreis. Erklären Sie den SchülerInnen, dass sie während der Übung die Sichtweise der Person einnehmen, auf deren Stuhl sie sich setzen. Sie sollen versuchen, sich so gut wie möglich mit den DarstellerInnen zu identifizieren und daher auch aus deren Perspektive sprechen. Folgende Regeln müssen bei der Übung beachtet werden:

   - Die Stühle werden im fliegenden Wechsel besetzt und verlassen.
   - Es muss immer ein Stuhl besetzt sein – d.h. eine Schülerin darf ihren Stuhl erst verlassen, wenn sie abgelöst wird (abgelöst wird sie auch, indem sich ein Mitschüler auf einen anderen der 4 Stühle setzt).
   - Es dürfen niemals mehrere Stühle gleichzeitig besetzt sein.
   - Die SchülerInnen verwenden stets Ich-Botschaften: „Ich fühle mich klein und verlassen" oder

„Ich mache mir große Sorgen um meinen Sohn".
– Kurze Rückfragen aus dem Plenum sind erlaubt, müssen aber nicht sein.

3. **Runde 1 und 2:** Mit dem Identifikationskreis sollten sowohl die Gefühle der DarstellerInnen als auch deren Wünsche und Handlungsmöglichkeiten bearbeitet werden. Führen Sie hierfür zwei Runden mit unterschiedlichen Fragestellungen durch:

– Runde 1: „Wie fühle ich mich?"

Stellen Sie hierfür den SchülerInnen auf den entsprechenden Stühlen beispielsweise folgende Fragen:

an Joe:

– „Wieso kannst du dich aus der Situation nicht befreien?", „Was glaubst du, warum du gemobbt worden bist?"

an MitschülerInnen – je nachdem, auf welche MitschülerInnen sich die Schülerin auf dem Stuhl bezieht:

– „Warum filmt ihr denjenigen, der gemobbt wird? Was habt ihr davon?" (SchülerInnen, die andere mobben, bzw. „Täter")
– „Warum verbündet ihr euch mit dem / der Mobbenden? Was bringt euch das?" („Assistierende")
– „Warum findet ihr die Situation gut und unterstützt sie? Welche Rolle habt ihr in der Klasse?" („Verstärkende")
– „Warum unternehmt ihr nichts?" (Außenstehende)

an die ganze Klasse:

– „Wer oder welche dieser Verhaltensweisen sind am schädlichsten für Joe?"
– „Findet ihr die Gründe für ein solches Verhalten überzeugend?"
– Runde 2: „Was wünsche ich mir?" und „Was kann ich dafür tun, damit mein Wunsch in Erfüllung geht?"

In Runde 1 sind die Gefühle der Darsteller Thema, in Runde 2 deren Wünsche und Handlungsmöglichkeiten. Dieser Ablauf ist sowohl aus theoretischen als auch aus praktischen Gründen so vorgesehen. Theoretisch entwickeln sich aus Gefühlen Wünsche und aus Wünschen Handlungsintentionen (Gefühle → Wünsche → Handlungsintentionen).

Praktisch wird es den SchülerInnen vermutlich leichter fallen, über Wünsche und Handlungsmöglichkeiten nachzudenken, wenn sie die Gefühle der Darsteller bereits ausgiebig exploriert haben.

Achtung: Da die SchülerInnen im Identifikationskreis allein vor der Klasse sitzen, könnten diese Fragen durchaus als unangenehm oder hemmend empfunden werden. Je nachdem, wie die Klasse reagiert, sollten Sie notfalls dazu übergehen, diese Fragen verallgemeinert lieber im Plenum zu diskutieren.

Achten Sie darauf, dass alle DarstellerInnen mit einbezogen werden und es nicht nur um Joe geht. In dieser Übung soll bereits deutlich werden, dass Mobbing nicht die Sache Einzelner ist, sondern, dass sich hierin der Zustand eines sozialen Systems spiegelt, in dem der Missbrauch sozialer Macht überhaupt erst möglich wird. Unterstützung von anderen Personen im Umfeld ist zur Abschwächung oder gar Verhinderung von Mobbingsituationen entscheidend.

Beispiel für Runde 1 – „Wie fühle ich mich?"

- Eltern: Ich mache mir große Sorgen um meinen Sohn.
- Eltern: Ich bin enttäuscht, mein Sohn scheint mir etwas zu verheimlichen.
- MitschülerIn: Mir tut Joe leid.
- MitschülerIn: Was da passiert, geht mich nichts an. Ich will damit nichts zu tun haben.
- MitschülerIn: Ich fühle mich hilflos, obwohl jemand etwas unternehmen sollte.
- LehrerIn: Ich fühle mich schuldig, weil ich nicht eingegriffen habe.
- LehrerIn: Ich bin sauer auf meine Schüler, die Joe mobben.
- Joe: Ich fühle mich klein und verlassen, am liebsten wäre ich nicht mehr hier.

Beispiel für Runde 2 – „Was wünsche ich mir?" und „Was kann ich tun, damit mein Wunsch in Erfüllung geht?"

- Eltern: Ich wünschte, Joe würde mir sagen, was los ist → Ich sollte ihn fragen.
- Eltern: Ich möchte, dass die Mitschüler bestraft werden → Ich sollte die Klassenlehrerin einschalten.
- MitschülerIn: Ich würde Joe gern helfen → Am besten gehe ich zum Lehrer.
- MitschülerIn: Ich würde Joe gern trösten → Vielleicht gehe ich hin und sage ihm, dass ich ihn mag.
- Joe: Ich wünschte, meine MitschülerInnen würden mir helfen → Vielleicht sollte ich sie ansprechen.

5 Wer kann sich wie verhalten? – Ergebnissammlung

Gemeinsam werden die Ergebnisse für die Handlungsmöglichkeiten auf einer Folie zusammengefasst (V 2.5). Sammeln Sie gemeinsam mit den SchülerInnen die Möglichkeiten für die einzelnen Personengruppen.

Beispiele für Handlungsmöglichkeiten

Joe	MitschülerInnen
■ FreundInnen um Hilfe bitten. ■ VertrauenslehrerIn hinzuziehen. ■ Sich an Handyanbieter wenden. ■ …	■ Den anderen SchülerInnen mitteilen, dass das Verhalten nicht richtig ist. ■ LehrerIn hinzuziehen. ■ …

LehrerInnen	Eltern
■ Gespräch mit der Klasse führen. ■ Gespräch mit Joe und Hauptverantwortlichem.	■ Joe fragen, was los ist. ■ Sicherheitseinstellungen im Internet gemeinsam mit Joe verändern.

6 Ende des Filmes

Am Schluss des Themenblocks wird der letzte Teil des Filmes geschaut (5.00–6.30 min), in welchem die tatsächlichen Handlungen der Darsteller sichtbar werden. Besprechen Sie das Ende des Films kurz im Plenum. Falls die Handlungen der Darsteller noch nicht auf der Folie (V 2.5) stehen, fügen Sie diese hinzu.

7 Abschluss des zweiten Themenblocks

Führen Sie – wie nach jedem Themenblock – ein Blitzlicht mit den Ampelkarten durch, um zu erfassen, wie den SchülerInnen dieser Block gefallen hat. Dies gibt Ihnen einen Überblick darüber, wie die allgemeine Stimmungslage in der Klasse aussieht. Gehen Sie ggf. auf auffällige Konstellationen ein (z. B. rote Karten; gehäuft gelbe Karten).

Übersicht der Vorlagen und Arbeitsblätter für Themenblock 2

Kein Cybermobbing

V 2.1 Folie Kein Cybermobbing

Schweres Cybermobbing

V. 2.2 Folie Schweres Cybermobbing

Ein Freund plaudert auf seiner Pinnwand im sozialen Netzwerk Geheimnisse von mir aus, die ich ihm anvertraut habe.

Zwei Mitschülerinnen von mir kommentieren alle meine Fotos online mit „Hässlich".

Meine Klasse richtet eine Gruppe im sozialen Netzwerk ein, um auch nach der Schule immer alle Neuigkeiten austauschen zu können. Ich bin als Einziger nicht eingeladen!

Ein anonymer Nutzer schreibt auf meine Pinnwand im sozialen Netzwerk:
„Ich hasse dich!"

Ein Mitschüler hat eine Gruppe im sozialen Netzwerk eröffnet, die nach mir benannt ist. Da er mich nicht in die Gruppe eingeladen hat, weiß ich nicht, um was es dort geht.

Eine Mitschülerin hat online ein Fotoalbum eröffnet, welches lauter peinliche Fotos von mir enthält.

Mitschülerinnen von mir schreiben regelmäßig Beleidigungen auf meine Pinnwand im sozialen Netzwerk.

Jemand hat auf der letzten Party ein richtig peinliches Video von mir gedreht und es öffentlich hochgeladen.

Ein Mitschüler hat unser Klassenfoto ins soziale Netzwerk gestellt und mich in einem Bildbearbeitungsprogramm vorher übermalt.

Jemand hat ein Bild von mir in einem Bildbearbeitungsprogramm verunstaltet und dann im sozialen Netzwerk hochgeladen.

Jedes Mal wenn ich im sozialen Netzwerk eine Statusnachricht wie z.B. „Ich bin traurig" poste, schreibt einer meiner Mitschüler: „Mir doch egal!"

Ich bin neu im sozialen Netzwerk und alle meine Klassenkameraden lehnen meine Freundschaftsanfragen ab.

V 2.3 Vorlage Erfahrungen einordnen 1/9 2/9 3/9

Karte 1

Meine Freundinnen lästern auf ihrer Pinnwand im sozialen Netzwerk über mich.

Keiner meiner Mitschüler reagiert auf meine Nachrichten.

Ein Mitschüler stellt ein heimlich geschossenes Foto von mir beim Duschen nach dem Sportunterricht in ein Fotoalbum im sozialen Netzwerk.

Ich vertraue meiner besten Freundin mein Passwort an. Wenige Tage später schickt sie von meiner E-Mail-Adresse Liebesmails an unseren Mathelehrer.

Karte 2

Im Chat tauschen ein Freund und ich aus Spaß wüste Beschimpfungen aus. Die meisten anderen Chat-Nutzer sind genervt.

Mitten in der Nacht ruft mich immer jemand mit unterdrückter Nummer auf dem Handy an. Wenn ich rangehe, höre ich nur fieses Kichern.

Ein Mitschüler überredet mich, ihm im Instant Messenger Geheimnisse zu erzählen. Am nächsten Tag erfahre ich, dass die ganze Clique dabei war und mitgelesen hat.

Einige meiner Mitschüler setzen eine Website ins Netz, die ekelhafte Gerüchte über mich und schlimme Beleidigungen enthält.

Karte 3

Mehrere Freundinnen sind bei mir zu Besuch. Während ich kurz weg bin, schreiben sie einigen Leuten aus meiner Kontaktliste üble Beleidigungen.

Einige Jungs machen mit einem Bildbearbeitungsprogramm meinen Kopf auf den Körper einer nackten Frau. Sie schicken mir das bearbeitete Foto per WhatsApp.

Mein Ex-Freund bzw. meine Ex-Freundin gibt private Fotos von mir, die ich ihm bzw. ihr in unserer Beziehung anvertraut habe, an andere weiter.

Per Textnachricht droht mir eine Mitschülerin, mich in der Schule zusammenzuschlagen.

Karte 4

In einem Internetforum von unserer Klasse steht, dass ich kiffe. Obwohl es nicht stimmt, bekomme ich deswegen großen Ärger mit meinen Eltern.

Eine Mitschülerin behauptet, ich würde sie im Internet belästigen, und legt unserem Lehrer gefälschte Nachrichten als Beweis vor.

Als ich in einem sozialen Netzwerk schreibe, dass meine Englischarbeit schlecht gelaufen ist, rät mir ein Mitschüler, ich solle mich einfach umbringen. Mehrere Mitschüler klicken auf „Gefällt mir".

Obwohl ich es nicht möchte, schreibt mir eine Mitschülerin immer wieder, dass sie mit mir zusammen sein will. Als ich sie im sozialen Netzwerk sperre, schreibt sie mir stattdessen private Textnachrichten.

Karte 5

In einem Internetforum meldet mich ein Mitschüler bei einer Moderatorin. Ich werde gesperrt, obwohl ich nichts gemacht habe.

Eine Schülerin hat peinliche Fotos von mir und droht, sie zu veröffentlichen, wenn ich ihr kein Geld gebe.

Mein Profil im sozialen Netzwerk wurde von jemandem total verändert – ich weiß aber nicht von wem.

Meine Freunde chatten nicht mehr mit mir, weil ich mich weigere, einem bestimmten sozialen Netzwerk beizutreten.

Karte 6

Ein gefälschtes/bearbeitetes Foto, das mich blutend und schwer verletzt zeigt, wird mir anonym zugeschickt, um mir Angst zu machen.

Auf einer Seite im Internet, wo das Aussehen bewertet wird, klicken alle Nutzer bei mir auf „hässlich".

Unter mein Lieblingsfoto im sozialen Netzwerk hat ein Mitschüler einen Kommentar geschrieben: „Was für eine fette Sau."

V 2.3 Vorlage Erfahrungen einordnen 4/9 – 9/9

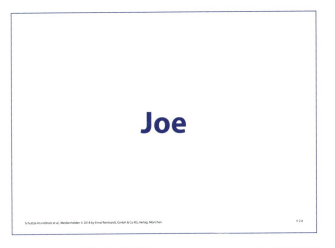

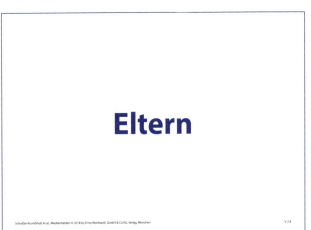

V 2.4 Folie Filmdarsteller

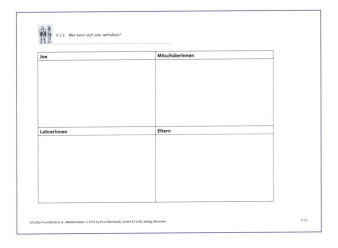

V 2.5 Folie Wer kann sich wie verhalten?

Themenblock 3
Was können wir tun?

Im vorletzten Block liegt der Fokus auf verschiedenen Stadien von Handlungsmöglichkeiten: Was kann man tun, damit man gar nicht erst zum Opfer von Cybermobbing wird – d.h. wie kann man sich vor Cybermobbing schützen? Was, wenn man bereits über das Internet oder dem Smartphone mit fiesen Nachrichten konfrontiert wird bzw. wurde? Fragen, wie diese, werden in verschiedenen Gruppen bearbeitet und anschließend vor der Klasse präsentiert. Die Arbeit in Gruppen ermöglicht das Abdecken eines relativ breiten Spektrums an Handlungsmöglichkeiten in nur kurzer Zeit. Die SchülerInnen bilden quasi Expertengruppen, die sich mit unterschiedlichen Themenschwerpunkten beschäftigen. Ihre Ergebnisse vermitteln sie der Klasse in Form von Handouts, praktischen Übungen oder Rollenspielen, sodass auch die übrigen SchülerInnen etwas von den Lerninhalten mitnehmen. Zudem können die jeweiligen ExpertInnen auch nach dem Projekttag von KlassenkameradInnen angesprochen werden und ihnen mit Rat und Tat zur Seite stehen.

Welche Gruppen sind vorgesehen?

1. Datenschutz im Internet – warum manche Dinge niemanden etwas angehen.
2. Darstellen einer Cybermobbing-Situation im Rollenspiel.
3. Wie Nervensägen zum Schweigen gebracht werden: Blockieren unerwünschter NutzerInnen.

Hauptziele

- Handlungs- und Internetkompetenz fördern.
- Selbstständigkeit und Transfer fördern.

Gruppe 1:

- Das Internet als öffentlichen Raum wahrnehmen.
- Kritischen Umgang mit eigenen Daten fördern – weniger Daten öffentlich machen.

Gruppe 2:

- Handlungskompetenz erweitern und UnterstützerInnen für Betroffene gewinnen.
- Perspektivenübernahme fördern.
- Selbstwertgefühl und Vertrauen in die Gruppe stärken.

Gruppe 3:

- Handlungskompetenz und Selbstschutz im Internet fördern.

Themenblock 3 – Überblick

Schritte	Methoden	Material	Zeit
Gruppeneinteilung und Raumfindung			10 min
Gruppenarbeiten	Gruppen-arbeit	Gruppenanleitungen: V 3.1, V 3.2, V 3.3 Sebastians Profilseite: V 3.4 V 3.5 Weißes DIN-A4-Papier für Gruppe 3	60 min
Nachbesprechung im Plenum und Abschluss des Themenblocks	Blitzlicht	Ampelkarten	10 min

Was muss ich vorbereiten?

- Gruppenanleitungen (V 3.1, V 3.2 und V 3.3) jeweils ca. zehnmal kopieren (je nach Klassengröße).
- V 3.4 (Sebastians Profil) für alle SchülerInnen kopieren (wird zunächst aber nur an Gruppe 1 ausgegeben).
- V 3.5 (Cybermobbing-Ausgangssituationen) ca. zehnmal für Gruppe 3 kopieren.
- Bunte Stifte und weißes DIN-A4-Papier bereitlegen (für die Handouts der Gruppe 3).
- Räume organisieren – wenn möglich einen Medien- und einen Klassenraum.

1 Gruppeneinteilung und Raumfindung

Damit die SchülerInnen sich für eine der drei Gruppen entscheiden können, werden die Gruppenthemen zunächst vorgestellt. Hierzu können die Kurzbeschreibungen der jeweiligen Gruppenanleitungen (V 3.1, 3.2 und 3.3) vorgelesen werden.

Anschließend verteilen sich die SchülerInnen auf die drei Gruppen. Nutzen Sie dazu eine Form der Gruppenzuteilung, die sich in Ihrer Klasse bewährt hat oder greifen Sie auf eine der im Theorieteil (Kap. 2.4, S. 31) erwähnten Möglichkeiten zurück.

Für jede Gruppe wird ein Raum festgelegt. Die Gruppe wird dort zwischendurch von der/dem LehrerIn oder den LehrerInnen besucht, um die Fortschritte in den Gruppen zu beobachten und den SchülerInnen bei Fragen und Unsicherheiten weiterzuhelfen.

Zuletzt erhält jede Gruppe ihre Arbeitsmaterialien (s. Materialbeschreibung auf Gruppenanleitungen) und beginnt anschließend ihre Gruppenarbeit.

2 Gruppenarbeiten

Jede Gruppe bekommt die zu ihrem Thema passende Gruppenanleitung, auf welcher ihre Aufgabe mit einer Zeiteinteilung genau beschrieben ist. Die Gruppen werden vom Lehrer (im Idealfall von mehreren LehrerInnen oder unterstützenden Eltern) begleitet und unterstützt, sollten aber weitestgehend selbstständig arbeiten.

3 Nachbesprechung im Plenum und Abschluss des Themenblocks

10 min

Im Plenum wird im Anschluss an die Gruppenarbeiten kurz besprochen, ob jede Gruppe fertig geworden ist, ob alles geklappt hat und ob noch etwas benötigt wird. Eventuell müssen in der Pause Handouts kopiert werden, um sie im vierten Themenblock jedem Schüler aushändigen zu können.

Abgeschlossen wird der Block mit einem Blitzlicht. Hat den SchülerInnen der Block gefallen? Schön wäre es, hier zusätzlich zu erfahren, was in den Gruppen besonders gut funktioniert hat.

Übersicht der Vorlagen und Arbeitsblätter für Themenblock 3

V 3.1 Handout Gruppe 1

V 3.2 Handout Gruppe 2

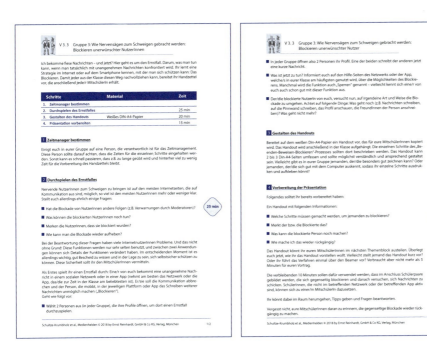

V 3.3 Handout Gruppe 3

V 3.4 Handout Sebastians Profil

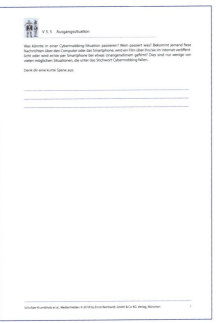

V 3.5 Handout Ausgangssituation

Themenblock 4
Ergebnispräsentation und Abschlussrunde

In diesem Block werden die Gruppenarbeiten präsentiert. Jede Gruppe hat für ihre Präsentation 15 Minuten Zeit. Mit anschließendem Feedback (und einer Nachbesprechung des Rollenspiels) sind für jede Gruppe 20 Minuten vorgesehen. Aus technischen Gründen kann es sinnvoll sein, die Präsentationen von den Gruppen 1 und 3 der Gruppe 2 in der Reihenfolge vorzuziehen. Somit kann im Medienraum begonnen werden. Die Rollenspielgruppe hätte hierdurch zudem die Möglichkeit, den Klassenraum für ihre Vorstellung vorzubereiten.

Nachdem die Expertengruppen ihr Wissen in verkürzter Form an ihre MitschülerInnen weitergegeben haben, wird das Gelernte gemeinsam geordnet und in eine sinnvolle Reihenfolge gebracht. Das soll den SchülerInnen helfen, alle Handlungsmöglichkeiten zu überblicken, um sie im Fall der Fälle auch anwenden zu können.

In einer abschließenden Feedback-Runde wird der Tag reflektiert und mit den ursprünglichen Erwartungen verglichen.

Hauptziele

- Handlungs- und Internetkompetenz fördern.

- Selbstständigkeit und Transfer fördern.

Themenblock 4 – Überblick

Schritte	Methoden	Material	Zeit
Präsentation Gruppe 1	Vorführung im Medienraum	Sebastians Profil: V 3.4	20 min
Präsentation Gruppe 3	Vorführung im Medienraum	Selbst gestaltetes Handout	20 min
Präsentation Gruppe 2	Theaterstück		20 min
Handlungsstrang entwerfen		Poster	15 min
Allgemeine Feedback-Runde – Abschluss des Projekttages	Blitzlicht	Ampelkarten V 4.1	15 min

Was muss ich vorbereiten?

- Kopien der Vorlage 3.4 (Sebastians Profil) für jede Schülerin und jeden Schüler erstellen (falls nicht schon erfolgt).
- Kopien der Vorlage 4.1 für alle SchülerInnen erstellen.
- Die Handouts der Gruppe 3 müssen kopiert werden.
- Die Präsentationen der Gruppen 1 und 3 müssen im Medienraum stattfinden (ggf. reservieren).

1 Präsentation Gruppe 1

1. Präsentation

Gruppe 1 hat sich mit der Selbstoffenbarung in den sozialen Netzwerken oder über (Foto-) Apps beschäftigt. Gemeinsam haben sie überlegt, welche Daten online gar nichts verloren haben und welche Daten besonders geschützt werden müssen. Zur Illustration des Referates kann an die MitschülerInnen das Arbeitsblatt V 3.4 ausgeteilt werden. Nach einem kurzen Vortrag besuchen die SchülerInnen gemeinsam das in der Klasse beliebteste soziale Netzwerk oder die beliebteste App und schauen sich mithilfe der im Raum umhergehenden und unterstützenden ReferentInnen die von ihnen veröffentlichten Daten an. Angeleitet durch die ReferentInnen soll jeder für sich überlegen, welchen Gewinn er oder sie von der Bereitstellung mancher Daten hat und welche Risiken vorhanden sind. In individueller Abwägung können die SchülerInnen bestimmte Informationen aus dem Netz oder der App entfernen.

2. Feedback

Der Gruppe wird ein Feedback gegeben, indem MitschülerInnen sich freiwillig dazu äußern, wie ihnen die Präsentation gefallen hat. LehrerInnen sollten ebenfalls eine kurze Rückmeldung geben. Mehr Informationen dazu, wie gutes Feedback gestaltet sein sollte, finden Sie in Kapitel 2.4 des Theorieteils.

2 Präsentation Gruppe 3

20 min

1. Präsentation
Gruppe 3 hat sich mit dem Blockieren unerwünschter Kommunikation bzw. NutzerInnen beschäftigt.

Die Gruppe zeigt anhand des beliebtesten sozialen Netzwerk oder der beliebtesten App der Klasse, wie solche Einstellungen funktionieren und in welchen Situationen sie sinnvoll sind. Sie soll auch zeigen, wie man sie wieder aufhebt.

Im Anschluss werden Paare gebildet, die sich gegenseitig blockieren und danach versuchen, sich Nachrichten zu schicken. SchülerInnen, die nicht im betreffenden Netzwerk oder in der betreffenden App aktiv sind, können sich zu einem / einer MitschülerIn dazusetzen.

Einige wichtige Erfahrungen sollen dabei gemacht werden:

- Was kann der / die blockierte NutzerIn noch tun? Was kann er / sie nicht mehr tun?
- Merkt der / die blockierte NutzerIn, dass er / sie blockiert wurde?

2. Feedback
Der Gruppe wird ein Feedback gegeben, indem MitschülerInnen sich freiwillig dazu äußern, wie ihnen die Präsentation gefallen hat. LehrerInnen sollten ebenfalls eine kurze Rückmeldung geben.

3 Präsentation Gruppe 2

20 min

1. Präsentation
Gruppe 2 präsentiert ihr Rollenspiel.

2. Besprechung
Folgende Fragen werden im Anschluss gemeinsam besprochen:

1. Fragen zur Situation

- Was ist passiert?
- Was war die Ausgangssituation?
- Wie wurde die Situation / der Konflikt gelöst?

2. Fragen zum Rollengefühl

- Wie haben sich die DarstellerInnen in den Rollen gefühlt?
- Wie hat sich die Rolle des / der Betroffenen angefühlt?
- Wie war es, Mobbende / r zu sein? (Je nachdem, wie viele Rollen vorkommen, werden diese Fragen beliebig erweitert.)
- Warum zeigen die DarstellerInnen dieses Verhalten (v. a. Mobbende und eventuell Assistierende, Außenstehende)?

Die Fragen zur Situation sollten zunächst vom Publikum beantwortet werden. Die Rollenspielgruppe kann auf die Antworten reagieren und erklären, wie die Situation gemeint war. Anschließend wird auf die Gefühle der unterschiedlichen Rollen eingegangen.

Die SchauspielerInnen äußern sich zu den Gefühlen, die sie in den verschiedenen Rollen hatten:

- Wie fühlen sich die SchülerInnen in der Rolle von Assistierenden, Außenstehenden, Verstärkenden, Mobbenden oder Betroffenen?
- Fühlen sie sich stark, schwach?

- Was hat sie besonders beeindruckt, eingeschüchtert?
- An welchen Stellen war die Situation besonders schwierig?

Von den Gefühlen der DarstellerInnen kann ggf. zu den Verhaltensweisen übergeleitet werden. Was bewegt die Rollen zu ihrem Verhalten? Warum machen sie das? Wozu brauchen sie das? Die SchülerInnen sollen verstehen, wie es zu der Dynamik in einer solchen Mobbingsituation kommt. Sie sollen erkennen, dass manche SchülerInnen andere schikanieren, um sich selbst aufzuwerten. Sie brauchen vielleicht nur ein Opfer, um ihre eigenen Schwächen auszugleichen. Wer das Opfer wird, ist vielleicht nicht immer entscheidend.

3. Feedback

In diesem Fall wird das Feedback zum Schluss gegeben, denn hier kann ebenfalls bewertet werden, ob die Intention des Schauspiels und die Gefühle der DarstellerInnen deutlich geworden sind. Möglicherweise vermischt sich das Feedback bereits mit der Besprechung der Szene.

Hier geht es nicht darum, die schauspielerische Leistung der einzelnen SchülerInnen zu bewerten. Vielmehr sollte der Gruppe rückgemeldet werden, dass sie ein kreatives und einfallsreiches Rollenspiel umgesetzt haben.

4 Handlungsstrang entwerfen

„Was kann ich gegen Cybermobbing tun?"

Um die Ergebnisse der Gruppenarbeiten noch einmal festzuhalten und zu vertiefen, werden gemeinsam Handlungsstrategien gesammelt. Die SchülerInnen können hierbei neben den Strategien, die aus den Gruppenarbeiten hervorgehen, natürlich auch eigene Ideen einbringen. Die Ideen der SchülerInnen werden (z. B. von der Lehrkraft) an der Tafel gesammelt.

Poster

Anschließend werden die Handlungsstrategien in eine sinnvolle Reihenfolge gebracht. Die Reihenfolge sollte hierbei von präventiven Strategien (die verhindern, dass es zu Cybermobbing kommt) zu interventiven Strategien übergehen (die man anwenden kann, wenn man bereits betroffen ist).

Präventiv:

- „Was kann man im Vorhinein tun, damit man möglichst nicht zum Opfer von Cybermobbing wird?"
- „Wie kann man sich vor Cybermobbing schützen?"

Interventiv:

- „Was kann man tun, wenn man bereits mit fiesen Nachrichten konfrontiert wird / wurde?"

Die Reihenfolge könnte wie folgt aussehen:

1. Ich schütze mein Profil (Gruppenarbeit 1: Datenschutz).
2. Ich spreche mit meinen FreundInnen darüber (evtl. Gruppenarbeit 2: Rollenspiel).
3. Ich speichere die Nachricht und blockiere den / die NutzerIn, der / die mich belästigt (Gruppenarbeit 3: Wie Nervensägen zum Schweigen gebracht werden).
4. Ich gehe zur Polizei (eventuell Gruppenarbeit 2: Rollenspiel).

Sobald die Reihenfolge feststeht, werden die Handlungsstrategien auf das Poster übertragen. Zur Ergebnissicherung kann das Poster abschließend in der Klasse aufgehängt werden. Die SchülerInnen können sich Handlungsstrategien auch nach dem Projekttag in Erinnerung rufen.

5 Allgemeine Feedback-Runde: Den Projekttag abschließen

15 min

In einer allgemeinen Feedback-Runde wird zunächst die Ampelkarten-Methode angewendet. Jede/r – auch LehrerIn oder ggf. Elternteil – hält eine Karte hoch, die signalisiert, wie ihm/ihr der Projekttag insgesamt gefallen hat. Im Unterschied zu den vorherigen Blitzlichtern äußert sich jede/r anschließend in ein bis zwei Sätzen dazu.

Poster Ampelkarten V 4.1

Das Poster, auf welchem zu Beginn des Tages die Erwartungen der SchülerInnen an den Projekttag gesammelt wurden, kann hierbei aufgestellt werden. Den SchülerInnen werden ihre ursprünglichen Erwartungen auf diese Weise noch einmal visualisiert. In Anbetracht dessen, ob diese Erwartungen erfüllt wurden, fällt es ihnen vielleicht leichter, ein abschließendes Feedback zum Tag abzugeben. Zudem kann auf diese Weise u. U. deutlich werden, dass zu Beginn des Tages nur eine vage und vielleicht ganz andere Vorstellung vom Medienhelden-Programm bestand als nach dem Projekttag.

Sie können auch einzelne SchülerInnen fragen, was ihnen am besten gefallen hat oder was sie sich anders gewünscht hätten. Was war das Wichtigste, was sie gelernt haben? Was hätte sie noch interessiert?

Es ist wahrscheinlich, dass der Projekttag bei einigen SchülerInnen das Interesse für weitere Aspekte von Medienkompetenz und Selbstschutz in der digitalen Welt geweckt hat, selbst wenn diese es jetzt nicht einräumen. Teilen Sie daher zum Abschluss des Projekttages die Vorlage 4.1 an alle SchülerInnen aus. Die Vorlage enthält Tipps und Kontaktstellen zum Weiterrecherchieren zu verschiedenen weiteren Themen, die Inhalt des Medienhelden-Programms sind und Relevanz in der Cybermobbing-Prävention aufweisen, jedoch in der Kürze des Projekttages keinen Platz gefunden haben. Vielleicht entsteht aus weiteren Gesprächen im Laufe der kommenden Wochen auch im Bezug auf entsprechende Recherche und Erkenntnisse der SchülerInnen der Wunsch, sich tiefergehend mit dem Thema zu befassen. Vor allem dann, aber auch wenn Sie als LehrerIn eine noch differenziertere Auseinandersetzung mit Cybermobbing und den Möglichkeiten und Gefahren neuer Medien wünschen, empfehlen wir Ihnen die Durchführung des etwa 10-wöchigen Medienhelden-Curriculums.

Übersicht der Vorlagen und Arbeitsblätter für Themenblock 4

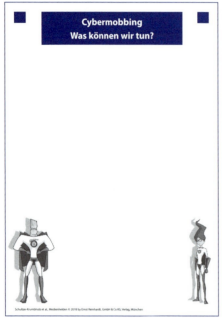

Poster „Was können wir tun?"

V 4.1 Handout Nützliche Links

Literatur

Ajzen, I. (1985). From intentions to actions: A theory of planned behavior. In J. Kuhland & J. Beckman (Eds.), *Action-control: From cognitions to behavior* (pp. 11–39). Heidelberg: Springer.

Ajzen, I. (1991). The theory of planned behavior. *Organizational Behavior and Human Decision Processes*, 50, 179–211.

Ajzen, I. & Fishbein, M. (1980). *Understanding attitudes and predicting social behavior*. Englewood Cliffs, NJ: Prentice-Hall.

Balakrishnan, A. (2008, 18.03.). Girl jailed for filming "happy-slap" killing. *The Guardian*. Online: www.guardian.co.uk/uk/2008/mar/18/happyslap.killing (Zugriff 01.04.2008).

Barlett, C., & Coyne, S.M. (2014). A meta-analysis of sex differences in cyberbullying behavior: The moderating role of age. *Aggressive Behavior*, 40, 474–488. doi:10.1002/ab.21555

Beran, T. & Li, Q. (2007). The relationship between cyberbullying and school bullying. *Journal of Student Wellbeing*, 1, 15–33.

Brenner, G. & Brenner, K. (2011). *Lernen lehren: Methoden für alle Fächer: Sekundarstufe I und II* (2., überarb. Aufl.). Berlin: Cornelsen.

Brighi, A., Guarini, A. & Genta, M.L. (2009). Bullying in the digital age. In M.L. Genta, A. Brighi & A. Guarini (Eds.), *Bullying and cyberbullying in adolescence* (pp. 14–39). Rome, Italy: Carocci editore.

Chaux, E., Velásquez, A.M., Schultze-Krumbholz, A., & Scheithauer, H. (2016). Effects of the cyberbullying prevention program media heroes (Medienhelden) on traditional bullying. *Aggressive Behavior*, 42, 157–165. doi:10.1002/ab.21637

Chen, D.-T., Wu, J., & Wang, Y.-M. (2011). Unpacking new media literacy. *Journal on Systemics, Cybernetics and Informatics*, 9, 84–88.

Chen, L., Ho, S.S., & Lwin, M.O. (2017). A meta-analysis of factors predicting cyberbullying perpetration and victimization: From the social cognitive and media effects approach. *New Media & Society*, 19, 1194–1213. doi:10.1177/1461444816634037

Childnet International (Producer) (2007) *Let's fight it together* [Deutsche Version]. Online Film: http://old.digizen.org/cyberbullying/fullFilm.aspx (Zugriff: 30.10.2011).

Childnet International (Producer). (2016). *Gone too far* [Deutsche Version]. Online Film: https://www.klicksafe.de/spots/weitere-spots/gone-too-far/ (Zugriff: 29.06.2018).

Compton, L., Campbell, M., & Mergler, A. (2014). Teacher, parent and student perceptions of the motives of cyberbullies. *Social Psychology of Education*, 17, 383–400. doi:10.1007/s11218-014-9254-x

Festl, R., Scharkow, M. & Quandt, T. (2015). The individual or the group: A multilevel analysis of cyberbullying in school classes. *Human Communication Research*, 41, 535–556. doi:10.1111/hcre.12056

Fishbein, M. & Ajzen, I. (1975). *Belief, attitude, intention and behavior: An introduction to theory and research*. Reading, MA: Addison-Wesley.

Frau-Meigs, D. (2008). Media literacy and human rights: Education for sustainable societies. *Croatian Journal of Communication and Psychology*, 5, 145–157.

Gardella, J.H., Fisher, B.W. & Teurbe-Tolon, A.R. (2017). A systematic review and meta-analysis of cyber-victimization and educational outcomes for adolescents. *Review of Educational Research*, 87, 283–308.

Gradinger, P., Strohmeier, D., & Spiel, C. (2012). Motives for bullying others in cyberspace – A Study on bullies and bully-victims in Austria. In Q. Li, D. Cross, & P.K. Smith (Eds.), *Cyberbullying in the global playground: Research from international perspectives* (pp. 263–284). Chichester, UK: Blackwell Publishing.

Guo, S. (2016). A meta-analysis of the predictors of cyberbullying perpetration and victimization. *Psychology in the Schools*, 53, 432–453. doi:10.1002/pits.21914

Gutzwiller-Helfenfinger, E. (2008). Die Wirkung von erweitertem Rollenspiel auf soziales Perspektivenübernahme und antisoziales Verhalten. In Malti/Perren (2008), 231–245.

Harter, S. (1999). *The construction of the self: A developmental perspective*. New York: Guilford.

Hartup, W.W. (1996). The company we keep: Friendship and their developmental significance. *Child Development*, 67, 1–13. http://dx.doi.org/10.1111/j.1467-8624.1996.tb01714.x.

Hinduja, S. & Patchin, J.W. (2009). *Bullying beyond the schoolyard: Preventing and responding to cyberbullying*. Thousand Oaks, CA: Corwin Press.

Hobbs, R. (2010). *Digital and media literacy: A plan of action. A White Paper on the digital and media literacy recommendations of the Knight Commission on the Information Needs of Communities in a Democracy*. Washington: The Aspen Institute. Online: www.knightfoundation.org/media/uploads/publication_pdfs/Digital_and_Media_Literacy_A_Plan_of_Action.pdf (Zugriff: 29.06.2018)

Hoffmann, C. (2007). „Du hast keine Freunde mehr". *Kölner Stadtanzeiger*. Online: www.ksta.de/html/artikel/1195816863549.shtml (Zugriff: 04.12.2007).

Jäger, T., Arbinger, R. & Lissmann, U. (2010). Cyberbullying: The situation in Germany. In J.A. Mora-Merchán & T. Jäger (Eds.), *Cyberbullying: A cross-national comparison* (pp. 69–86). Landau: Verlag Empirische Pädagogik.

Janssen, B. (2008). *Kreative Unterrichtsmethoden. Bausteine zur Methodenvielfalt – Wege zum guten Unterricht*. Braunschweig: Westermann.

Jones, S.E., Manstead, A.S.R. & Livingstone, A.G. (2011). Ganging up or sticking together? Group processes and children's responses to text-message bullying. *British Journal of Psychology*, 102, 71–96.

Jüttner, J. (2011, 22.03.) Prügelei in Berlin – Gewaltexzess nach Cybermobbing. *Spiegel Online*. Online: www.spiegel.de/panorama/justiz/pruegelei-in-berlin-gewaltexzess-nach-cybermobbing-a-752572.html (Zugriff: 12.06.2018)

Katzer, C., Fetchenhauer, D. & Belschak, F. (2009a). Cyberbullying in Internet-Chatrooms – Wer sind die Täter? *Zeitschrift für Entwicklungspsychologie und Pädagogische Psychologie*, 41, 33–44.

Katzer, C., Fetchenhauer, D. & Belschak, F. (2009b). Cyberbullying: Who are the victims? A comparison of victimization in internet chatrooms and victimization in school. *Journal of Media Psychology*: Theories, Methods, and Applications, 21, 25–36.

Keller, M. (2001). Moral in Beziehungen: Die Entwicklung des frühen moralischen Denkens in Kindheit und Jugend. In W. Edelstein, F. Oser & P. Schuster (Hrsg.), *Moralische Erziehung in der Schule* (S. 111–140). Weinheim: Beltz.

Keller, M. & Becker, G. (2008). Ein handlungstheoretischer Ansatz zur Entwicklung sozio-moralischer Kompetenzen von Kindern und Jugendlichen. In Malti/Perren (2008), 108–125.

Kern-Scheffeldt, W. (2005). Peer-Education und Suchtprävention. *SuchtMagazin*, 5, 3–10.

Klesmann, M. (2011, 30.03.). Eine Frage des Aufwands. *Berliner Zeitung*. Online: www.berliner-zeitung.de/archiv/ulrich-schellenberg-chef-des-berliner-anwaltsvereins-ueber-die-strafrechtliche-verfolgung-des-mobbing-forums-isharegossip-eine-frage-des-aufwands-,10810590,10779316.html (Zugriff 30.10.2011)

Klippert, H. (2010). *Teamentwicklung im Klassenraum: Übungsbausteine für den Unterricht* (9., überarb. und erw. Aufl.). Weinheim: Beltz.

Kowalski, R.M., Guimetti, G.W., Schroeder, A.N., & Lattanner, M.R. (2014). Bullying in the digital age: A critical review and meta-analysis of cyberbullying research among youth. *Psychological Bulletin*, 140, 1073–1137. doi:10.1037/a0035618

Kowalski, R.M. & Limber, S.P. (2007). Electronic bullying among middle school students. *Journal of Adolescent Health*, 41, S22–S30.

Kowalski, R.M., Limber, S.P., & Agatston, P.W. (2012). *Cyberbullying: Bullying in the digital age* (2nd ed). New York: Wiley-Blackwell.

Langos, C. (2012). Cyberbullying: The challenge to define. *CyberPsychology, Behavior & Social Networking*, 15, 285–289. doi:10.1089/cyber.2011.0588

Leest, U., & Schneider, C. (2017). *Cyberlife II: Spannungsfeld zwischen Faszination und Gefahr*. Cybermobbing bei Schülerinnen und Schülern. Online: www.buendnis-gegen-cybermobbing.de/fileadmin/pdf/studien/2016_05_02_Cybermobbing_2017End.pdf (Zugriff 22.06.2018)

Li, Q. (2007). New bottle but old wine: A research of cyberbullying in schools. *Computers in Human Behavior*, 23, 1777–1791.

Malti, T. & Perren, S. (Hrsg.) (2008). *Soziale Kompetenz bei Kindern und Jugendlichen. Entwicklungsprozesse und Fördermöglichkeiten*. Stuttgart: Kohlhammer.

Medienpädagogischer Forschungsverbund Südwest (MPFS) (2009). *JIMplus. Nahaufnahmen 2009: Einstellungen und Hintergründe zum Medienumgang der 12- bis 19-Jährigen – Qualitative Zusatzbefragung zur JIM-Studie 2009 – Jugend, Information, (Multi-)Media*. Online: www.mpfs.de/fileadmin/JIMplus/Nahaufnahmen/JIMplusNahaufnahmen2009Print.pdf (Zugriff: 04.11.2011).

Medienpädagogischer Forschungsverbund Südwest (MPFS). (2015). *JIM-Studie 2015. Jugend, Information, (Multi-) Media. Basisuntersuchung zum Medienumgang 12-19jähriger*. Stuttgart: MPFS.

Medienpädagogischer Forschungsverbund Südwest (MPFS) (2015). *KIM-Studie 2014 – Kinder + Medien, Computer + Internet*. Online: www.mpfs.de/fileadmin/files/Studien/KIM/2014/KIM_Studie_2014.pdf (Zugriff: 05.06.2018).

Medienpädagogischer Forschungsverbund Südwest (MPFS) (2017). *JIM-Studie 2017 – Jugend, Information, (Multi-) Media*. Online: https://www.mpfs.de/fileadmin/files/Studien/JIM/2017/JIM_2017.pdf (Zugriff: 05.06.2018).

Metzler, A., & Scheithauer, H. (eingereicht). Association of self-presentational strategies on Facebook and positive feedback in adolescence – A two-study approach. *International Journal of Developmental Science*.

Metzler, A., & Scheithauer, H. (2017). The long-term benefits of positive self-presentation via profile pictures, number of friends and the initiation of relationships on Facebook for adolescents' self-esteem and the initiation of offline relationships. *Frontiers in Psychology – Developmental Psychology*, 8, 1981. doi: 10.3389/fpsyg.2017.01981

Meyer, H. (1987). *Unterrichtsmethoden*, Bd.2, Praxisband (Nachdruck). Berlin: Cornelsen.

Meyer, H. (2007). *Praxisbuch Meyer: Leitfaden Unterrichtsvorbereitung* (5. Aufl.). Berlin: Cornelsen.

Modecki, K.L., Minchin, J., Harbaugh, A.G., Guerra, N.G., Runions, K.C. (2014): Bullying prevalence across contexts: A meta-analysis measuring cyber and traditional bullying. *Journal of Adolescent Health*, 50 (5), 602–611.

Nocentini, A., Calmaestra, J., Schultze-Krumbholz, A., Scheithauer, H., Ortega, R. & Menesini, E. (2010). Cyberbullying: Labels, behaviours and definition in three European countries. *Australian Journal of Guidance and Counselling*, 20, 129–142.

Ortega, R., Elipe, P., Mora-Merchán, J.A., Calmaestra, J. & Vega, E. (2009). The emotional impact on victims of traditional bullying and cyberbullying – A study of Spanish adolescents. *Zeitschrift für Psychologie/Journal of Psychology*, 217, 197–204.

Perkins, H.W. & Berkowitz, A.D. (1986). Perceiving the community norms of alcohol use among students: some research implications for campus alcohol education programming. *The International Journal of the Addictions*, 21, 961–976.

Perkins, H.W., Meilman, P.W., Leichliter, J.S., Cashin, J.R. & Presley, C.A. (1999). Misperceptions of the norms for the frequency of alcohol and other drug use on college campuses. *Journal of American College Health*, 47, 253.

Petermann, F., Niebank, K. & Scheithauer, H. (2004). *Entwicklungswissenschaft. Entwicklungspsychologie – Genetik – Neuropsychologie*. Berlin: Springer.

Pfetsch, J. (2016). Who is who in cyberbullying? Concetual and empirical perspectives on bystanders in cyberbullying. In M.F. Wright (Ed.), *A social-ecological approach to cyberbullying*. (pp. 121–149). Hauppauge: Nova Publishing.

Pfetsch, J., Müller, C.R., & Ittel, A. (2014). Cyberbullying und Empathie : Affektive, kognitive und medienbasierte Empathie im Kontext von Cyberbullying im Kindes- und Jugendalter. *Diskurs Kindheits- und Jugendforschung*, 9(1), 23–37.

Pfetsch, J. & Schultze-Krumbholz, A. (2018). Cyberbullying als Herausforderung für Schulen. In N. McElvany, F. Schwabe, W. Bos, H.G. Holtappels (Hrsg.), *Digitalisierung der schulischen Bildung. Chancen und Herausforderungen* (S. 69–88). Münster: Waxmann.

Pörhölä, M. (2009). *Involvement in cyberbullying: Age and gender in bullying and victimization*. Paper presented at the Post Conference Workshop „COST ACTION IS0801: Cyberbullying: Coping with negative and enhancing positive uses of new technologies, in relationships in educational settings", 22.–23. August 2009, Vilnius.

Prensky, M. (2001). Digital natives, digital immigrants. *On the Horizon*, 9(5). Online: www.marcprensky.com/writing/Prensky%20-%20Digital%20Natives,%20Digital%20Immigrants%20-%20Part1.pdf (Zugriff: 01.04.2010).

Raiziene, S., Laurynaite, I., Zukauskiene, R. & Valickiene, R. P. (2009). *Victimization via internet: What do we know about the victims?* Paper presented at the Post Conference Workshop „COST ACTION IS0801: Cyberbullying: Coping with negative and enhancing positive uses of new technologies, in relationships in educational settings", 22.–23. August 2009, Vilnius.

Raskauskas, J. & Stoltz, A. D. (2007). Involvement in traditional and electronic bullying among adolescents. *Developmental Psychology*, 43, 564–575.

Reich, S. M., Subrahmanyam, K., & Espinoza, G. (2012). Friending, IMing, and hanging out face-to-face: Overlap in adolescents' online and offline social networks. *Developmental Psychology*, 48, 356–368. Doi: 10.1037/a0026980

Rigby, K. (2012). *Bullying interventions in schools: Six basic approaches* (1st edition.). Chichester, West Sussex; Malden, MA: Wiley-Blackwell.

Sächsischer Bildungsserver (SBS) – Serviceportal (o. J.). *Produkt des BLK Modellversuches SUD: Die Debatte als Unterrichtsmethode*. Online: www.sn.schule.de/~sud/pdfs/pb_sebnitz.pdf (Zugriff: 04.11.2011).

Salmivalli, C., Lagerspetz, K. M. J., Björkqvist, K., Österman, K. & Kaukiainen, A. (1996). Bullying as a group process: Participant roles and their relations to social status within the group. *Aggressive Behavior*, 22, 1–15.

Sanders, J., Smith, P. K. & Cillessen, A. H. N. (2009). *Cyberbullies: Their motives, characteristics and types of bullying*. Paper presented at the XIVth European Conference on Developmental Psychology, 18.–22. August 2009, Vilnius.

Scheithauer, H., Walcher, A., Warncke, S., Klapprott, F., & Bull, H. D. (2018). *Fairplayer.Manual – Klasse 7–9: Förderung von sozialen Kompetenzen – Prävention von Mobbing und Schulgewalt. Theorie- und Praxismanual für die Arbeit mit Jugendlichen in Schulklassen* (4. vollst. überarb. & erweiterte Auflage). Göttingen: Vandenhoeck & Ruprecht.

Scheithauer, H. & Schultze-Krumbholz, A. (2009). Bullying und Cyberbullying unter Schülern. In D. Menzel & W. Wiater (Hrsg.), *Verhaltensauffällige Schüler. Symptome, Ursachen und Handlungsmöglichkeiten* (S. 213–231). Bad Heilbrunn: Klinkhardt.

Scheithauer, H., Hayer, T. & Petermann, F. (2003). *Bullying unter Schülern: Erscheinungsformen, Risikobedingungen und Interventionskonzepte*. Göttingen: Hogrefe.

Scheithauer, H., & Schultze-Krumbholz, A. (2015). Cybermobbing. In C. Möller (Hrsg.), *Internet- und Computersucht. Ein Praxishandbuch für Therapeuten, Pädagogen und Eltern* (2., aktualis. und erw. Aufl., S. 77–85). Stuttgart: Kohlhammer.

Schoffstall, C. L. & Cohen, R. (2011). Cyber aggression: The relation between online offenders and offline social competence. *Social Development*, 20, 587–604.

Schorb, B. & Wagner, U. (2013). Medienkompetenz – Befähigung zur souveränen Lebensführung in einer mediatisierten Gesellschaft. In BMFSFJ (Hrsg.), *Medienkompetenz für Kinder und Jugendliche – eine Bestandsaufnahme* (S. 18–23). Berlin: BMFSFJ.

Schultze-Krumbholz, A. (2015). *Cyberbullying: Risk and protective factors, consequences and prevention*. [Dissertation], Freie Universität Berlin, Berlin. Online: https://refubium.fu-berlin.de/bitstream/handle/fub188/7929/Schultze-Krumbholz_Dissertation_Cyberbullying_2013_online.pdf?sequence=1&isAllowed=y (Zugriff: 12.06.2018)

Schultze-Krumbholz, A., Höher, J., Fiebig, J., & Scheithauer, H. (2014). Wie definieren Jugendliche in Deutschland Cybermobbing? Eine Fokusgruppenstudie unter Jugendlichen einer deutschen Großstadt. *Praxis der Kinderpsychologie und Kinderpsychiatrie*, 63, 361–378.

Schultze-Krumbholz, A. & Scheithauer, H. (2009). Social-Behavioural correlates of cyberbullying in a German student sample. *Zeitschrift für Psychologie/Journal of Psychology*, 217, 224–226.

Schultze-Krumbholz, A. & Scheithauer, H. (2010). Cyberbullying unter Kindern und Jugendlichen – Ein Forschungsüberblick. *Psychosozial*, 122, 79–91.

Schultze-Krumbholz, A. & Scheithauer, H. (2012). Das Medienhelden-Programm zur Prävention von Cybermobbing. In S. Drewes & K. Seifried (Hrsg.), *Krisen im Schulalltag – Prävention, Management und Nachsorge* (S. 210–219). Stuttgart: Kohlhammer.

Schultze-Krumbholz, A. & Scheithauer, H. (2015). Cyberbullying. In T. P. Gullotta, M. Evans & R. Plant (Eds.), *The handbook of adolescent behavioral problems. Evidence-based approaches to prevention and treatment* (2nd ed.) (pp 415–428). New York: Springer. doi: 10.1007/978-1-4899-7497-6_22

Schultze-Krumbholz, A., Schultze, M., Zagorscak, P., Wölfer, R., & Scheithauer, H. (2016). Feeling cybervictims' pain—The effect of empathy training on cyberbullying. *Aggressive Behavior*, 42, 147–156. doi:10.1002/ab.21613

Schultze-Krumbholz, A., Zagorscak, P., Wölfer, R., & Scheithauer, H. (2014). Das Medienhelden-Programm zur Förderung von Medienkompetenz und Prävention von Cybermobbing: Konzept und Ergebnisse aus der Evaluation. *Praxis der Kinderpsychologie und Kinderpsychiatrie*, 63, 379–394.

Schultze-Krumbholz, A., Zagorscak, P., Wölfer, R., & Scheithauer, H. (2014). Prävention von Cybermobbing und Reduzierung aggressiven Verhaltens Jugendlicher durch das Programm Medienhelden: Ergebnisse einer Evaluationsstudie. *Diskurs Kindheits- und Jugendforschung*, 2014(1), 61–79.

Sevcíková, A. & Smahel, D. (2009). Online harassment and cyberbullying in the Czech Republic – Comparison across age groups. *Zeitschrift für Psychologie/Journal of Psychology*, 217, 227–229.

Shapka, J. D. (2011). *Internet Socializing Online: What are the risks?* Curtin University of Technology, Perth, Australia.

Siebenbrock, A., Schultze-Krumbholz, A. & Scheithauer, H. (2011). *Cyberbullying – Opportunities for change by an intervention program in German middle schools*. Oral presentation at the 15th European Conference on Developmental Psychology, Bergen, Norway.

Slonje, R. & Smith, P. K. (2008). Cyberbullying: Another main type of bullying? *Scandinavian Journal of Psychology*, 49, 147–154.

Smith, P. K., Mahdavi, J., Carvalho, M., Fisher, S., Russell, S. &Tippett, N. (2008). Cyberbullying: Its nature and impact in secondary school pupils. *Journal of Child Psychology and Psychiatry*, 49, 376–385.

Spears, B., Slee, P., Owens, L. & Johnson, B. (2009). Behind the scenes and screens – Insights into the human dimension of covert and cyberbullying. *Zeitschrift für Psychologie/Journal of Psychology*, 217, 189–196.

Stangl, W. (o. J.). *Gutes Feedback – Was ist das?* Online: http://arbeitsblaetter.stangl-taller.at/KOMMUNIKATION/Feedback.shtml (Zugriff: 04.11.2011).

Steffgen, G., Pfetsch, J., König, A. & Bredemus, L. (2009). *Cyberbullying among school aged children in Luxembourg.* Paper presented at the Post Conference Workshop „COST ACTION ISO801: Cyberbullying: Coping with negative and enhancing positive uses of new technologies, in relationships in educational settings", 22.–23. August 2009, Vilnius.

Sun, S., Fan, X., & Du, J. (2016). Cyberbullying perpetration: A meta-analysis of gender differences. *International Journal of Internet Science*, 11, 61–81.

Thompson, F. & Smith, P. K. (2011). The use and effectiveness of anti-bullying strategies in schools. *Research Brief DFE-RR098*, 1–220.

Tokunaga, R. S. (2010). Following you home from school: A critical review and synthesis of research on cyberbullying victimization. *Computers in Human Behavior*, 26, 277–287.

Tulodziecki, G. (2011). Zur Entstehung und Entwicklung zentraler Begriffe bei der pädagogischen Auseinandersetzung mit Medien. *MedienPädagogik*, 20, 11–39. doi:10.21240/mpaed/20/2011.09.11.X.

Valkenburg, P. M. & Peter, J. (2011). Communication among adolescents: An integrated model of its attraction, opportunities, and risks. *Journal of Adolescent Health*, 48, 121–127.

Valkenburg, P. M., Peter, J., & Schouten, A. P. (2006). Friend networking sites and their relationship to adolescents' well-being and social self-esteem. *Cyberpsychology & Behavior*, 9, 584–590. http://dx.doi.org/10.1089/cpb.2006.9.584.

Valkenburg, P. M., Schouten, A. P., & Peter, J. (2005). Adolescents' identity experiments on the Internet. *New Media & Society*, 7, 383–402. http://dx.doi.org/10.1177/1461444805052282.

Vandebosch, H. & Van Cleemput, K. (2009). Cyberbullying among youngsters: Profiles of bullies and victims. *New Media Society*, 11, 1349–1371.

Van der Graaff, J., Branje, S., De Wied, M., Hawk, S., Van Lier, P., & Meeus, W. (2014). Perspective taking and empathic concern in adolescence: Gender differences in developmental changes. *Developmental Psychology*, 50, 881–888. doi:10.1037/a0034325

Wachs, S. (2012). Moral disengagement and emotional and social difficulties in bullying and cyberbullying: differences by participant role. *Emotional and Behavioural Difficulties*, 17(3–4), 347–360. doi: 10.1080/13632752. 2012.704318.

Willard, N. E. (2007). *Cyberbullying and cyberthreats. Responding to the challenge of online social cruelty, threats, and distress* (2nd ed.). Eugene, OR: Center for Safe and Responsible Internet Use.

Williams, K. R. & Guerra, N. G. (2007). Prevalence and predictors of internet bullying. *Journal of Adolescent Health*, 41, S14–S21.

Wölfer, R., Schultze-Krumbholz, A., Zagorscak, P., Jäkel, A., Göbel, K., & Scheithauer, H. (2014). Prevention 2.0: Targeting cyberbullying @ school. *Prevention Science*, 15, 879–887. doi:10.1007/s11121-013-0438-y

Wolak, J., Mitchell, K. & Finkelhor, D. (2007). Does online harassment constitute bullying? An exploration of online harassment by known peers and online-only contacts. *Journal of Adolescent Health*, 41, S51–S58.

Ybarra, M. L. (2004). Linkages between depressive symptomatology and internet harassment among young regular internet users. *CyberPsychology & Behavior*, 7, 247–257.

Ybarra, M. L. & Mitchell, K. J. (2004a). Online aggressor / targets, aggressors, and targets: A comparison of associated youth characteristics. *Journal of Child Psychology and Psychiatry*, 45, 1308–1316.

Ybarra, M. L. & Mitchell, K. J. (2004b). Youth engaging in online harassment: Associations with caregiver-child relationships, Internet use, and personal characteristics. *Journal of Adolescence*, 27, 319–336.

Ybarra, M. L., Mitchell, K. J., Wolak, J. & Finkelhor, D. (2006). Examining characteristics and associated distress related to internet harassment: Findings from the Second Youth Internet Safety Survey. *Pediatrics*, 118, e1169–e1177.

Zagorscak, P., Schultze-Krumbholz, A., Heinrich, M., Wölfer, R. & Scheithauer, H. (im Druck). Efficacy of cyberbullying prevention on somatic symptoms – Randomized controlled trial applying a Reasoned Action approach. *Journal of Research on Adolescence*. doi: 10.1111/jora.12429

Zagorscak, P., Schultze-Krumbholz, A., Siebenbrock, A., Wölfer, R. & Scheithauer, H. (2011). *MEDIENHELDEN – Ein Programm zur Prävention von Cyberbullying im Schulkontext.* Posterpräsentation auf der 13. Fachgruppentagung Pädagogische Psychologie der DGPs, Erfurt.

Inhalt des Online-Materials
Vorlagen für das Curriculum
Überblick über notwendige Vorbereitungen zur Durchführung des Medienhelden-Curriculums

Modul I
V 1.1 Handout Mediennutzung
V 1.2 Folie Medien
V 1.3 Folie Mediennutzung
V 1.4 Folie Internetseiten
V 1.5 Folie Wichtigkeit des Internet
V 1.6 Folie Gefahren im Netz
V 1.7 Folie Module
V 1.8 Handout Reflexionsbogen
V 1.9 Folie Handy
V 1.10 Folie Held

Modul II
V 1.8 Handout Reflexionsbogen
V 2.1 Folie Merkmale Cybermobbing
V 2.2 Folie Kein Cybermobbing
V 2.3 Folie Schweres Cybermobbing
V 2.4 Vorlage Erfahrungen einordnen

Modul III
V 1.8 Handout Reflexionsbogen
V 3.1 Folie Filmdarsteller
V 3.2 Folie Wer kann sich wie verhalten?

Modul IV
V 1.8 Handout Reflexionsbogen
V 4.1 Vorlage Rollenkarten
V 4.2 Vorlage Rollenkarten
V 4.3 Vorlage Rollenkarten

Modul V
V 1.8 Handout Reflexionsbogen
V 5.1 Handout Tutorengruppe
V 5.2 Handout Sebastians Datenleck 1
V 5.3 Handout Sebastians Datenleck 2
V 5.4 Handout Sebastians Datenleck 3
V 5.5 Handout Soziale Netzwerke
V 5.6 Handout Sebastians Profil
V 5.7 Handout Chatprotokoll
V 5.8 Handout TutorInnengruppe 2
V 5.9 Handout Datenverfügbarkeit
V 5.10 Handout TutorInnengruppe 3

V 5.11 Handout sichere Passwörter
V 5.12 Handout TutorInnengruppe 4
V 5.13 Handout Einschränkungsfunktionen
V 5.14 Handout TutorInnengruppe 5
V 5.15 Handout Screenshots
V 5.16 Handout Beweissicherung
V 5.17 Handout TutorInnengruppe 6
V 5.18 Handout Intensive Vorfälle
V 5.19 Handout soziale Verantwortung
V 5.20 Handout Handlungsmöglichkeiten

Modul VI
V 1.8 Handout Reflexionsbogen
V 6.1 Handout Klassengericht: Ausgangssituation
V 6.2 Handout Klassengericht: Rollenkarten
V 6.3 Hanndout Klassengericht: Bewertungsbogen
V 6.4 Folie Anwälte

Modul VII
V 1.8 Handout Reflexionsbogen
V 7.1 Handout Elternabend

Modul VIII
V 8.1 Handout Kurzaufsatz
V 8.2 Handout Wissensquiz

Vorlagen für den Projekttag

Themenblock 1
V 1.1 Handout Mediennutzung
Poster „Erwartungen an das Programm"
V 1.2 Folie Projekttag Übersicht
V 1.3 Folie Medien
V 1.4 Folie Mediennutzung
V 1.5 Folie Internetseiten
V 1.6 Folie Wichtigkeit des Internet
V 1.7 Folie Gefahren im Netz
V 1.8 Folie Merkmale Cybermobbing

Themenblock 2
V 2.1 Folie Kein Cybermobbing
V 2.2 Folie Schweres Cybermobbing
V 2.3 Vorlage Erfahrungen einordnen
V 2.4 Folie Filmdarsteller
V 2.5 Folie Wer kann sich wie verhalten?

Themenblock 3
V 3.1 Handout Gruppe 1
V 3.2 Handout Gruppe 2
V 3.3 Handout Gruppe 3
V 3.4 Handout Sebastians Profil
V 3.5 Handout Ausgangssituation

Themenblock 4
Poster „Was können wir tun?"
V 4.1 Handout Nützliche Links

Passwort für die Online-Zusatzmaterialien

Das Passwort zum Öffnen der Online-Zusatzmaterialien zum Buch lautet:
321Held!
Bitte geben Sie das Passwort nicht weiter!

Die biografische Wunde

Corinna Scherwath / Sibylle Friedrich
Soziale und pädagogische Arbeit bei Traumatisierung
3., aktualisierte Auflage 2016.
237 Seiten. 5 Abb. 7 Tab.
(978-3-497-02645-6) kt

Lange wurde das Thema „Traumatisierung" in sozialen und pädagogischen Arbeitsfeldern ausgeklammert und zum psychologisch-therapeutischen Hoheitsgebiet erklärt.

Erkenntnisse aus der Trauma-, Hirn- und Bindungsforschung verdeutlichen die Notwendigkeit eines neuen traumaspezifischen Fallverstehens. SozialpädagogInnen und andere pädagogische Fachkräfte können stabilisierend und ressourcenorientiert mit traumatisierten Menschen arbeiten, die extrem belastende oder bedrohliche Situationen durchlebt haben, wie z. B. Gewalterfahrungen, Verletzungen, Verlust, Flucht.

Neben Grundlagen zu Symptomen, Risiko- und Schutzfaktoren, Handlungsleitlinien, Methoden und Tipps zum Verhalten in konkreten Situationen gibt es auch Anregungen zum Thema Selbstschutz für HelferInnen.

Pressestimmen

»(...) Corinna Scherwarth kann sicherlich davon profitieren, dass sie neben ihrer eigenen therapeutischen Arbeit auch selber in der Fortbildung zu Traumapädagog_innen tätig ist. Die Leser_innen können sich so immer darauf verlassen, dass sie didaktisch sicher an die Hand genommen werden. Friedrich und Scherwarth stellen zu Beginn vor, was sie unter einer Traumatisierung verstehen. Sie beziehen sich auf den Begriff der traumatischen Zange, um zu verdeutlichen, dass Traumatisierungen immer aus einem Erleben totaler Hilflosigkeit entstehen. Im Folgenden beschreiben sie die verschiedenen Methoden und Techniken, die es Helfer_innen ermöglichen, diese Erinnerungen wieder in das Leben der Betroffenen zu integrieren. Hierbei gehen sie auch auf die Besonderheiten bei Kindern ein. Nach dieser Vorstellung grenzen sie die Traumapädagogik von der Traumatherapie ab und beschreiben die Unterschiede. Positiv an diesem Teil ist, dass sie auch nicht davor zurückschrecken, medikamentöse Therapieunterstützungen vorzustellen. Oftmals sind Pädagog_innen eben mit Klient_innen im Kontakt, die Medikamente verschrieben bekommen haben. Hier kann es durchaus angebracht sein, zu wissen, um was für eine Medikation es sich dabei handelt. (...)«

Clemens Fobian für
FORUM für Kinder und Jugendarbeit 4/2016

www.reinhardt-verlag.de

Brisantes Thema: Internet-Mobbing

Karl E. Dambach
Wenn Schüler im Internet mobben
Präventions- und Interventionsstrategien
gegen Cyber-Bullying
2., durchges. Auflage 2012.
122 Seiten. 5 Abb. 4 Tab.
(978-3-497-02314-1) kt

Kinder hänseln einander – das war schon immer so. Doch wann beginnen Psychoterror und Mobbing? Was können Lehrer und Eltern tun, um Mobbingopfer zu schützen? Wie können wir mobbende Kinder dazu bringen, ihr Verhalten zu ändern?

Karl. E. Dambach zeigt die typischen Verhaltensmuster, die bereits in der Schule gelernt und geübt werden. Er schildert konkrete Maßnahmen der Mobbingprävention und -intervention, vom Gespräch mit dem Mobbingopfer bis zum Thematisieren des Gruppenverhaltens in der Klasse. Ziel ist, dass die Maßnahmen langfristig wirken, sodass Schülerinnen und Schüler künftig Mobbing und Diskriminierung selbstbewusst entgegentreten können.

Leseprobe

Viele Jugendliche verbringen ihre Freizeit am liebsten vor dem Computerbildschirm. Das Bewegen in der virtuellen Welt in sozialen Netzwerken, Chats u.a. gehört zu einer der häufigsten Freizeitaktivitäten von Kindern und Jugendlichen und ist aus deren Leben nicht mehr wegzudenken. Zu den häufigsten Nutzungsarten des Internets gehört bei Heranwachsenden die Kontaktpflege. Vor allem Mädchen nutzen das Internet zum Chatten. Somit findet Kommunikation vermehrt interaktiv statt. Diese Medien sind ein Teil der Jugendkultur und werden zur großen gesellschaftlichen Herausforderung. Eltern und Schule müssen sich deshalb mit diesem Thema auseinandersetzen und mit den Kindern und Jugendlichen besprechen, wie Medien genutzt werden können. [...]
Um Medienkompetenz bei den Heranwachsenden zu fördern, sollten die Lehrerinnen und Lehrer gemeinsam ein medienpädagogisches Konzept erarbeiten und unterrichtlich umsetzen.
(...)

Leseprobe (S. 31) aus:
Karl E. Dambach:
Wenn Schüler im Internet mobben

Keine Chance für sexuelle Gewalt

Christine Klein / Günther Schatz (Hg.)
Jungenarbeit präventiv!
Vorbeugung von sexueller Gewalt
an Jungen und von Jungen
2010. 187 Seiten.
(978-3-497-02169-7) kt

Jungen bekommen häufig nicht genügend Unterstützung für ihre Persönlichkeitsentwicklung. Die Zahl der Jungen steigt, die sich durch auffälliges Verhalten und auch durch sexuelle Übergriffe Raum verschaffen. Sexuelle Gewalt wird v. a. von Männern und männlichen Jugendlichen verübt.

Diese Publikation widmet sich der Frage: Welche Präventionsmaßnahmen sollten früh in die Arbeit mit Jungen einfließen, damit verhindert wird, dass Jungen (und Mädchen) Opfer sexueller Gewalt werden und sich Täterverhalten entwickelt? Es werden Lösungsansätze aus der Sexualerziehung, der Schule und Jugendhilfe bis hin zur Gruppenarbeit mit sexuell übergriffigen Jugendlichen vorgestellt.

Leseprobe

Was sind das nun für Minderjährige, die durch sexuelle Übergriffe auffallen? Sehr viele der Jungen haben in ihrer Kindheit und Jugend Beziehungsabbrüche erlebt. Die Väter waren oftmals entweder gar nicht anwesend oder sie fielen durch Alkoholmissbrauch oder Spielsucht auf. Ein großer Teil der minderjährigen Täter ist in der eigenen Kindheit Opfer von Gewalt gegen Kinder geworden. Körperliche Misshandlungen und häusliche Gewalt kommen jedoch deutlich häufiger vor als sexueller Missbrauch. Zur Persönlichkeit minderjähriger Sexual(straf)täter wird immer wieder auf mangelnde soziale Kompetenz, erhöhte Selbstunsicherheit sowie ein negatives Selbstbild hingewiesen (2008). [...]

In der traditionellen Jungensozialisation lernen schon kleine Jungen am Vorbild ihrer Umwelt, dass Männer eine Vormachtstellung erhalten. Überlegenheit, Stärke und Durchsetzungskraft werden ihnen nicht nur zugestanden, sondern auch von ihnen erwartet.

(...)

Leseprobe (S. 17) aus:
Christine Klein / Günther Schatz (Hg.):
Jungenarbeit präventiv!

www.reinhardt-verlag.de

Das Wohl des Kindes schützen

Klaus Wahl / Katja Hees
Täter oder Opfer?
Jugendgewalt – Ursachen und Prävention
2009. 174 Seiten. Innenteil zweifarbig.
(978-3-497-02037-9) kt

Ein Pensionär wird in der U-Bahn von Jugendlichen fast totgeschlagen, eine Theatergruppe von Rechtsextremen krankenhausreif geprügelt und gedemütigt. Was geht in Jugendlichen vor, die sich so brutal verhalten?
Der Autor und die Autorin lassen in ihrem Buch gewalttätige Jugendliche selbst zu Wort kommen: Sie sprechen über ihre Familien und ihre Kindheit. Ihre Berichte verdeutlichen, wie aus Opfern Täter werden können; sie sollen die Gewalttaten aber keineswegs rechtfertigen. Sodann ergänzen die beiden Autoren die Täterbiografien durch moderne wissenschaftliche Erklärungsansätze. Klaus Wahl und Katja Hees vermitteln aktuelles Wissen darüber, wie Aggression und Gewaltneigung in Menschen entstehen. In einer leicht verständlichen Sprache stellen sie Forschungsbefunde und Praxiserfahrungen dar und liefern eine Übersicht über Programme zur Gewaltprävention, die in Kindergärten, Schulen und in der Jugendhilfe eingesetzt werden können.

Leseprobe

**3 Licht ins Dunkelfeld:
Repräsentativstudien bezweifeln steigende Jugendgewalt**

Während die Polizeiliche Kriminalstatistik bei Gewaltdelikten nur das Hellfeld der Tatverdächtigen erfasst, können Repräsentativumfragen auch ins Dunkelfeld der nicht amtlich ermittelten Taten hinein leuchten. Solche Studien fragen z. B. einen repräsentativen Querschnitt von Jugendlichen, welche Delikte sie begangen haben oder ob sie Opfer von Gewalt geworden sind. Derartige kriminologische Dunkelfelduntersuchungen stellten fest, dass die Gewaltkriminalität in Deutschland in den vergangenen Jahren tatsächlich nicht angestiegen ist. Als Grund für den polizeistatistischen Anstieg nennen sie die gestiegene Anzeigebereitschaft (Bund-Länder-AG 2008, 5ff, 15). Auch die von der Schweizer Polizei für die letzten Jahre registrierte Zunahme an Jugendgewalt ist unter Schweizer Kriminologen umstritten.

(…)

Leseprobe (S. 19) aus:
Klaus Wahl / Katja Hees:
Täter oder Opfer?

reinhardt
www.reinhardt-verlag.de